职业教育

CAIWU KUAIJI

财务会计 II

主　编：王浩伟　李艳杰　毕海云
副主编：孔盼盼　刘艳华　王　强　于水英
参　编：刘佳奇　刘海涛　钟洪燕　范　钦

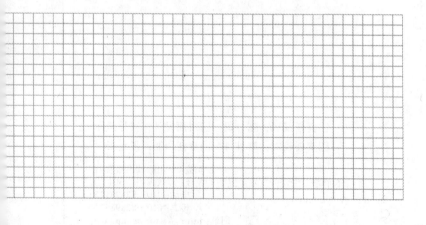

NORTHEAST NORMAL UNIVERSITY PRESS
WWW.NENUP.COM

东北师范大学出版社

图书在版编目（CIP）数据

财务会计 . II / 王浩伟，李艳杰，毕海云主编 .—
长春：东北师范大学出版社，2018.11
ISBN 978-7-5681-5207-5

I. ①财… II. ①王… ②李… ③毕… III. ①财务会
计—高等职业教育—教材 IV. ① F234.4

中国版本图书馆 CIP 数据核字 (2018) 第 286054 号

□ 责任编辑：陈 娟 □ 封面设计：宣是国际
□ 责任校对：唐丹丹 □ 责任印制：张允豪

东北师范大学出版社出版发行
长春净月经济开发区金宝街 118 号（邮政编码：130117）
电话：010—82893125
传真：010—82896571
网址：http：// www.nenup.com
东北师范大学出版社激光照排中心制版
长春方圆印业有限公司印装
长春市绿园区迎宾路 2066 号（邮政编码：130062）
2018 年 11 月第 1 版 2018 年 11 月第 1 版第 1 次印刷
幅面尺寸：185 mm × 260 mm 印张：13 字数：300 千

定价：36.00 元

前言 Preface

　　本书是按照高职高专人才培养目标要求编写，以工商业企业为例，有重点地选取经济生活中较为常见的特定业务，具有理论性、系统性、科学性和实用性。

　　本书在以财政部发布的《企业会计准则》《企业会计准则——应用指南》《企业会计准则讲解 2010》为依据的基础上，根据近年来各准则项目最新变化，对非货币性资产交换、资产减值、债务重组、或有事项、外币折算及合并财务报表等大部分项目进行了全面修订。另外，考虑到即将实施的新收入准则，本书在上一版的基础上取消了建造合同项目。

　　本书介绍了常见特定经济业务的基本理论和基本方法，围绕各个业务概念及交易处理进行编写，内容涉及十一个项目。本书是经济业务的进一步扩展，是《财务会计Ⅰ》的延伸和补充，内容由浅入深，满足学生不同程度的学习要求，使学生在掌握财务会计基本理论和操作方法的基础上，进一步拓展学习空间和范围，为学生提升专业水平奠定基础。

　　本书通俗易懂、体例新颖，强调"理论够用，注重实际"，突出高职高专教育教学特色，可以作为高职高专会计专业和财经管理类相关专业的教材，也可以作为社会人员自学参考书。

　　本书包含的项目比较多，是各相关高职院校倾力合作的结果。在编写过程中，我们参考了有关教材和文献资料，在此表示诚挚的谢意。

　　由于作者水平有限，不足之处在所难免，恳请学生和读者在使用过程中批评指正。

编　者
2018 年 6 月

目录
Contents

项目四 或有事项

○课程专业能力

○课前项目直击

○课后专业测评

○课外知识拓展

项目五 外币折算

○课程专业能力

○课前项目直击

○课后专业测评

○课外知识拓展

项目六 借款费用

○课程专业能力

○课前项目直击

○课后专业测评

○课外知识拓展

项目七 所 得 税

○课程专业能力

○课前项目直击

项目八　租　　赁

项目九　会计政策、会计估计变更和差错更正

项目十　资产负债表日后事项

项目十一 合并财务报表

非货币性资产交换

项　目	课程专业能力	完成情况
非货币性 资产交换	了解涉及多项非货币性资产交换的会计处理	
	掌握非货币性资产交换的确认和计量原则	
	掌握以公允价值计量的非货币性资产交换的会计处理	
	掌握以账面价值计量的非货币性资产交换的会计处理	
	熟悉非货币性资产交换的概念及其认定	
师生总结		

由于央行实施货币收紧政策，许多中小企业很难通过正规渠道取得贷款，而非正规渠道的利息又极高，导致许多企业因缺乏资金而停产或破产。此时，南方通达物流公司急需更新一批运输车辆，由于公司资金紧张，一直没有更新，然而旧车的运营成本越来越高，若不更新车辆，将造成公司严重的亏损。该公司的财务总监想到公司在某汽车制造厂附近有闲置的仓库，于是主动和汽车制造厂沟通，将闲置仓库置换成运输车辆，避免了该公司因旧车运营成本增加而导致的亏损。交易双方通过交换，一方面满足了各自生产经营的需要；另一方面在一定程度上减少了该公司货币性资产的流出。

这种特殊的交易行为就是非货币性资产交换，那么非货币性资产交换是如何界定的呢？它又是如何计量和进行会计处理的呢？

任务一　非货币性资产交换概述

一、非货币性资产交换的概念

非货币性资产交换是一种非经常性的特殊交易行为，是交易双方主要以存货、固定资产、无形资产和长期股权投资等非货币性资产进行的交换。这里的非货币性资产是相对于货币性资产而言的。

货币性资产，是指企业持有的货币资金和将以固定或可确定的金额收取的资产，包括现金、银行存款、应收账款和应收票据以及准备持有至到期的债券投资等。

非货币性资产，是指货币性资产以外的资产，该类资产在将来为企业带来的经济利益不固定或不可确定，包括存货（如原材料、库存商品等）、长期股权投资、投资性房地产、固定资产、在建工程、无形资产等。

二、非货币性资产交换的认定

**深入认识
非货币资产（一）**

从非货币性资产交换的概念可以看出，非货币性资产交换的交易对象主要是非货币性资产，交易中一般不涉及货币性资产，或只涉及少量货币性资产，即补价。一般认为，如果补价占整个资产交换金额的比例低于25%，则认定所涉及的补价为"少量"，该交换为非货币性资产交换；如果该比例等于或高于25%，则视为货币性资产交换。非货币性资产交换的认定条件可以用下面的公式表示：

$$\frac{支付的货币性资产}{换入资产公允价值（或换出资产公允价值+支付的货币性资产）} < 25\%$$

或者

$$\frac{收到的货币性资产}{换出资产公允价值（或换入资产公允价值+收到的货币性资产）} < 25\%$$

三、非货币性资产交换的确认和计量原则

非货币性资产交换无外乎几种形式，即一项资产换入一项资产、一项资产换入多项资产、多项资产换入一项资产和多项资产换入多项资产。无论采用何种形式，在确定换入资产成本的计量基础和交换所产生损益的确认原则时，需要判断该项交换是否具有商业实质，以及换入资产或换出资产的公允价值能否可靠地计量。

（一）确认和计量原则

1. 以公允价值确认和计量

非货币性资产交换同时满足下列两个条件的，应当以公允价值和应支付的相关税费作为换入资产的成本，将公允价值与换出资产账面价值的差额计入当期损益。

（1）该项交换具有商业实质。

（2）换入资产或换出资产的公允价值能够可靠地计量。

2. 以账面价值确认和计量

非货币性资产交换不具有商业实质，或者虽然具有商业实质但换入和换出资产的公允价值均不能可靠地计量的，应当以换出资产的账面价值和应支付的相关税费作为换入资产的成本，无论是否支付补价，均不确认损益。

（二）商业实质的判断

1. 判断条件

要认定某项非货币性资产交换具有商业实质，必须满足下列条件之一：

（1）换入资产的未来现金流量在风险、时间和金额方面与换出资产显著不同。

（2）换入资产与换出资产的预计未来现金流量现值不同，且其差额与换入资产和换出资产的公允价值相比是重大的。

企业如果难以判断某项非货币性资产交换是否满足第（1）项条件，则应当考虑第（2）项条件。判断某项非货币性资产交换是否具有商业实质强调企业自身，是由于考虑到换入资产的性质和换入企业经营活动的特征，换入资产与换入企业其他现有资产相结合，可能比换出资产产生更大的作用，即换入资产与换出资产对换入企业的使用价值明显不同，使换入资产的预计未来现金流量现值与换出资产相比产生明显差异，表明该两项资产的交换具有商业实质。

课堂案例展示 1-1

某知名连锁超市公司以一项专利权换入另一制造公司拥有的长期股权投资，请判断，该项交易是否属于非货币交易？如果属于，则该交易是否具有商业实质？

解析：假定从市场参与者角度来看，该项专利权与该项长期股权投资的公允价值相同，同时假定两项资产未来现金流量的风险、时间和金额亦相同，但对换入企业来讲，换入该项长期股权投资使该企业与被投资方的投资关系由重大影响变为控制，另一企业换入的专利权能够解决生产中的技术难题，两企业换入资产的预计未来现金流量现值与换出资产相比均有明显差异，因此，可以判断两项资产的交换具有商业实质。

2. 关联方之间交换资产与商业实质的关系

在确定非货币性资产交换是否具有商业实质时，企业应当关注交易各方之间是否存在关联方关系，因为关联方关系的存在可能导致发生的非货币性资产交换不具有商业实质。

（三）公允价值能否可靠计量的判断

属于以下三种情形之一的，换入资产或换出资产的公允价值可视为能够可靠计量。

（1）换入资产或换出资产存在活跃市场的，以市场价格为基础确定公允价值。

（2）换入资产或换出资产不存在活跃市场，但同类或类似资产存在活跃市场的，以同类或类似资产市场价格为基础确定公允价值。

（3）换入资产或换出资产不存在同类或类似资产可比交易市场的，以估值技术确定公允价值。采用估值技术确定公允价值时，要求采用该估值技术确定的公允价值估计数的变动区间很小，或者在公允价值估计数变动区间内，各种用于确定公允价值估计数的概率能够合理确定。

任务二　非货币性资产交换的会计处理

一、以公允价值计量的会计处理

非货币性资产交换具有商业实质且公允价值能够可靠计量的，应当以换出资产的公允价值和应支付的相关税费作为换入资产的成本，除非有确凿证据表明换入资产的公允价值比换出资产的公允价值更加可靠。

在以公允价值计量的情况下，不论是否涉及补价，只要换出资产的公允价值与其账面价值不同，就一定会涉及损益的确认，因为非货币性资产交换损益通常是换出资产公允价值与换出资产账面价值的差额，通过非货币性资产交换予以实现。

非货币性资产交换的会计处理，视换出资产的类别不同而有所区别。

（1）换出资产为存货的，应当视同销售处理，按照公允价值确认销售收入，同时结转销售成本，相当于按照公允价值确认的收入和按账面价值结转的成本之间的差额，即换出资产公允价值和换出资产账面价值的差额，在利润表中作为营业利润的构成部分予以列示。

（2）换出资产为固定资产、无形资产的，换出资产公允价值和换出资产账面价值的差额计入营业外收入或营业外支出。

（3）换出资产为长期股权投资、可供出售金融资产的，换出资产公允价值和换出资产账面价值的差额计入投资收益。

换入资产与换出资产涉及相关税费的，如换出存货视同销售计算的销项税额，换入资产作为存货应当确认的可抵扣增值税进项税额，以及换出固定资产、无形资产视同转让应缴纳的营业税等，按照相关税收规定计算确定。

（一）不涉及补价情况下的会计处理

具有商业实质且公允价值能够可靠计量的非货币性资产交换，不涉及补价的，应当以换出资产的公允价值和应支付的相关税费作为换入资产的成本，公允价值和换出资产账面价值的差额计入当期损益，其计算公式为：

换入资产入账价值＝换出资产公允价值＋应支付的相关税费

交换损益＝换出资产公允价值－换出资产账面价值

课堂案例展示 1-2

2018 年 8 月，甲公司以 2009 年购入的生产经营过程中使用的一台设备交换乙家具公司生产的一批办公家具，换入的办公家具作为固定资产管理。甲、乙均为增值税一般纳税人，适用的增值税税率均为 16%。设备的账面原价为 100 000 元，在交换日的累计折旧为 35 000 元，公允价值为 75 000 元。办公家具的账面价值为 80 000 元，在交换日的公允价值为 75 000 元，计税价格等于公允价值。乙公司换入甲公司的设备是家具生产过程中需要使用的设备。

假设甲公司此前没有为该项设备计提资产减值准备，乙公司此前也没有为库存商品计提存货跌价准备，整个交易过程中没有发生除增值税以外的其他税费，根据税法规定，双方换出的设备和家具均视同销售需缴纳增值税，换入的设备和家具涉及的增值税属进项税额的均允许抵扣。

解析：整个资产交换过程没有涉及收付货币性资产，因此，该项交换属于非货币性资产交换。本例是以存货换入固定资产，对甲公司来说，换入的办公家具是经营过程中必需的资产，对乙公司来说，换入的设备是家具生产过程中必须使用的机器，两项资产交换后对换入企业的特定价值显著不同，两项资产的交换具有商业实质；同时，两项资产的公允价值都能够可靠地计量，符合非货币性资产交换准则规定以公允价值计量的两个条件，因此，甲公司和乙公司均应当以换出资产的公允价值为基础确定换入资产的成本，并确认产生的损益。

1. 甲公司的账务处理如下。

换出设备的增值税销项税额为 75 000×16% = 12 000（元）

换入办公家具的增值税进项税额为 75 000×16% = 12 000（元）

借：固定资产清理	65 000	
累计折旧	35 000	
贷：固定资产——设备		100 000
借：固定资产清理	12 000	
贷：应交税费——应交增值税（销项税额）		12 000
借：固定资产——办公家具	75 000	
应交税费——应交增值税（进项税额）	12 000	
贷：固定资产清理		77 000
资产处置损益——非货币性资产交换利得		10 000

2. 乙公司的账务处理如下。

换出办公家具的增值税销项税额为 75 000×16% = 12 000（元）

换入设备的增值税进项税额为 75 000×16% = 12 000（元）

借：固定资产——设备	75 000	
应交税费——应交增值税（进项税额）	12 000	
贷：主营业务收入		75 000
应交税费——应交增值税（销项税额）		12 000
借：主营业务成本	80 000	
贷：库存商品——办公家具		80 000

（二）涉及补价情况下的会计处理

在以公允价值确定换入资产成本的情况下，发生补价的，支付补价方和收到补价方应当分情况处理。

（1）支付补价方：应当以换出资产的公允价值加上支付的补价（或换入资产的公允价值）和应支付的相关税费作为换入资产的成本；换入资产成本与换出资产账面价值加支付的补价、应支付的相关税费之和的差额应当计入当期损益。计算公式如下：

换入资产入账价值＝换出资产公允价值+补价+应支付的相关税费

$$交换损益＝换出资产公允价值-换出资产账面价值$$

（2）收到补价方：应当以换入资产的公允价值（或换出资产的公允价值减去补价）和应支付的相关税费作为换入资产的成本；换入资产成本加收到的补价之和与换出资产账面价值加应支付的相关税费之和的差额应当计入当期损益。计算公式如下：

$$换入资产入账价值＝换出资产公允价值-补价+应支付的相关税费$$

$$交换损益＝换出资产公允价值-换出资产账面价值$$

在涉及补价的情况下，对于支付补价方而言，作为补价的货币性资产构成换入资产所放弃对价的一部分，对于收到补价方而言，作为补价的货币性资产构成换入资产的一部分。

课堂案例展示 1-3

经协商，甲公司以其拥有的全部用于经营出租目的的一幢公寓楼与乙公司持有的交易目的的股票投资交换。甲公司的公寓楼符合投资性房地产定义，公司未采用公允价值模式计量。在交换日，该幢公寓楼的账面原价为 400 万元，已提折旧 80 万元，未计提减值准备，在交换日的公允价值为450 万元；乙公司持有的交易目的的股票投资账面价值为 300 万元，乙公司对该股票投资采用公允价值模式计量，在交换日的公允价值为 400 万元，乙公司支付了 50 万元给甲公司。乙公司换入公寓楼后继续用于经营出租目的，并拟采用公允价值计量模式，甲公司换入股票投资后仍然用于交易目的。转让公寓楼的营业税尚未支付，假定除营业税外，该项交易过程中不涉及其他相关税费。

解析：该项资产交换涉及收付货币性资产，即补价 50 万元。

对甲公司而言：收到的补价 50 万元 ÷ 换出资产的公允价值 450 万元（或换入股票投资公允价值 400 万元＋收到的补价 50 万元）≈ 11.11%<25%，属于非货币性资产交换。

对乙公司而言：支付的补价 50 万元 ÷ 换入资产的公允价值 450 万元（或换出股票投资公允价值 400 万元＋补价 50 万元）≈ 11.11%<25%，属于非货币性资产交换。

本例属于以投资性房地产换入以公允价值计量且其变动计入当期损益的金融资产。对甲公司而言，换入交易目的的股票投资使企业可以在希望变现的时候取得现金流量，但风险程度要比租金稍大，用于经营出租目的的公寓楼，可以获得稳定均衡的租金流，但是不能满足企业急需大量现金的需要，因此，交易性股票投资带来的未来现金流量在时间、风险方面与用于出租的公寓楼带来的租金流有显著区别，因而可判断两项资产的交换具有商业实质。同时，股票投资和公寓楼的公允价值均能够可靠地计量，因此，甲、乙公司均应当以公允价值为基础确定换入资产的成本，并确认产生的损益。

1. 甲公司的账务处理如下。

换出公寓楼的增值税销项税额为 $4\,500\,000×10\%＝450\,000(元)$

借：其他业务成本	3 200 000	
投资性房地产累计折旧	800 000	
贷：投资性房地产		4 000 000
借：交易性金融资产	4 450 000	
银行存款	500 000	
贷：其他业务收入		4 500 000
应交税费——应交增值税（销项税额）		450 000

2. 乙公司的账务处理如下。

换入公寓楼的增值税进项税额为 $4\,500\,000×10\%＝450\,000(元)$

借：投资性房地产	4 050 000	
应交税费——应交增值税（进项税额）	450 000	
贷：交易性金融资产		3 000 000
银行存款		500 000
投资收益		1 000 000

二、以账面价值计量的会计处理

（一）不涉及补价的情况下的会计处理

非货币性资产交换不具有商业实质，或者虽然具有商业实质但换入和换出资产的公允价值均不能可靠地计量的，应当以换出资产的账面价值和应支付的相关税费作为换入资产的成本，无论是否支付补价，均不确认损益。

课堂案例展示 1-4

甲家电公司决定以其生产的账面价值为 25 000 元的库存商品电风扇，换入乙商场的库存商品数码相机，乙商场数码相机的账面价值为 30 000 元。甲家电公司将换入的数码相机作为固定资产进行管理；乙商场将换入的电风扇作为库存商品进行管理。数码相机和电风扇的公允价值都为 60 000 元，并且计税价格都等于公允价值，增值税适用税率为 16%。假设以上资产交换不具有商业实质，甲公司和乙商场都未对以上库存商品计提存货跌价准备。整个交易过程中不考虑除增值税以外的其他相关税费。

1. 甲公司会计处理如下。

换出电风扇的增值税销项税额为 60 000×16% = 9 600(元)

换入数码相机的增值税进项税额为 60 000×16% = 9 600(元)

借：固定资产——数码相机　　　　　　　　　25 000

　　应交税费——应交增值税（进项税额）　　 9 600

　　　贷：库存商品——电风扇　　　　　　　　　　　　　　25 000

　　　　　应交税费——应交增值税（销项税额）　　　　　　 9 600

2. 乙公司会计处理如下。

换出数码相机的增值税销项税额为 60 000×16% = 9 600(元)

换入电风扇的增值税进项税额为 60 000×16% = 9 600(元)

借：库存商品——电风扇　　　　　　　　　　 30 000

　　应交税费——应交增值税（进项税额）　　 9 600

　　　贷：库存商品——数码照相机　　　　　　　　　　　　30 000

　　　　　应交税费——应交增值税（销项税额）　　　　　　 9 600

（二）涉及补价的情况下的会计处理

在以账面价值确定换入资产成本的情况下，发生补价的，支付补价方和收到补价方应当分别情况处理。

（1）支付补价方：应当以换出资产的账面价值加上支付的补价和应支付的相关税费，作为换入资产的成本；不确认损益。计算公式如下：

换入资产入账价值＝换出资产账面价值＋补价＋应支付的相关税费

（2）收到补价方：应当以换出资产的账面价值减去收到的补价，加上应支付的相关税费，作为换入资产的成本；不确认损益。计算公式如下：

换入资产入账价值＝换出资产账面价值－补价＋应支付的相关税费

课堂案例展示 1-5

甲公司以账面余额 60 万元（未计提减值准备）、公允价值和计税价格均 70 万元、增值税税率 6% 的专利权，换回乙公司使用过的设备一台，该设备公允价值和计税价格均为 65 万元，账面原价为 80 万元，已提折旧为 30 万元（未计提减值准备），乙公司另支付给甲公司 5 万元，假设以上交换不具有商业实质。

解析：

1. 甲公司收到补价的会计处理如下。

换入设备的入账价值＝换出资产的账面价值－补价＋应支付的相关税费

$$= 60-5+70×6\% = 59.2（万元）$$

借：固定资产——设备   592 000

    银行存款   50 000

      贷：无形资产   600 000

          应交税费——应交增值税（销项税额）   42 000

2. 乙公司支付补价的会计处理如下。

换入专利权的入账价值＝换出资产的账面价值＋补价＋应支付的相关税费

$$= 50+5-70×6\% = 50.8（万元）$$

根据应税固定资产具备国税函〔1995〕288 号文件明确的三个条件，即属于企业固定资产目录所列货物、企业按固定资产进行管理并确已使用过、销售价格不超过其原值，可免予征收增值税。本例乙公司设备售价 65 万元小于原价 80 万元，免予征收增值税。

借：固定资产清理   500 000

    累计折旧   300 000

      贷：固定资产   800 000

借：无形资产   508 000

    应交税费——应交增值税（进项税额）   42 000

      贷：固定资产清理   500 000

         银行存款   50 000

三、涉及多项非货币性资产交换的会计处理

非货币性资产交换有时涉及多项资产，例如，企业以一项非货币性资产同时换入另一企业的多项非货币性资产，或同时以多项非货币性资产换入另一企业的一项非货币性资产，或以多项非货币性资产同时换入多项非货币性资产，在此过程中，还可能涉及补价。与单项非货币性资产交换一样，涉及多项非货币性资产交换的计量，也应当首先确定换入资产成本的计量基础和损益确认原则，再计算换入资产的成本总额。在确定各项换入资产的成本时，则应当分别不同情况进行处理。

深入认识
非货币资产（二）

（一）具有商业实质且换入资产公允价值能够可靠计量的会计处理

非货币性资产交换具有商业实质，且换入资产的公允价值能够可靠计量的，应当按照换入各项资产的公允价值占换入资产公允价值总额的比例，对换入资产的成本总额进行分配，以确定各项换入资产的成本。

课堂案例展示 1-6

甲公司和乙公司均为增值税一般纳税人，适用的增值税税率均为 16%。2018 年 8 月，为适应业务发展的需要，经协商，甲公司决定以生产经营过程中使用的厂房、设备以及库存商品换入乙公司生产经营过程中使用的办公楼、小汽车、客运汽车。甲公司厂房的账面原价为 1 500 万元，在交换日的累计折旧为 300 万元，公允价值为 1 000 万元；设备的账面原价为 600 万元，在交换日的累计折旧为 480 万元，公允价值为 100 万元；库存商品的账面余额为 300 万元，不含增值税的市场价格为 350 万元，市场价格等于计税价格，其包含的增值税的公允价值为 406 万元。乙公司办公楼的账面原价为 2 000 万元，在交换日的累计折旧为 1 000 万元，公允价值为 1 100 万元；小汽车的账面原价为 300 万元，在交换日的累计折旧为 190 万元，公允价值为 156 万元；客运汽车的账面原价为 300 万元，在交换日的累计折旧为 180 万元，公允价值为 150 万元。乙公司另外

向甲公司支付银行存款 100 万元。

　　假定甲公司和乙公司都没有为换出资产计提减值准备；整个交易过程中不考虑固定资产增值税；甲公司换入的乙公司的办公楼、小汽车、客运汽车均作为固定资产使用和管理；乙公司换入的甲公司的厂房、设备作为固定资产使用和管理，换入的库存商品作为原材料使用和管理。甲公司开具了增值税专用发票。

　　解析：本案例涉及收付货币性资产，应当计算收到的货币性资产占换出资产公允价值总额的比例，即 $100÷（1\ 000+100+406）≈6.64\%<25\%$，可以认定这一涉及多项资产交换的交换行为属于非货币性资产交换。对于甲公司而言，为了拓展运输业务，需要小汽车、客运汽车等，乙公司为了扩大产品生产，需要厂房、设备和原材料，换入资产对换入企业均能发挥更大的作用，因此，该项涉及多项资产的非货币性资产交换具有商业实质；同时，各项换入资产和换出资产的公允价值均能可靠计量，所以，甲、乙公司均应当以公允价值为基础确定换入资产的总成本，确认产生的相关损益。同时，按照各单项换入资产的公允价值占换入资产公允价值总额的比例，确定各单项换入资产的成本。

　　1. 甲公司的账务处理如下。

　　（1）根据增值税的有关规定，企业以库存商品换入其他资产，视同销售行为发生，应计算增值税销项税额，缴纳增值税。

　　换出库存商品的增值税销项税额 $=350×16\%=56$（万元）

　　（2）计算换入资产、换出资产公允价值总额。

　　换出资产公允价值总额 $=1\ 000+100+350=1\ 450$（万元）

　　换入资产公允价值总额 $=1\ 100+156+150=1\ 406$（万元）

　　（3）计算换入资产总成本。

　　换入资产总成本 $=$ 换出资产公允价值－补价＋应支付的相关税费 $=1\ 450-100+56=1\ 406$（万元）

　　（4）计算确定换入各项资产的成本。

　　办公楼的成本：$1\ 406×（1\ 100÷1\ 406×100\%）=1\ 100$（万元）

　　小汽车的成本：$1\ 406×（156÷1\ 406×100\%）=156$（万元）

　　客运汽车的成本：$1\ 406×（150÷1\ 406×100\%）=150$（万元）

　　（5）会计分录如下。

借：固定资产清理	13 200 000	
累计折旧	7 800 000	
贷：固定资产——厂房		15 000 000
——设备		6 000 000
借：固定资产——办公楼	11 000 000	
——小汽车	1 560 000	
——客运汽车	1 500 000	
银行存款	1 000 000	
资产处置损益——非货币性资产交换损失	2 200 000	
贷：固定资产清理		13 200 000
主营业务收入		3 500 000
应交税费——应交增值税（销项税额）		560 000
借：主营业务成本	3 000 000	
贷：库存商品		3 000 000

2. 乙公司的账务处理如下。

（1）根据增值税的有关规定，企业以其他资产换入原材料，视同购买行为发生，应计算增值税进项税额，抵扣增值税。

换入资产原材料的增值税进项税额：$350 \times 16\% = 56$（万元）

（2）计算换入资产、换出资产公允价值总额。

换入资产公允价值总额 $= 1\,000 + 100 + 350 = 1\,450$（万元）

换出资产公允价值总额 $= 1\,100 + 156 + 150 = 1\,406$（万元）

（3）确定换入资产总成本。

换入资产总成本 = 换出资产公允价值 + 支付的补价 + 应支付的相关税费 $= 1\,406 + 100 - 56 = 1\,450$（万元）

（4）计算确定换入各项资产的成本。

厂房的成本：$1\,450 \times (1\,000 \div 1\,450 \times 100\%) = 1\,000$（万元）

设备的成本：$1\,450 \times (100 \div 1\,450 \times 100\%) = 100$（万元）

原材料的成本：$1\,450 \times (350 \div 1\,450 \times 100\%) = 350$（万元）

（5）会计分录如下。

借：固定资产清理		12 300 000
累计折旧		13 700 000
贷：固定资产——办公楼		20 000 000
——小汽车		3 000 000
——客运汽车		3 000 000
借：固定资产——厂房		10 000 000
——设备		1 000 000
原材料		3 500 000
应交税费——应交增值税（进项税额）		560 000
贷：固定资产清理		12 300 000
银行存款		1 000 000
资产处置损益——非货币性资产交换利得		1 760 000

（二）不具有商业实质，或者虽具有商业实质但换入资产的公允价值不能可靠计量的会计处理

非货币性资产交换不具有商业实质，或者虽具有商业实质但换入资产的公允价值不能可靠计量的，应当按照换入各项资产的原账面价值占换入资产原账面价值总额的比例，对换入资产的成本总额进行分配，以确定各项换入资产的成本。

课堂案例展示 1-7

2018 年 6 月，甲公司因经营战略发生较大转变，产品结构发生较大调整，原生产其产品的专有设备、专利技术等已不符合生产新产品的需要，经与乙公司协商，将其专用设备连同专利技术与乙公司正在建造过程中的一幢建筑物、乙公司对丙公司的长期股权投资进行交换。甲公司换出专有设备的账面原价为 800 万元，已提折旧 500 万元；专利技术账面原价为 300 万元，已摊销金额为 150 万元；乙公司在建工程截至交换日的成本为 350 万元，对丙公司的长期股权投资账面价值为 100 万元。由于甲公司持有的专有设备和专利技术市场上已不多见，因此，公允价值不能可靠计量。乙公司的在建工程因完工程度难以合理确定，其公允价值不能可靠计量，由于丙公司不是上市公司，乙公司对丙公司长期股权投资的公允价值也不能可靠计量。假定甲、乙公司均未对上述资产计提减值准备，不考虑营业税。

解析：本例不涉及收付货币性资产，属于非货币性资产交换。由于换入资产、换出资产的公允价值均不能可靠地计量，甲、乙公司均应当以换出资产账面价值总额作为换入资产的总成本，各项换入资产的成本，应当按各项换入资产的账面价值占换入资产账面价值总额的比例分配后确定。

1. 甲公司的账务处理如下。

（1）计算换入资产、换出资产账面价值总额。

换入资产账面价值总额 = 350 + 100 = 450（万元）

换出资产账面价值总额 = 300 + 150 = 450（万元）

（2）确定换入资产总成本。

换入资产总成本 = 换出资产账面价值 = 450（万元）

（3）计算各项换入资产账面价值占换入资产账面价值总额的比例。

在建工程占换入资产账面价值总额的比例 = 350 ÷（350 + 100）≈ 77.8%

长期股权投资占换入资产账面价值总额的比例 = 100 ÷（350 + 100）≈ 22.2%

（4）确定各项换入资产成本。

在建工程成本 = 450 × 77.8% = 350（万元）

长期股权投资成本 = 450 × 22.2% = 100（万元）

（5）会计分录。

借：固定资产清理	3 000 000	
累计折旧	5 000 000	
贷：固定资产——专有设备		8 000 000
借：在建工程	3 500 000	
长期股权投资	1 000 000	
累计摊销	1 500 000	
贷：固定资产清理		3 000 000
无形资产——专利技术		3 000 000

2. 乙公司的账务处理如下。

（1）计算换入资产、换出资产账面价值总额。

换入资产账面价值总额 = 300 + 150 = 450（万元）

换出资产账面价值总额 = 350 + 100 = 450（万元）

（2）确定换入资产总成本。

换入资产总成本 = 换出资产账面价值 = 450（万元）

（3）计算各项换入资产账面价值占换入资产账面价值总额的比例。

专有设备占换入资产账面价值总额的比例 = 300 ÷（300 + 150）≈ 66.7%

专有技术占换入资产账面价值总额的比例 = 150 ÷（300 + 150）≈ 33.3%

（4）确定各项换入资产成本。

专有设备成本 = 450 × 66.7% = 300（万元）

专利技术成本 = 450 × 33.3% = 150（万元）

（5）会计分录。

借：固定资产——专有设备	3 000 000	
无形资产——专利技术	1 500 000	
贷：在建工程		3 500 000
长期股权投资		1 000 000

课后专业测评

一、单项选择题

1. 下列资产中，不属于货币性资产的是（　　）。

A. 库存现金

B. 应收票据

C. 准备持有至到期债券投资

D. 准备在一个月内转让的交易性金融资产

2. 以下交易中属于非货币性资产交换的是（　　）。

A. 以准备持有至到期的债券投资与专利权交换

B. 以存货与准备持有至到期的债券投资交换

C. 以准备持有至到期的债券投资与股权投资交换

D. 以固定资产与存货交换

3. 甲股份有限公司发生的下列非关联交易中，属于非货币性资产交换的是（　　）。

A. 以公允价值为 260 万元的固定资产换入乙公司账面价值为 320 万元的无形资产，并支付补价 80 万元

B. 以账面价值为 280 万元的固定资产换入丙公司公允价值为 200 万元的一项专利权，并收到补价 80 万元

C. 以公允价值为 320 万元的长期股权投资换入丁公司账面价值为 460 万元的短期股票投资，并支付补价 140 万元

D. 以账面价值为 420 万元、准备持有至到期的长期债券投资换入戊公司公允价值为 390 万元的一台设备，并收到补价 30 万元

4. 企业对具有商业实质、换入资产或换出资产的公允价值能够可靠计量的非货币性资产交换，在换出材料且其公允价值不含增值税的情况下，下列会计处理中，正确的是（　　）。

A. 按材料的公允价值确认营业外收入

B. 按材料的公允价值确认其他业务收入

C. 按材料的公允价值高于账面价值的差额确认营业外收入

D. 按材料的公允价值低于账面价值的差额确认资产减值损失

5. A 公司用投资性房地产换入 B 公司的一项专利权。A 公司对该投资性房地产采用成本模式计量。该投资性房地产的账面原价为 1 000 万元，已提折旧 200 万元，已提减值准备 100 万元。A 公司另向 B 公司支付补价 100 万元。两公司资产交换不具有商业实质，不考虑增值税等其他因素，A 公司换入专利权的入账价值为（　　）万元。

A. 1 000　　　　B. 1 200　　　　C. 800　　　　D. 1 400

6. A 公司、D 公司均为增值税一般纳税人，适用的增值税税率为 16%，A 公司以一台甲设备换入 D 公司的一台乙设备。甲设备的账面原价为 220 万元，已提折旧 32 万元，已提减值准备 30 万元，其公允价值为 200 万元，换出甲设备应交的增值税为 34 万元。D 公司另向 A 公司支付补价 20 万元。两公司资产交换具有商业实质，假定不考虑增值税以外的其他相关税费，A 公司换入乙设备应计入当期收益的金额为（　　）万元。

A. 40　　　　B. 0　　　　C. 74　　　　D. −40

7. 2018 年 10 月，东大公司以一台当年购入的设备与恒通公司的一项专利权交换。设备的账面原值为 20 万元，折旧为 4 万元，已提减值准备 2 万元，公允价值为 10 万元。东大公司另向恒通公司支付银行存款 6 万元。假设该交换具有商业实质，增值税税率为 16%。东大公司应确认的资产转让损失为（　　）万元。

A. 4　　　　B. 12　　　　C. 8　　　　D. 1

二、多项选择题

1. 下列交易中，不属于非货币性资产交换的有（　　）。

A. 以 100 万元应收票据换取生产用设备

B. 以持有的一项土地使用权换取一栋生产用厂房

C. 以持有至到期的公司债券换取一项长期股权投资

D. 以一批存货换取一台公允价值为 100 万元的设备并支付 50 万元补价

2. 企业发生的交易中，如果涉及补价，判断该项交换属于非货币性资产交换的标准有（　　）。

A. 支付的补价占换入资产公允价值的比例小于 25%

B. 支付的补价占换出资产公允价值的比例小于 25%

C. 支付的补价占换入资产公允价值的比例大于等于 25%

D. 支付的补价占换入资产公允价值和补价之和的比例小于 25%

3. 下列项目中不属于货币性资产的有（　　）。

A. 对没有市价的股票进行的投资　　B. 对有市价的股票进行的投资

C. 不准备持有至到期的债券投资　　D. 准备持有至到期的债券投资

4. 下列项目中，属于非货币性资产的有（　　）。

A. 交易性金融资产　　　　　　　　B. 预付账款

C. 长期股权投资　　　　　　　　　D. 应收账款

5. 下列各项中，能够据以判断非货币性资产交换具有商业实质的有（　　）。

A. 换入资产与换出资产未来现金流量的风险、金额相同，时间显著不同

B. 换入资产与换出资产未来现金流量的时间、金额相同，风险显著不同

C. 换入资产与换出资产未来现金流量的风险、时间相同，金额显著不同

D. 换入资产与换出资产的预计未来现金流量现值不同，且其差额与换入资产和换出资产的公允价值相比是重大的

6. 下列各项目中，属于非货币性资产的有（　　）。

A. 交易性金融资产　　　　　　　　B. 持有至到期投资

C. 可供出售金融资产　　　　　　　D. 长期股权投资

7. 甲公司与乙公司（均为一般纳税企业）进行非货币性资产交换，具有商业实质且其换入或换出资产的公允价值能够可靠地计量，以下可能影响甲公司换入资产入账价值的项目有（　　）。

A. 乙公司支付的补价　　　　　　　B. 甲公司为换入资产支付的相关税费

C. 甲公司换出资产的公允价值　　　D. 甲公司换出资产支付的营业税

三、简答题

简述非货币性资产交换与普通货币交易的区别和联系。

四、操作题

1. 甲股份有限公司（以下简称甲公司）2018 年度发生如下有关业务。

（1）甲公司以其生产的一批产品换入 A 公司的一台设备，产品的账面余额为 420 000 元，已提存货跌价准备 10 000 元，计税价格（等于公允价值）为 500 000 元，增值税税率为 16%。甲公司另向 A 公司支付银行存款 20 000 元（其中包括支付补价 100 000 元，收取增值税销项税额 80 000 元），同时为换入资产支付相关费用 5 000 元。A 公司的设备系 2016 年购入，原价为 800 000 元，已提折旧 220 000 元，已提减值准备 20 000 元，设备的公允价值为 600 000 元。

（2）甲公司以一项长期股权投资与B公司交换一台设备和一项无形资产，甲公司的长期股权投资账面余额为250万元，其中其他权益变动明细账户借方30万元，计提减值准备30万元，公允价值为190万元；B公司的设备系2017年2月购入，原价为80万元，累计折旧40万元，公允价值为50万元；无形资产账面价值为170万元，公允价值为150万元，甲公司支付给B公司银行存款18万元（其中包括支付补价10万元，增值税进项税额8万元），为换入资产支付共计相关税费10万元。

（3）甲公司以其持有的可供出售金融资产交换C公司的原材料，在交换日，甲公司的可供出售金融资产账面余额为320 000元（其中成本为240 000元，公允价值变动为80 000元），公允价值为360 000元。换入的原材料账面价值为280 000元，公允价值（计税价格）为300 000元，增值税为48 000元，甲公司收到C公司支付的银行存款12 000元（其中包括收取补价60 000元，支付增值税进项税额48 000元）。

（4）假设甲公司与A、B、C公司的非货币性资产交换均具有商业实质且公允价值能够可靠地计量，增值税税率为16%。

要求：根据上述经济业务编制甲公司有关会计分录。

2.资料：甲公司决定以库存商品和交易性金融资产——B股票与乙公司交换其持有的长期股权投资和生产用设备一台。甲公司库存商品账面余额为150万元，公允价值（计税价格）为200万元；B股票的账面余额为260万元（成本为210万元，公允价值变动为50万元），公允价值为300万元。乙公司的长期股权投资的账面余额为300万元，公允价值为336万元；固定资产设备的账面原值为240万元，已计提折旧100万元，公允价值为144万元，另外乙公司向甲公司支付银行存款28.96万元（其中补价为20万元，增值税进销差价为8.96万元）。甲公司和乙公司换入的资产均不改变其用途。

假设两公司都没有为资产计提减值准备，整个交易过程中没有发生除增值税以外的其他相关税费，甲公司和乙公司的增值税税率均为16%。非货币性资产交换具有商业实质且公允价值能够可靠地计量。

要求：

（1）计算甲公司换入各项资产的成本。

（2）编制甲公司有关会计分录。

（3）计算乙公司换入各项资产的成本。

（4）编制乙公司有关会计分录。

 课外知识拓展

1.《企业会计准则第7号——非货币资产交换》（2006年2月15日财政部发布，自2007年1月1日起施行）

2.《企业会计准则——应用指南（2006）》（2006年10月30日财政部发布，自2007年1月1日起施行）

3.《财政部关于修订印发一般企业财务报表格式的通知》（财会〔2017〕30号）

项目二

资产减值

项　目	课程专业能力	完成情况
资产减值	理解资产减值迹象的判断	
	熟悉资产减值的概念及其范围	
	掌握资产可回收金额的计量	
	掌握资产与资产组减值的会计处理	
	掌握商誉减值的测试及账务处理	
师生总结		

随着全球经济的高速发展，在竞争日趋激烈的经营环境中，企业所面临的风险和不确定性越来越大，资产价值一成不变的地位早已丧失，企业固定资产、无形资产、商誉等长期资产的风险越来越大。当资产的可回收金额低于其账面价值时，即表明资产发生了减值，这将对企业产生巨大的影响。那么，什么是可回收金额呢？它又如何计量？与资产减值相关的会计处理又是怎样的？通过本项目的学习，我们将会找到答案。

任务一 资产减值概述

一、资产减值的概念及其范围

资产减值，是指资产的可收回金额低于其账面价值。本项目所指资产，除特别说明外，只包含单项资产和资产组。

本项目涉及的资产减值对象主要包括以下资产。

（1）对子公司、联营企业和合营企业的长期股权投资。

（2）采用成本模式进行后续计量的投资性房地产。

（3）固定资产。

（4）生产性生物资产。

（5）无形资产。

（6）商誉。

（7）探明石油天然气矿区权益和井及相关设施等。

资产减值不涉及：存货、消耗性生物资产、以公允价值模式进行后续计量的投资性房地产、建造合同形成的资产、递延所得税资产、融资租赁中出租人未担保余值，以及金融资产等。

课堂案例展示 2-1

企业账面上有四项资产，分别是存货、长期股权投资、持有至到期投资和商誉，判断不适用于"资产减值"准则的有哪几项？

解析：存货和持有至到期投资不适用于"资产减值"准则，因为存货的减值，适用于"存货"准则；持有至到期投资的减值适用"金融工具确认和计量"准则。

二、资产减值迹象的判断

在资产负债表日，如果资产出现了减值的迹象，应进行减值测试，即资产出现减值迹象，是进行减值测试的前提，但有两个例外：因企业合并所形成的商誉和使用寿命不确定的无形资产，无论是否存在减值迹象，每年都应当进行减值测试。

资产可能发生减值的迹象可从企业外部和企业内部进行分析，主要包括以下7个方面。

（1）资产的市价当期大幅度下跌，其跌幅明显高于因时间的推移或者正常使用而预计的下跌。

（2）企业经营所处的经济、技术或者法律等环境以及资产所处的市场在当期或者将在近期发生重大变化，从而对企业产生不利影响。

（3）市场利率或者其他市场投资报酬率在当期已经提高，从而影响企业计算资产预计未来现金流量现值的折现率，导致资产可收回金额大幅度降低。

（4）有证据表明资产已经陈旧过时或者其实体已经损坏。

（5）资产已经或者将被闲置、终止使用或者计划提前处置。

（6）企业内部报告的证据表明资产的经济绩效已经低于或者将低于预期，如资产所创造的净现金流量或者实现的营业利润（或者亏损）远远低于（或者高于）预计金额等。

资产减值
会计的必要性

（7）其他表明资产可能已经发生减值的迹象。

任务二　资产可收回金额的计量和减值损失的确定

一、资产可收回金额计量的基本要求

在估计资产可收回金额时，原则上应当以单项资产为基础，如果企业难以对单项资产的可收回金额进行估计的，应当以该资产所属的资产组为基础确定资产组的可收回金额。

资产的可收回金额应当根据资产的公允价值减去处置费用后的净额与资产预计未来现金流量的现值两者之间较高者确定。因此，计算确定资产可收回金额应当经过以下步骤。

第一步，计算确定资产的公允价值减去处置费用后的净额。

第二步，计算确定资产预计未来现金流量的现值。

第三步，比较资产的公允价值减去处置费用后的净额和资产预计未来现金流量的现值，取其较高者作为资产的可收回金额。

资产减值
会计发展历程

估计资产的可收回金额，通常需要同时估计该资产的公允价值减去处置费用后的净额和资产预计未来现金流量的现值，但是在下列情况下，可以有例外或者做特殊考虑。

（1）如果资产的公允价值减去处置费用后的净额和资产预计未来现金流量的现值，只要有一项超过了资产的账面价值，就表明资产没有发生减值，不需要再估计另一项金额。

（2）如果没有确凿证据或者理由表明，资产预计未来现金流量的现值显著高于其公允价值减去处置费用后的净额，可以将资产的公允价值减去处置费用后的净额视为资产的可收回金额。

（3）以前报告期间的计算结果表明，资产可收回金额显著高于其账面价值，之后又没有发生消除这一差异的交易或者事项的，资产负债表日可以不重新估计该资产的可收回金额。

（4）以前报告期间的计算与分析表明，资产可收回金额相对于某种减值迹象反应不敏感，在本报告期间又发生了该减值迹象的，可以不因该减值迹象的出现而重新估计该资产的可收回金额。

确定资产可收回金额的方法，如图 2-1 所示。

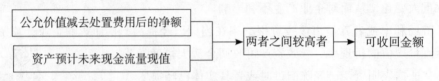

图 2-1　可收回金额的确定方法

课堂案例展示 2-2

关于资产可收回金额的计量，下列说法中正确的有（　　　）。

A. 可收回金额应当根据资产的销售净价减去处置费用后的净额与资产预计未来现金流量的现值两者之间较高者确定

B. 可收回金额应当根据资产的销售净价减去处置费用后的净额与资产预计未来现金流量的现值两者之间较低者确定

C. 可收回金额应当根据资产的公允价值减去处置费用后的净额与资产预计未来现金流量的现值两者之间较高者确定

D. 资产的公允价值减去处置费用后的净额与资产预计未来现金流量的现值，只要有一项超过了资产的账面价值，就表明资产没有发生减值，不需再估计另一项金额

解析：资产可收回金额估计的基础是公允价值而不是销售净价。故正确的说法应该是 C、D。

二、资产的公允价值减去处置费用后净额的确定

资产的公允价值减去处置费用后的净额，通常反映的是资产如果被出售或者处置时可以收回的净现金流入。其中，资产的公允价值，是指在公平交易中，熟悉情况的交易双方自愿进行资产交换的金额；处置费用，是指可以直接归属于资产处置的增量成本，包括与资产处置有关的法律费用、相关税费、搬运费以及为使资产达到可销售状态所发生的直接费用等，但是财务费用和所得税费用等不包括在内。

企业在估计资产的公允价值减去处置费用后的净额时，应当按照以下顺序进行确定。

（1）通常情况下，资产的公允价值减去处置费用后的净额，应当根据公平交易中销售协议价格减去可直接归属于该资产处置费用的金额确定。这是估计资产的公允价值减去处置费用后净额的最佳方法，企业应当优先采用这一方法。

（2）在资产不存在销售协议但存在资产活跃市场的情况下，应当按照该资产的市场价格减去处置费用后的金额确定。资产的市场价格通常应当按照资产的买方出价确定。

（3）在不存在销售协议和资产活跃市场的情况下，应当以可获取的最佳信息为基础，根据在资产负债表日假定处置该项资产，熟悉情况的交易双方自愿进行公平交易，以愿意提供的交易价格减去资产处置费用后的净额来确定。实务中，该净额可以参考同行业类似资产的最近交易价格或结果进行估计。

如果企业按照上述顺序仍然无法可靠估计资产的公允价值减去处置费用后的净额，应当以该资产预计未来现金流量的现值作为其可收回金额。

三、资产预计未来现金流量现值的确定

资产预计未来现金流量的现值，应当按照资产在持续使用过程中和最终处置时所产生的预计未来现金流量，选择恰当的折现率对其进行折现后的金额加以确定。因此预计资产未来现金流量的现值，应当综合考虑资产的预计未来现金流量、资产的使用寿命和折现率三个因素。

（一）资产未来现金流量的预计

1.预计资产未来现金流量的基础

预计资产未来现金流量时，企业管理层应当在合理和有依据的基础上对资产剩余使用寿命内整个经济状况进行最佳估计，并将资产预计未来现金流量的估计，建立在经企业管理层批准的最近财务预算或者预测数据的基础上。建立在预算或者预测基础上的预计现金流量最多涵盖5年，企业管理层如能证明更长的期间是合理的，则可以涵盖更长的期间。

2.预计资产未来现金流量应当包括的内容

（1）资产持续使用过程中预计产生的现金流入。

（2）为实现资产持续使用过程中产生的现金流入所必需的预计现金流出（包括为使资产达到预定可使用状态所发生的现金流出），该现金流出应当是可直接归属于或者可通过合理和一致的基础分配到资产中的现金流出。

（3）资产使用寿命结束时，处置资产所收到或者支付的净现金流量。该现金流量应当是在公平交易中，熟悉情况的交易双方自愿进行交易时，企业预期可从资产的处置中获取或者支付的、减去预计处置费用后的金额。

$$每期净现金流量＝每期现金流入-该期现金流出$$

课堂案例展示 2-3

甲公司管理层2018年年末批准的财务预算中与产品W生产线预计未来现金流量有关的资料见表2-1，有关现金流量均发生于年末，各年年末不存在与产品W相关的存货，收入、支出均不含增值税（单位：万元）。

表2-1　预计未来现金流量有关的资料

项　目	2019年	2020年	2021年
产品W销售收入	1 000	900	800
2017年销售产品W产生应收账款本年收回	0	50	80
2018年销售产品W产生应收账款将于下年收回	50	80	0
购买生产产品W的材料支付现金	500	450	400
以现金支付职工薪酬	200	190	150
其他现金支出	120	110	90
处置生产线净现金流入			50

解析：根据表2-1所示内容，甲公司预计的未来现金流量为：

（1）2019年净现金流量＝（1 000-50）-500-200-120 = 130（万元）

（2）2020年净现金流量＝（900+50-80）-450-190-110 = 120（万元）

（3）2021年净现金流量＝（800+80）-400-150-90+50 = 290（万元）

3. 预计资产未来现金流量应当考虑的因素

（1）以资产的当前状况为基础预计资产未来现金流量。

企业资产状况在使用过程中有时会因为改良、重组等原因而发生变化，但是，在预计资产未来现金流量时，应当以资产的当前状况为基础，不应当包括与将来可能会发生的、尚未做出承诺的重组事项或者与资产改良有关的预计未来现金流量。企业未来发生的现金流出如果是为了维持资产正常运转或者资产正常产出水平而必要的支出或者属于资产维护支出，应当在预计资产未来现金流量时将其考虑在内。

课堂案例展示 2-4

甲公司于 2018 年年末对某项固定资产进行减值测试。该固定资产的账面价值为 2 000 万元，预计尚可使用年限为 8 年。为了计算该固定资产在 2018 年年末未来现金流量的现值，公司首先必须预计其未来现金流量。假定公司管理层批准的 2018 年年末的该固定资产未来现金流量见表 2-2（单位：万元）。

表2-2　国家资产未来现金流量（一）

年　份	预计未来现金流量 （不包括改良的影响金额）	预计未来现金流量 （包括改良的影响金额）
2019	130	
2020	125	
2021	120	
2022	118	
2023	115	
2024	112	150
2025	110	148
2026	106	146

解析：在 2018 年年末计算该资产未来现金流量的现值时，应该以不包括资产改良影响金额的未来现金流量为基础加以计算。具体见表 2-3（单位：万元）。

表2-3　固定资产未来现金流量（二）

年　份	预计未来现金流量（不包括改良的影响金额）
2019	130
2020	125
2021	120
2022	118
2023	115
2024	112
2025	110
2026	106

（2）预计资产未来现金流量应当不包括筹资活动和所得税收付产生的现金流量。

企业预计的资产未来现金流量，不应当包括筹资活动产生的现金流入或者流出以及与所得税收付有关的现金流量，因为所筹集资金的货币时间价值已经通过折现方式予以考虑，而且折现率是以税前基础计算确定的，现金流量的预计基础应当与其保持一致。

（3）对通货膨胀因素的考虑应当和折现率相一致。

企业在预计资产未来现金流量和折现率，考虑因一般通货膨胀而导致物价上涨的因素时，应当采用一致的基础。如果折现率考虑了因一般通货膨胀而导致的物价上涨影响因素，资产预计未来现金流量也应予以考虑；如果折现率没有考虑因一般通货膨胀而导致的物价上涨影响因素，资产预计未来现金流量应当剔除这一影响因素。总之，在考虑通货膨胀影响因素的问题上，资产未来现金流量的预计和折现率的预计，应当保持一致。

（4）对内部转移价格应当予以调整。

在部分企业或企业集团，出于整体发展战略的考虑，某些资产生产的产品或者其他产出可能供企业或者企业集团内部其他企业使用或者对外销售，所确定的交易价格或者结算价格建立在内部转移价格的基础上，而内部转移价格很可能与市场交易价格不同。这种情况下，为了如实估计资产的可收回金额，企业不应当以内部转移价格为基础预计资产未来现金流量，而应当采用在公平交易中企业管理层能够达成的最佳未来价格估计数进行估计。

4.预计资产未来现金流量的方法

（1）单一的未来每期预计现金流量。

预计资产未来现金流量，通常应当根据资产未来期间最有可能产生的现金流量进行预测，即使用单一的未来每期预计现金流量和单一的折现率计算资产未来现金流量现值。

（2）期望现金流量法。

如果影响资产未来现金流量的因素较多，不确定性较大，使用单一的现金流量可能并不能如实反映资产创造现金流量的实际情况。此时，如果采用期望现金流量法更为合理，企业应当采用期望现金流量法预计资产未来现金流量，即资产未来现金流量应当根据每期现金流量期望值进行预计，每期现金流量期望值按照各种可能下的现金流量乘以相应的发生概率加总计算。

课堂案例展示 2-5

假定乙固定资产生产的产品受市场行情波动影响大，企业预计未来 5 年每年的现金流量见表2-4（单位：万元）。

表2-4 企业预计未来5年的现金流量

	产品行情好 （30%的可能性）	产品行情一般 （60%的可能性）	产品行情差 （10%的可能性）
第1年	120	100	80
第2年	100	80	60
第3年	80	60	40
第4年	60	40	20
第5年	40	20	0

解析：乙企业未来 5 年每年的预计现金流量为：

第1年的预计现金流量（期望现金流量）＝120×30%+100×60%+80×10%＝104（万元）

第2年的预计现金流量（期望现金流量）＝100×30%+80×60%+60×10%＝84（万元）

第3年的预计现金流量（期望现金流量）＝80×30%+60×60%+40×10%＝64（万元）

第4年的预计现金流量（期望现金流量）＝60×30%+40×60%+20×10%＝44（万元）

第5年的预计现金流量（期望现金流量）＝40×30%+20×60%+0×10%＝24（万元）

（二）折现率的预计

为了资产减值测试的目的，计算资产未来现金流量现值时所使用的折现率应当是反映当前市场货币时间价值和资产特定风险的税前利率。该折现率是企业在购置或者投资资产时所要求的必要报酬率。在预计资产的未来现金流量时已经对资产特定风险的影响做了调整，估计折现率时不需要考虑这些特定风险。如果用于估计折现率的基础是税后的，应当将其调整为税前的折现率。

（三）资产未来现金流量现值的预计

在预计资产的未来现金流量和折现率的基础上，企业将该资产的预计未来现金流量按照预计折现率在预计期限内予以折现后，即可确定该资产未来现金流量的现值。计算公式如下：

$$资产未来现金流量的现值 = \sum [每年预计资产的未来现金流量 \times (P/F, i, n)]$$

资产预计未来现金流量的现值的估计方法如图 2-2 所示。

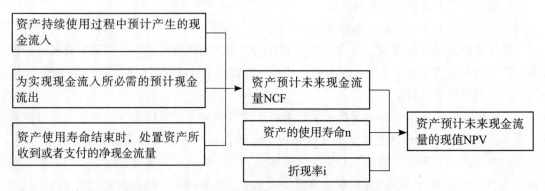

图 2-2 资产预计未来现金流量的现值的估计方法

课堂案例展示 2-6

2018 年 12 月 31 日，乙公司预计某生产线在未来 4 年内每年产生的现金流量净额分别为 200 万元、300 万元、400 万元、600 万元，2023 年产生的现金流量净额以及该生产线使用寿命结束时，处置形成的现金流量净额合计为 400 万元；假定按照 5% 的折现率和相应期间的时间价值系数计算该生产线未来现金流量的现值；该生产线的公允价值减去处置费用后的净额为 1 500 万元。已知部分时间价值系数见表 2-5。

表2-5 乙公司预计未来现金流量的已知部分时间价值系数

年 数	1 年	2 年	3 年	4 年	5 年
5%的复利现值系数	0.952 4	0.907 0	0.863 8	0.822 7	0.783 5

该生产线 2018 年 12 月 31 日的可收回金额为（   ）万元。

A. 1 615.12　　　B. 1 301.72　　　C. 1 500　　　D. 115.12

解析：该生产线未来现金流量现值＝ 200×0.952 4+300×0.907 0+400×0.863 8+600×0.822 7+400×0.783 5 = 1 615.12（万元），而公允价值减去处置费用后的净额＝ 1 500（万元），该生产线可收回金额＝ 1 615.12（万元），故本期正确答案是 A。

（四）外币未来现金流量及其现值的确定

（1）应当以该资产所产生的未来现金流量的结算货币为基础预计其未来现金流量（外币），并按照该货币适用的折现率计算资产预计未来现金流量的现值。

（2）将该外币现值按照计算资产未来现金流量现值当日的即期汇率进行折算，从而折现成按照记账本位币表示的资产未来现金流量的现值。

（3）在该现值基础上，将其与资产公允价值减去处置费用后的净额相比较，确定其可收回金额，根据可收回金额与资产账面价值相比较，确定是否需要确认减值损失以及确认多少减值损失。

四、资产减值损失的确定及账务处理

（一）资产减值损失的确定

资产可收回金额确定后，如果可收回金额低于其账面价值，企业应当将资产的账面价值减记至可收回金额，减记的金额确认为资产减值损失，计入当期损益，同时计提相应的资产减值准备。资产的账面价值是指资产成本扣减累计折旧（或累计摊销）和累计减值准备后的金额。资产减值损失确认后，减值资产的折旧或者摊销费用应当在未来期间做相应调整，以使该资产在剩余使用寿命内系统地分摊调整后的资产账面价值（扣除预计净残值）。

资产减值损失一经确认，在以后会计期间不得转回。但是，遇到资产处置、出售、对外投资、以非货币性资产交换方式换出、在债务重组中抵偿债务等情况，同时符合资产终止确认条件的，企业应当将相关资产减值准备予以转销。

课堂案例展示 2-7

2016 年 6 月 10 日，某上市公司购入一台不需要安装的生产设备，设备入账价值为 100 万元，购入后即达到预定可使用状态。该设备的预计使用寿命为 10 年，预计净残值为 8 万元，按照年限平均法计提折旧。2017 年 12 月因出现减值迹象，对该设备进行减值测试，预计该设备的公允价值为 55 万元，处置费用为 13 万元；如果继续使用，预计未来使用及处置产生现金流量的现值为 35 万元。假定原预计使用寿命、预计净残值不变。2018 年该生产设备应计提的折旧为多少万元？

解析：该设备 2017 年 12 月 31 日计提减值准备前的账面价值 = 100−（100−8）÷10×1.5 = 86.2（万元），可收回金额为 55−13 = 42（万元），计提减值准备后的账面价值为 42 万元。2018 年该生产设备应计提的折旧 =（42−8）÷8.5 = 4（万元）。

（二）资产减值损失的账务处理

企业应当设置"资产减值损失"科目，核算企业计提的各项资产减值准备所形成的损失。对于固定资产、无形资产、商誉、长期股权投资等资产发生减值的，企业应当按照所确认的可收回金额低于账面价值的差额，借记本科目，贷记"固定资产减值准备""无形资产减值准备""商誉——减值准备""长期股权投资减值准备"等科目。

课堂案例展示 2-8

A 公司某类设备原值 1 000 万元，已提折旧 150 万元，已提减值准备 50 万元，2018 年 12 月 31 日，A 公司该类设备明显存在减值迹象，减值测试表明，如果该公司出售设备，买方愿意以 560 万元的销售净价收购；如果继续使用，尚可使用 5 年，未来四年现金流量净值及第 5 年使用和期满处置现金流量净值分别为 200 万元、150 万元、125 万元、100 万元、95 万元，采用折现率为 5%。

解析：本例中，A 公司对于该类设备应按照以下步骤确定资产减值损失：

第一步，计算固定资产账面价值

账面价值 = 原值 - 累计折旧 - 资产减值 = 1 000-150-50 = 800（万元）

第二步，计算资产可收回金额

（1）公允价值减去处置费用后的净额 = 560（万元）

（2）预计未来现金流量的现值 = 200×0.952 4+150×0.907 0+125×0.863 8+100×0.822 7+95×0.783 5 = 591（万元）

（3）按照公允价值减去处置费用后的净额和未来现金流量的现值，两者孰高原则确定可收回金额 = 591（万元）

第三步，确认减值准备

计提减值准备 = 800-591 = 209（万元）

第四步，资产减值损失的账务处理

借：资产减值损失   2 090 000
　　贷：固定资产减值准备   2 090 000

任务三　资产组减值的处理

一、资产组的认定

如果有迹象表明一项资产可能发生减值的，企业应当以单项资产为基础估计其可收回金额。当企业难以对单项资产的可收回金额进行估计时，应当以该资产所属的资产组为基础确定资产组的可收回金额。

（一）资产组的概念

资产组是企业可以认定的最小资产组合，其产生的现金流入应当基本上独立于其他资产或者资产组产生的现金流入。资产组应当由创造现金流入相关的资产组成。

（二）认定资产组应当考虑的因素

（1）资产组的认定，应当以资产组产生的主要现金流入是否独立于其他资产或者资产组的现金流入为依据。

课堂案例展示 2-9

甲上市公司由专利权 X、设备 Y 以及设备 Z 组成的生产线，专门用于生产产品 W。该生产线于 2012 年 1 月投产，至 2018 年 12 月 31 日已连续生产 7 年。甲公司按照不同的生产线进行管理，产品 W 存在活跃市场。生产线生产的产品 W，经包装机 H 进行外包装后对外出售。与产品 W 生产线及包装机 H 的有关资料如下。

（1）专利权 X 于 2012 年 1 月取得，专门用于生产产品 W。该专利权除用于生产产品 W 外，无其他用途。

（2）专用设备 Y 和 Z 于 2011 年 12 月取得，是为生产产品 W 专门定制的，除生产产品 W 外无其他用途。

（3）包装机 H 系甲公司于 2011 年 12 月 18 日购入，用于对公司生产的部分产品（包括产品 W）进行外包装。该包装机由独立核算的包装车间使用。公司生产的产品进行包装时需按市场价格向包装车间内部结算包装费。除用于本公司产品的包装外，甲公司还用该机器承接其他企业产品外包装，收取包装费。包装机的公允价值减去处置费用后的净额及未来现金流量现值都能够合理确定。

解析：本例中，包装机 H 的可收回金额能够单独计算确定，可作为一单项资产计提减值准备。专利权 X、设备 Y 以及设备 Z 均无法独立产生现金流入，但该三项资产共同产生现金流入，应将三项资产作为一个资产组。

需要说明的是，若包装机 H 只对产品 W 进行包装，无法独立产生未来现金流量，则包装机 H 应和专利权 X、设备 Y 以及设备 Z 共同组成一个资产组。

（2）资产组的认定，应当考虑企业管理层管理生产经营活动的方式（如是按照生产线、业务种类还是按照地区或者区域等）和对资产的持续使用或者处置的决策方式等。几项资产的组合生产的产品（或者其他产出）存在活跃市场的，即使部分或者所有这些产品（或者其他产出）均供内部使用，也应当在符合前款规定的情况下，将这几项资产的组合认定为一个资产组。

（三）资产组认定后不得随意变更

资产组一经确定后，在各个会计期间应当保持一致，不得随意变更，即资产组各项资产的构成通常不能随意变更。但是，企业如果由于重组、变更资产用途等原因，导致资产组的构成确需变更的，企业可以进行变更，但企业管理层应当证明该变更是合理的，并应当在附注中做出说明。

二、资产组可收回金额和账面价值的确定

资产组的可收回金额应当按照该资产组的公允价值减去处置费用后的净额与其预计未来现金流量的现值两者之间较高者确定。

未来现金流量的现值评估涉及参数

资产组在处置时如要求购买者承担一项负债（如环境恢复负债等）、该负债金额已经确认并计入相关资产账面价值，而且企业只能取得包括上述资产和负债在内的单一公允价值减去处置费用后的净额的，为了比较资产组的账面价值和可收回金额，在确定资产组的账面价值及其预计未来现金流量现值时，应当将已确认的负债金额从中扣除。

三、资产组减值测试

资产组减值测试的原理和单项资产相同，即企业需要估计资产组（包括资产组组合）的可收回金额并计算资产组的账面价值，同时将两者进行比较，如果资产组（包括资产组组合）的可收回金额低于其账面价值的，应当按照差额确认相应的减值损失。减值损失金额应当按照下列顺序进行分摊。

（1）抵减分摊至资产组中商誉的账面价值。

（2）根据资产组中除商誉之外的其他各项资产的账面价值所占比重，按比例抵减其他

各项资产的账面价值。

以上资产账面价值的抵减，应当作为各单项资产（包括商誉）的减值损失处理，计入当期损益。抵减后的各资产的账面价值不得低于以下三者之中最高者：该资产的公允价值减去处置费用后的净额（如可确定的）、该资产预计未来现金流量的现值（如可确定的）和零。因此，导致的未能分摊的减值损失金额，应当按照相关资产组中其他各项资产的账面价值所占比重进行分摊。

课堂案例展示 2-10

某公司在 A、B、C 三地拥有三家分公司，其中，C 分公司是上年吸收合并的公司。由于 A、B、C 三家分公司均能产生独立于其他分公司的现金流入，所以该公司将这三家分公司确定为三个资产组。2018 年 12 月 1 日，企业经营所处的技术环境发生了重大不利变化，出现减值迹象，需要进行减值测试。减值测试时，C 分公司资产组的账面价值为 520 万元（含合并商誉为 20 万元）。该公司计算 C 分公司资产的可收回金额为 400 万元。假定 C 分公司资产组包括甲设备、乙设备和一项无形资产，其账面价值分别为 250 万元、150 万元和 100 万元。

解析：本例中，C 资产组的账面价值＝520（万元），可收回金额＝400（万元），发生减值120 万元。C 资产组中的减值额先冲减商誉 20 万元，余下的 100 万元分配给甲设备、乙设备和无形资产。

甲设备应承担的减值损失＝100÷（250+150+100）×250＝50（万元）

乙设备应承担的减值损失＝100÷（250+150+100）×150＝30（万元）

无形资产应承担的减值损失＝100÷（250+150+100）×100＝20（万元）

会计分录如下。

借：资产减值损失　　　　　　　　1 200 000

　　贷：商誉减值准备　　　　　　　　　　　200 000

　　　　固定资产减值准备　　　　　　　　　800 000

　　　　无形资产减值准备　　　　　　　　　200 000

课堂案例展示 2-11

甲上市公司由专利权 X、设备 Y 以及设备 Z 组成的生产线，专门用于生产产品 W。该生产线于 2012 年 1 月投产，至 2018 年 12 月 31 日已连续生产 7 年。甲公司按照不同的生产线进行管理，产品 W 存在活跃市场。生产线生产的产品 W，经包装机 H 进行外包装后对外出售。

（1）产品 W 生产线及包装机 H 的有关资料如下。

①专利权 X 于 2012 年 1 月以 400 万元取得，专门用于生产产品 W。甲公司预计该专利权的使用年限为 10 年，采用直线法摊销，预计净残值为 0。该专利权除用于生产产品 W 外，无其他用途。

②专用设备 Y 和 Z 是为生产产品 W 专门定制的，除生产产品 W 外，无其他用途。专用设备 Y 系甲公司于 2011 年 12 月 10 日购入，原价为 1 400 万元，购入后即达到预定可使用状态。设备 Y 的预计使用年限为 10 年，预计净残值为 0，采用年限平均法计提折旧。专用设备 Z 系甲公司于 2011 年 12 月 16 日购入，原价为 200 万元，购入后即达到预定可使用状态。设备 Z 的预计使用年限为 10 年，预计净残值为 0，采用年限平均法计提折旧。

③包装机 H 系甲公司于 2011 年 12 月 18 日购入，原价为 180 万元，用于对公司生产的部分产品（包括产品 W）进行外包装。该包装机由独立核算的包装车间使用。公司生产的产品进行包装时需按市场价格向包装车间内部结算包装费。除用于本公司产品的包装外，甲公司还用该机器承接其他企业产品外包装，收取包装费。该机器的预计使用年限为 10 年，预计净残值为 0，采用年限平均法计提折旧。

（2）2018 年，市场上出现了产品 W 的替代产品，产品 W 市价下跌，销量下降，出现减值迹象。2018 年 12 月 31 日，甲公司对有关资产进行减值测试。

① 2018 年 12 月 31 日，专利权 X 的公允价值为 118 万元，如将其处置，预计将发生相关费用 8 万元，无法独立确定其未来现金流量现值；设备 Y 和设备 Z 的公允价值减去处置费用后的净额以及预计未来现金流量的现值均无法确定；包装机 H 的公允价值为 62 万元，如处置预计将发生的费用为 2 万元，根据其预计提供包装服务的收费情况来计算，其未来现金流量现值为 63 万元。

②甲公司管理层 2018 年年末批准的财务预算中与产品 W 生产线预计未来现金流量有关的资料见表 2-6，有关现金流量均发生于年末，各年年末不存在与产品 W 相关的存货，收入、支出均不含增值税（单位：万元）。

表2-6　预计未来现金流量有关的资料

项　目	2019年	2020年	2021年
产品W销售收入	1 200	1 100	720
2017年销售产品W产生应收账款本年收回	0	20	100
2018年销售产品W产生应收账款将于下年收回	20	100	0
购买生产产品W的材料支付现金	600	550	460
以现金支付职工薪酬	180	160	140
其他现金支出（包括支付的包装费）	100	160	120

③甲公司的增量借款年利率为 5%（税前），公司认为 5% 是产品 W 生产线的最低必要报酬率。复利现值系数见表 2-7。

表2-7　复利现值系数

年　数	1 年	2 年	3 年
5%的复利现值系数	0.952 4	0.907	0.863 8

（3）其他有关资料。

①甲公司与生产产品 W 相关的资产在 2018 年以前未发生减值。

②甲公司不存在可分摊至产品 W 生产线的总部资产和商誉价值。

③本题中有关事项均具有重要性。

④本题中不考虑中期报告及所得税影响。

解析：本例中，根据资料（1）甲公司与生产产品 W 相关的各项资产中，专利权 X、设备 Y 以及设备 Z 构成一个资产组。原因是各单项资产均无法独立产生现金流入，该三项资产共同产生现金流入。

根据资料（2），按照下列步骤对上述资产组进行减值测试。

第一步，确定 2018 年 12 月 31 日资产组未来现金流量的现值

① 2019 年现金净流量 = 1 200−20−600−180−100 = 300（万元）

② 2020 年现金净流量 = 1 100+20−100−550−160−160 = 150（万元）

③ 2021 年现金净流量 = 720+100−460−140−120 = 100（万元）

④ 2018 年 12 月 31 日资产组未来现金流量的现值 = 300×0.952 4+150×0.907 0+100×0.863 8 = 508.15（万元）

由于无法确定资产组的公允价值减去处置费后的金额，所以资产组的可收回金额即为未来现金流量的现值 508.15 万元。

第二步，确定 2018 年 12 月 31 日资产组的账面价值

①专利权 X 的账面价值 = 400×（3/10）= 120（万元）

②专用设备 Y 的账面价值 = 1 400×（3/10）= 420（万元）

③专用设备 Z 的账面价值 = 200×（3/10）= 60（万元）

资产组账面价值合计 = 120+420+60 = 600（万元）

第三步，确定 2018 年 12 月 31 日资产组的资产减值损失

由于资产组的可收回金额低于其账面价值，所以确认该项资产组产生资产减值损失 = 600−508.15 = 91.85（万元）。

第四步，填制资产组减值测试表（见表2-8）

表2-8 资产组减值测试表

项 目	专利权X	设备Y	设备Z	资产组
账面价值	120	420	60	600
可收回金额				508.15
减值损失				91.85
减值损失分摊比例	20%	70%	10%	
分摊减值损失	10	64.30	9.19	83.49
分摊后账面价值	110	355.70	50.81	516.51
尚未分摊的减值损失				8.36
二次分摊比例		87.50%	12.50%	
二次分摊减值损失		7.32	1.04	
二次分摊后应确认减值损失总额	10	71.62	10.23	91.85
二次分摊后账面价值	110	348.38	49.77	508.15

第五步，对 H 包装机进行减值测试

H 包装机的公允价值减去处置费用后的净额 ＝ 62－2 ＝ 60（万元），未来现金流量现值为 63 万元，所以 H 包装机的可收回金额为 63 万元。H 包装机的账面价值 ＝ 180×（3/10）＝ 54（万元），可收回金额高于其账面价值，所以 H 包装机未发生资产减值损失。

第六步，对资产减值损失进行账务处理

借：资产减值损失 91.85

　　贷：固定资产减值准备 81.85

　　　　无形资产减值准备 10.00

四、总部资产减值测试

企业总部资产包括企业集团或其事业部的办公楼、电子数据处理设备、研发中心等资产。总部资产的显著特征是难以脱离其他资产或者资产组产生独立的现金流入，而且其账面价值难以完全归属于某一资产组。因此，总部资产通常难以单独进行减值测试，需要结合其他相关资产或者资产组组合进行。资产组组合，是指由若干个资产组组成的最小资产组组合，包括资产组或者资产组组合，以及按合理方法分摊的总部资产部分。

企业在对某一资产组进行减值测试时，应当先认定所有与该资产组相关的总部资产，再根据相关总部资产能否按照合理和一致的基础分摊至该资产组分别情况处理。

（1）对于相关总部资产能够按照合理和一致的基础分摊至该资产组的部分，应当将该部分总部资产的账面价值分摊至该资产组，再据以比较该资产组的账面价值（包括已分摊的总部资产的账面价值部分）和可收回金额，并按照前述有关资产组的减值损失处理顺序和方法处理。

（2）对于相关总部资产难以按照合理和一致的基础分摊至该资产组的，应当按照下列步骤处理。

① 在不考虑相关总部资产的情况下，估计和比较资产组的账面价值和可收回金额，并按照前述有关资产组减值损失处理顺序和方法处理。

② 认定由若干个资产组组成的最小的资产组组合，该资产组组合应当包括所测试的资

产组与可以按照合理和一致的基础将该总部资产的账面价值分摊其上的部分。

③ 比较所认定的资产组组合的账面价值（包括已分摊的总部资产的账面价值部分）和可收回金额，并按照前述有关资产组减值损失的处理顺序和方法处理。

总部资产减值测试，如图 2-3 所示。

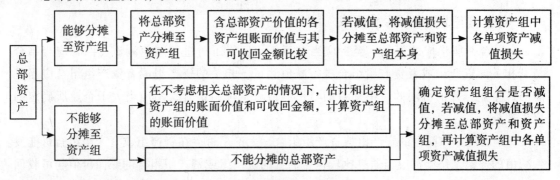

图 2-3　总部资产减值测试

课堂案例展示 2-12

　　长江公司在 A、B、C 三地拥有三家分公司，这三家分公司的经营活动由一个总部负责运作。由于 A、B、C 三家分公司均能产生独立于其他分公司的现金流入，所以该公司将这三家分公司确定为三个资产组。2018 年 12 月 1 日，企业经营所处的技术环境发生了重大不利变化，出现减值迹象，需要进行减值测试。假设总部资产的账面价值为 200 万元，能够按照各资产组账面价值的比例进行合理分摊，A、B、C 分公司和总部资产的使用寿命均为 20 年。减值测试时，A、B、C 三个资产组的账面价值分别为 320 万元、160 万元和 320 万元。长江公司计算得出 A 分公司资产的可收回金额为 420 万元，B 分公司资产的可收回金额为 160 万元，C 分公司资产的可收回金额为 380 万元。

　　解析：本例中，应按照下列步骤计算 A、B、C 三个资产组和总部资产计提的减值准备。

　　第一步，将总部资产分配至各资产组

　　总部资产应分配给 A 资产组的金额 ＝ 200×320/800 ＝ 80（万元）

　　总部资产应分配给 B 资产组的金额 ＝ 200×160/800 ＝ 40（万元）

　　总部资产应分配给 C 资产组的金额 ＝ 200×320/800 ＝ 80（万元）

　　分配后各资产组的账面价值为：

　　A 资产组的账面价值 ＝ 320+80 ＝ 400（万元）

　　B 资产组的账面价值 ＝ 160+40 ＝ 200（万元）

　　C 资产组的账面价值 ＝ 320+80 ＝ 400（万元）

　　第二步，进行减值测试

　　A 资产组的账面价值 ＝ 400（万元），可收回金额 ＝ 420（万元），没有发生减值；

　　B 资产组的账面价值 ＝ 200（万元），可收回金额 ＝ 160（万元），发生减值 40 万元；

　　C 资产组的账面价值 ＝ 400（万元），可收回金额 ＝ 380（万元），发生减值 20 万元。

　　第三步，将各资产组的减值额在总部资产和各资产组之间分配

　　B 资产组减值额分配给总部资产的金额 ＝ 40×40/200 ＝ 8（万元），分配给 B 资产组本身的金额 ＝ 40×160/200 ＝ 32（万元）。

　　C 资产组减值额分配给总部资产的金额 ＝ 20×80/400 ＝ 4（万元），分配给 C 资产组本身的金额 ＝ 20×320/400 ＝ 16（万元）。

　　第四步，确认 A、B、C 三个资产组和总部资产计提的减值准备

　　A 资产组没有发生减值，B 资产组发生减值 32 万元，C 资产组发生减值 16 万元，总部资产发生减值 ＝ 8+4 ＝ 12（万元）。

任务四 商誉减值的处理

一、商誉减值测试的基本要求

企业合并所形成的商誉，至少应当在每年年度终了时进行减值测试。商誉应当结合与其相关的资产组或者资产组组合进行减值测试。相关的资产组或者资产组组合应当是能够从企业合并的协同效应中受益的资产组或者资产组组合，不应当大于企业所确定的报告部分。

对于已经分摊商誉的资产组或资产组组合，无论是否存在资产组或资产组组合可能发生减值的迹象，每年都应当通过比较包含商誉的资产组或资产组组合的账面价值与可收回金额进行减值测试。

企业进行资产减值测试，对于因企业合并形成的商誉的账面价值，应当自购买日起按照合理的方法分摊至相关的资产组；难以分摊至相关的资产组的，应当将其分摊至相关的资产组组合。

课堂案例展示 2-13

企业控股合并形成的商誉，不需要进行减值测试，但应在合并财务报表中分期摊销，判断是否正确？

解析：错误。根据"资产减值"准则的规定，商誉应于每年年度终了进行减值测试。企业控股合并形成的商誉，应在合并财务报表中做减值测试。

二、商誉减值的测试及账务处理

在对包含商誉的相关资产组或者资产组组合进行减值测试时，如与商誉相关的资产组或者资产组组合存在减值迹象的，应当按照下列步骤处理。

（1）对不包含商誉的资产组或者资产组组合进行减值测试，计算可收回金额，并与相关账面价值相比较，确认相应的减值损失。

（2）对包含商誉的资产组或者资产组组合进行减值测试，比较这些相关资产组或者资产组组合的账面价值（包括所分摊的商誉的账面价值部分）与其可收回金额，如相关资产组或者资产组组合的可收回金额低于其账面价值，应当确认相应的减值损失。

减值损失金额应当先抵减分摊至资产组或者资产组组合中商誉的账面价值，再根据资产组或者资产组组合中除商誉之外的其他各项资产的账面价值所占比重，按比例抵减其他各项资产的账面价值。相关减值损失的处理顺序和方法与任务三有关资产组减值损失的处理顺序和方法相一致。

商誉减值的会计处理如下。

借：资产减值损失

贷：商誉减值准备

存在少数股东权益情况下的商誉减值测试按下述方法处理。

在合并财务报表中反映的商誉，不包括子公司归属于少数股东的商誉。但对相关的资产组（或者资产组组合，下同）进行减值测试时，应当将归属于少数股东权益的商誉包括在内，调整资产组的账面价值，然后根据调整后的资产组账面价值与其可收回金额（可收回金额的预计包括了少数股东在商誉中的权益价值部分）进行比较，以确定资产组（包括商誉）是否发生了减值。

上述资产组如已发生减值，应当按照准则规定进行处理，但由于根据上述步骤计算的商誉减值损失包括了应由少数股东权益承担的部分，应当将该损失在可归属于母公司和少数股东权益之间按比例进行分摊，以确认归属于母公司的商誉减值损失。

课堂案例展示 2-14

甲企业在 2018 年 1 月 1 日以 6 400 万元的价格收购了乙企业 80% 股权。在购买日，乙企业可辨认资产的公允价值为 6 000 万元，没有负债。假定乙企业所有资产被认定为一个资产组，且该资产组包括商誉，需要至少于每年年度终了进行减值测试。乙企业 2018 年年末可辨认净资产的账面价值为 5 000 万元。资产组（乙企业）在 2018 年年末的可收回金额为 4 000 万元。假定乙企业 2018 年年末可辨认资产包括一项固定资产和一项无形资产，其账面价值分别为 3 000 万元和 2 000 万元。

解析：本例中，应按照以下步骤计算确定甲企业有关的减值损失。

第一步，计算甲企业在其合并日的合并财务报表中确认的商誉

甲企业在其合并日的合并财务报表中确认的商誉 = 6 400–6 000×80% = 1 600（万元）

第二步，2018 年年末资产组（乙企业）的账面价值（包括完全商誉）

2018 年年末合并报表反映的资产组（乙企业）的账面价值 = 5 000+1 600 = 6 600（万元）

计算归属于少数股东权益的商誉价值 =（6 400/80%–6 000）×20% = 400（万元）

资产组账面价值（包括完全商誉）= 6 600+400 = 7 000（万元）

第三步，计算资产组（乙企业）减值损失并确认每一项资产减值损失

资产组（乙企业）减值损失 = 7 000–4 000 = 3 000（万元）

公司应当首先将 3 000 万元减值损失，分摊到商誉减值损失，其中分摊到少数股东权益的为 400 万元，剩余的 2 600 万元应当在归属于母公司的商誉和乙企业可辨认资产之间进行分摊。

应确认商誉减值损失为 1 600 万元。

固定资产应分摊的减值损失 =（2 600–1 600）×3 000/（3 000+2 000）= 600（万元）

无形资产应分摊的减值损失 =（2 600–1 600）×2 000/（3 000+2 000）= 400（万元）

第四步，对上述资产减值损失进行账务处理

借：资产减值损失	16 000 000	
贷：商誉减值准备		16 000 000
借：资产减值损失	6 000 000	
贷：固定资产减值准备		6 000 000
借：资产减值损失	4 000 000	
贷：无形资产减值准备		4 000 000

课后专业测评

一、单项选择题

1. 下列说法中不正确的是（　　）。

A. 以前报告期间的计算结果表明，资产可收回金额远高于其账面价值，之后又没有发生消除这一差异的交易或事项，企业在资产负债表日可以不需要重新估计该资产的可收回金额

B. 只有当资产的公允价值减去处置费用后的净额与资产预计未来现金流量的现值均超过资产的账面价值时，才可确定资产没有发生减值

C. 无法估计资产的公允价值减去处置费用后的净额时，应当以该资产预计未来现金流量的现值作为其可收回金额

D. 以前报告期间的计算与分析表明，资产可收回金额对于资产减值准则中所列示的一种或多种减值迹象不敏感，在本报告期间又发生了这些减值迹象的，在资产负债表日，企业可以不因上述减值迹象的出现而重新估计该资产的可收回金额

2. 下列说法中不正确的是（　　）。

A. 资产组的账面价值通常应当不包括已确认负债的账面价值，但如不考虑该负债金额就无法确定资产组可收回金额的除外

B. 资产产生的现金流量是外币的，应当以该资产所产生的未来现金流量的结算货币为基础预计其未来现金流量，并按照该货币适用的折现率计算现金流量的现值，再按计算未来现金流量现值当日的即期汇率进行折算，从而得出记账本位币表示的资产未来现金流量现值

C. 只要是某企业的资产，则其中任意两项或两项以上都可以组成企业的资产组

D. 企业难以对单项资产的可收回金额进行估计的，应当以该资产所属的资产组为基础确定资产组的可收回金额

3. 甲公司 2014 年开始研发某专利权，研究费用支付了 300 万元，开发费用支付了 700 万元（假定此开发费用均符合资本化条件），该专利权于当年 7 月 1 日达到预定可使用状态，注册费用和律师费用共支付了 80 万元，会计上采用五年期直线法摊销，预计 5 年后该专利可售得 30 万元。2016 年年末该专利权因新技术的出现发生减值，预计可收回金额为 330 万元，预计到期时的处置净额降为 10 万元。2017 年年末因新技术不成熟被市场淘汰，甲公司的专利权价值有所恢复，经估计，专利权的可收回价值为 620 万元，处置净额仍为 10 万元。则 2018 年年末此专利权的"累计摊销"金额为（　　）万元。

A. 631　　　　B. 652　　　　C. 675　　　　D. 613

4. 在资产持有期间，其相应的资产减值准备可以转回的是（　　）。

A. 无形资产减值准备　　　　　　B. 对子公司的长期股权投资减值准备

C. 存货跌价准备　　　　　　　　D. 固定资产减值准备

5. 在确定资产的公允价值减去处置费用后的净额时，应优先选择的方法是（　　）。

A. 根据该资产的市场价格减去处置费用后的金额确定

B. 以可获取的最佳信息为基础，估计资产的公允价值减去处置费用后的净额

C. 根据公平交易中资产的销售协议价格减去可直接归属于该资产处置费用后的净额确定

D. 通过对资产的预计未来现金流量折现得到其现值

6.下列关于可收回金额的表述，正确的是（　　）。

A.可收回金额应当根据资产的公允价值与资产预计未来现金流量的现值两者之间较高者确定

B.可收回金额应当根据资产的公允价值减去处置费用后的净额与资产预计未来现金流量两者之间较高者确定

C.可收回金额应当根据资产的公允价值减去处置费用后的净额与资产预计未来现金流量的现值两者之间较高者确定

D.可收回金额应当根据资产的账面价值减去处置费用后的净额与资产预计未来现金流量的现值两者之间较高者确定

7.A公司拥有的一项固定资产出现减值迹象，该固定资产剩余使用年限为4年，根据公司管理层批准的财务预算，A公司将于第3年对该资产进行改良。如果不考虑改良的影响，该资产平均每年产生的现金流量为100万元；如果考虑改良的影响，完工后第3年、第4年的净现金流量分别为200万元和150万元。假定计算该生产线未来现金流量的现值时适用的折现率为5%；已知部分时间价值系数，见表2-9。

表2-9　复利现值系数

年　数	1 年	2 年	3 年	4 年	5 年
5%的复利现值系数	0.952 4	0.907 0	0.863 8	0.822 7	0.783 5

假定有关现金流量均发生于年末，不考虑其他因素，则该项资产的预计未来现金流量的现值为（　　）万元。（计算结果保留两位小数）

A.354.59　　　　B.400.00　　　　C.550.00　　　　D.482.12

二、多项选择题

1.企业在计提了固定资产减值准备后，下列会计处理正确的有（　　）。

A.固定资产预计使用寿命变更的，应当改变固定资产折旧年限

B.固定资产所含经济利益预期实现方式变更的，应改变固定资产折旧方法

C.固定资产预计净残值变更的，应当改变固定资产的折旧方法

D.以后期间如果该固定资产的减值因素消失，可按不超过原来计提减值准备的金额予以转回

2.下列资产项目中，应按资产减值准则的有关规定进行会计处理的有（　　）。

A.对子公司的长期股权投资　　　　B.采用成本模式进行后续计量的投资性房地产

C.可供出售金融资产　　　　D.采用公允价值模式进行后续计量的投资性房地产

3.根据《企业会计准则第8号——资产减值》的规定，资产的可收回金额应当根据下列（　　）两者之间的较高者确定。

A.资产的公允价值　　　　B.资产的公允价值减去处置费用后的净额

C.资产预计未来现金流量　　　　D.资产预计未来现金流量的现值

4.对于开发过程中的无形资产，下列项目中属于预计资产未来现金流量应当包括的内容有（　　）。

A.为使该项无形资产达到预定用途而发生的支出

B.持续使用该项无形资产产生的现金流入

C.使用过程中为维护该项无形资产而发生的现金支出

D.处置该项无形资产发生的现金流入

5. 在进行资产减值测试时，下列表述正确的有（　　）。

A. 资产预计的未来现金流量包括与资产改良有关的现金流出

B. 对资产未来现金流量的预计应建立在经企业管理层批准的最近财务预算或者预测数据的基础上

C. 预计资产未来现金流量不包括筹资活动和所得税收付产生的现金流量

D. 若使用资产生产的产品供企业内部使用，应以内部转移价格为基础预计资产未来现金流量

6. 关于资产组的认定，下列说法中正确的有（　　）。

A. 应当以资产组产生的主要现金流入是否独立于其他资产或者资产组的现金流入为依据

B. 如果几项资产的组合生产的产品存在活跃市场，则表明这几项资产的组合能够独立产生现金流入

C. 资产组的认定应当考虑企业管理层对生产经营活动的管理或者监控方式和对资产的持续使用或者处置的决策方式

D. 资产组一经确定，各个会计期间应当保持一致，不得随意变更

7. 下列关于总部资产减值测试的说法中正确的有（　　）。

A. 总部资产一般难以脱离其他资产或资产组产生独立的现金流入

B. 商誉应当结合与其相关的资产组或资产组组合进行减值测试

C. 为进行减值测试，对于因企业合并形成的商誉的账面价值，企业应该自购买日起按照合理的方法将其分摊至企业所有的资产组或资产组组合

D. 对总部资产进行减值测试，只能按照将总部资产的账面价值全部分摊至相关的资产组这一种方法进行

三、简答题

1. 简述资产减值的概念及其范围。

2. 判断资产减值的迹象有哪些？

3. 可收回金额应如何确定？

4. 资产组应如何认定？

5. 对于合并中的商誉应如何进行减值测试？

四、操作题

1. 2018 年 12 月 31 日，A 公司对下列出现减值迹象的资产进行减值测试，有关资料如下。

（1）A 公司于 2018 年 3 月 31 日以一批库存商品作为对价，取得 B 公司 30% 的股权，该批存货的成本为 2 100 万元，已计提存货跌价准备 150 万元，公允价值及计税价格均为 2 000 万元。投资时 B 公司可辨认净资产公允价值为 8 000 万元。A 公司是增值税一般纳税人，适用的增值税税率为 17%。

2018 年 6 月 26 日，B 公司分配现金股利 300 万元。2018 年 4 月至年末 B 公司发生亏损 400 万元。年末经减值测试，该项长期股权投资的可收回金额为 1 500 万元。

（2）对某项投资性房地产进行减值测试，A 公司对该项投资性房地产采用成本模式计量，每年的租金均于年末收取，账面原价为 8 000 万元，累计折旧为 5 248.36 万元，此前未计提减值准备，剩余使用年限为 4 年，A 公司管理层批准的财务预算显示，公司将于 2020 年对该项投资性房地产进行装修，预计经过装修后，该项投资性房地产的租金收入将得到显著提高。A 公司管理层批准的 2018 年年末的该投资性房地产预计未来现金流量，见表 2-10，假定有关现金流量均发生于年末，租金收入均按期收到现金（单位：万元）。

表2-10　A公司投资性房地产预计未来现金流量

项　　目	2019年	2020年		2021年		2022年	
		不考虑装修	考虑装修	不考虑装修	考虑装修	不考虑装修	考虑装修
租金收入	650	820	900	780	1 070	630	1 020
日常维护支出	40	55	30	45	63	41	52
其他现金支出	10	15	10	15	7	9	18
改良支出	—	—	350	—	—	—	—

在计算未来现金流量现值时，该项投资性房地产适用的折现率（税前）为10%，已知部分时间价值系数，见表2-11。

表2-11　复利现值系数

年　　数	1 年	2 年	3 年	4 年
10%的复利现值系数	0.909 1	0.826 4	0.751 3	0.683 0

该项投资性房地产所在地不存在活跃的房地产市场，无法可靠估计其公允价值减去处置费用后的净额。

要求：

（1）编制2018年3月31日A公司对B公司进行股权投资的有关会计分录。

（2）对上述交易或事项是否计提减值准备进行判断；对于需要计提减值准备的交易或事项，进行相应的资产减值处理（计算结果保留两位小数）。

2.XYZ公司有关资产资料如下。

（1）XYZ公司有一条电子产品生产线，由A、B、C三项设备构成，初始成本分别为60万元、90万元和150万元，使用年限均为10年，预计净残值均为零，均采用年限平均法计提折旧，至2018年年末该生产线已使用5年。整条生产线构成完整的产销单位，属于一个资产组。

（2）2018年该生产线所生产的电子产品有替代产品上市，截至年底导致公司生产的电子产品销路锐减40%，因此，公司于年末对该条生产线进行减值测试。

（3）2018年年末，XYZ公司估计该生产线的公允价值为84万元，估计相关处置费用为3万元；预计未来现金流量的现值为90万元。另外，A设备的公允价值减去处置费用后的净额为22.5万元，B、C两项设备都无法合理估计其公允价值减去处置费用后的净额以及未来现金流量的现值。

（4）整条生产线预计尚可使用5年。

要求：

（1）计算资产组和各项设备的减值损失。

（2）编制有关会计分录。

3.2018年12月31日，A公司发现某项固定资产出现减值迹象，对其进行减值测试。

（1）该项固定资产系A公司于2015年12月购入的，当月达到预定用途，入账价值为1 500万元，采用直线法计提折旧，使用年限为10年，预计净残值为0。2018年以前未计提减值准备。

（2）该项固定资产公允价值减去处置费用后的净额为950万元。

（3）如果继续使用，该生产线在未来4年的现金流量净额分别为100万元、150万元、200万元、300万元，2023年使用过程中及处置时形成的现金流量净额合计为400万元，假定有关现金流量均发生于年末。

（4）该项固定资产适用的折现率为5%。已知部分时间价值系数见表2-12。

表2-12　复利现值系数

年　数	1 年	2 年	3 年	4 年	5 年
5%的复利现值系数	0.952 4	0.907 0	0.863 8	0.822 7	0.783 5

要求：

（1）计算预计未来现金流量现值，将计算结果填入表2-13。

表2-13　未来现金流量现值

年　份	预计未来现金流量/万元	折现率	折现系数	现值/万元
2019				
2020				
2021				
2022				
2023				
合　计				

（2）计算该资产的可收回金额。

（3）计算该资产计提的减值准备并编制相关会计分录（答案金额用万元表示）。

4. 甲公司拥有A、B、C三家工厂，分别位于国内、美国和英国，假定各工厂除生产设备外无其他固定资产，2018年受国内外经济发展趋缓的影响，甲公司产品销量下降30%，各工厂的生产设备可能发生减值，该公司2018年12月31日对其进行减值测试，有关资料如下。

（1）A工厂负责加工半成品，年生产能力为100万件，完工后按照内部转移价格全部发往B、C工厂进行组装，但B、C工厂每年各自最多只能将其中的60万件半成品组装成最终产品，并各自负责其组装完工的产品于当地销售。甲公司根据市场需求的地区分布和B、C工厂的装配能力，将A工厂的半成品在B、C工厂之间进行分配。

（2）12月31日，A、B、C工厂生产设备的预计尚可使用年限均为8年，账面价值分别为6 000万元、4 800万元和5 200万元，以前年度均未计提固定资产减值准备。

（3）由于半成品不存在活跃市场，A工厂的生产设备无法产生独立的现金流量。12月31日，估计该工厂生产设备的公允价值减去处置费用后的净额为5 000万元。

（4）12月31日，甲公司无法估计B、C工厂生产设备的公允价值减去处置费用后的净额以及未来现金流量的现值，也无法合理估计A、B、C三家工厂生产设备在总体上的公允价值减去处置费用后的净额，但根据未来8年最终产品的销量及恰当的折现率得到的预计未来现金流量的现值为13 000万元。

要求：

（1）为减值测试目的，甲公司应当如何确认资产组？请说明理由。

（2）分析计算甲公司2018年12月31日对A、B、C三家工厂生产设备各应计提的减值准备以及计提减值准备后的账面价值，请将相关计算过程的结果填列在表2-14中（不需列出计算过程）。

表2-14 资产组减值测试

账面价值				
可收回金额				
资产减值				
资产减值分摊比例				
分摊减值损失				
分摊后账面价值				
尚未分摊的减值损失				
二次分摊比例				
二次分摊减值损失				
二次分摊后应确认的减值损失总额				
二次分摊后账面价值				

 课外知识拓展

1.《企业会计准则第8号——资产减值》（2006年2月5日财政部发布，自2007年1月1日起施行）

2.《企业会计准则——应用指南（2006）》（2006年10月30日财政部发布，自2007年1月1日起施行）

3.《企业会计准则解释第3号》（2009年6月11日财政部发布，自2009年1月1日起施行）

债务重组

项　目	课程专业能力	完成情况
债务重组	了解债务重组的方式	
	熟悉债务重组的概念	
	掌握以资产清偿债务的会计处理	
	掌握债务转为资本的会计处理	
	掌握修改其他条件和混合方式的会计处理	
师生总结		

2018 年，某知名连锁超市 A 公司，尽管当年利润比上年略有增长，但由于扩张速度过快，新店开张占用大量资金，资金链十分紧张。消息传出后，债权人纷纷讨债，供应商也拒绝赊销，公司经营十分困难。为此，A 公司财务总监召集主要债权人商谈债务重组事项，由于该公司大部分店铺均为租赁，资产变现能力很差。如果当时破产，债权人能取得的偿还十分有限，因此债权人同意连锁超市的重组建议。重组后，A 公司在经营和财务方面都进行了整顿。两年以后，A 公司按照重组协议归还了所欠的债务，公司经营步入正轨，避免了破产的危险，债权人按重组协议也收回了大部分债务，避免了更大的损失。

由此案例可以看出，债务重组是企业间经常发生的一项非常重要的交易形式。如果你是 A 公司的会计，如何就上面的债务重组业务做出会计处理呢？如果是债权人又将怎样做账呢？

任务一　债务重组概述

一、债务重组的概念

债务重组，是指在债务人发生财务困难的情况下，债权人按照其与债务人达成的协议或者法院的裁定做出让步的事项。

债务人发生财务困难、债权人做出让步是债务重组的基本特征。债务人发生财务困难，是指因债务人出现资金周转困难、经营陷入困境或者其他方面的原因，导致其无法或者没有能力按原定条件偿还债务。债权人做出让步，是指债权人同意发生财务困难的债务人现在或者将来以低于重组债务账面价值的金额或者价值偿还债务。债权人做出让步的情形主要包括债权人减免债务人部分债务本金或者利息、降低债务人应付债务的利率等。

二、债务重组的方式

由于债务人所遇到的财务困难不同，债权人的诉求也各不同，为最大限度满足债权人和债务人的利益，通常会采用以下几种重组方式。

1. 以资产清偿债务

当债务人资金不足，但拥有一定当前不是十分必需的资产时，而这些资产又是债权人所需要的，则可以采用这种方式，具体表现为债务人将现金、存货、金融资产、固定资产、无形资产等转让给债权人以抵偿债务。

2. 将债务转为资本

债务是需要偿还的，而股东投入的股本通常是不需要偿还的，如果债务人、债权人达成协议，将债务转为资本，对于债务人来说，可以缓解资金压力，有利于债务人的今后经营，对于债权人来说，成为债务人的股东也有可能尽量减少损失。具体是指债务人将债务转为资本，同时债权人将债权转为股权，其结果是债务人因此而增加股本（或实收资本），债权人因此而增加长期股权投资等。

3. 修改其他债务条件

修改其他债务条件，是指修改不包括上述两种方式在内的其他债务条件进行债务重组的方式，如减少债务本金、降低利率、减少或免去债务利息、延长偿还期限等。

4. 以上三种方式的组合

以上三种方式的组合，是指采用以上三种方式共同清偿债务的债务重组方式。例如，以转让资产清偿某项债务的一部分，另一部分债务通过修改其他债务条件进行债务重组。

任务二 债务重组的会计处理

一、以资产清偿债务

（一）以现金清偿债务

以现金清偿债务的，债务人应当在满足金融负债终止确认条件时，终止确认重组债务，并将重组债务的账面价值与实际支付现金之间的差额确认为债务重组利得，计入营业外收入。重组债务的账面价值，一般为债务的面值或本金，如应付账款；如有利息的，还应加上应计未付利息，如长期借款等。

债权人应当在满足金融资产终止确认条件时，终止确认重组债权，并将重组债权的账面余额与收到的现金之间的差额确认为债务重组损失，计入营业外支出。债权人已对债权计提减值准备的，应当先将该差额冲减减值准备，冲减后尚有余额的，计入营业外支出，冲减后减值准备仍有余额的，应予转回并抵减当期资产减值损失。

债务重组的
会计处理原则

课堂案例展示 3-1

乙公司于 2017 年 2 月 15 日销售一批材料给甲公司，开具的增值税专用发票上的价款为 300 000 元，增值税税额为 48 000 元。按合同规定，甲公司应于 2017 年 5 月 15 日前偿付价款。由于甲公司发生财务困难，无法按合同规定的期限偿还债务，经双方协商于 2018 年 7 月 1 日进行债务重组。债务重组协议规定，乙公司同意减免甲公司 50 000 元债务，余额用现金立即清偿。乙公司于 2018 年 7 月 8 日收到甲公司通过银行转账偿还的剩余款项。乙公司已为该项应收账款计提了 30 000 元坏账准备。

解析：（1）甲公司的账务处理如下。

计算债务重组利得

应付账款账面余额	348 000	
减：支付的现金		298 000
债务重组利得		50 000

会计分录为

借：应付账款——乙公司	348 000	
贷：银行存款		298 000
营业外收入——债务重组利得		50 000

（2）乙公司的账务处理如下。

计算债务重组损失

应收账款账面余额	348 000	
减：收到的现金		298 000
差额		50 000
减：已计提坏账准备		30 000
债务重组损失		20 000

会计分录为

借: 银行存款　　　　　　　　　　　298 000

　　坏账准备　　　　　　　　　　　　30 000

　　营业外支出——债务重组损失　　　20 000

　　贷: 应收账款——甲公司　　　　　　　　　348 000

(二) 以非现金资产清偿债务

1. 债务人的会计处理

以非现金资产清偿债务的,债务人应当在满足金融负债终止确认条件时,终止确认重组债务,并将重组债务的账面价值与转让的非现金资产的公允价值之间的差额确认为债务重组利得,计入营业外收入。转让的非现金资产的公允价值与其账面价值的差额为转让资产损益,计入当期损益。

债务人在转让非现金资产过程中发生的一些税费,如资产评估费、运杂费等,直接计入转让资产损益。

2. 债权人的会计处理

债务人以非现金资产清偿债务,债权人应当在满足金融资产终止确认条件时,终止确认重组债权,并将重组债权的账面余额与受让的非现金资产的公允价值之间的差额,计入当期损益。债权人已对债权计提减值准备的,应当先将该差额冲减减值准备,冲减后尚有余额的计入营业外支出,冲减后减值准备仍有余额的,应予转回并抵减当期资产减值损失。

3. 以非现金资产清偿债务的具体会计处理

企业以非现金资产清偿债务的,非现金资产类别不同,其会计处理也略有不同。

(1) 以库存材料、商品产品抵偿债务。

债务人以库存材料、商品产品抵偿债务,应视同销售进行会计处理。企业可将该项业务分为两部分: 一是将库存材料、商品产品出售给债权人,取得货款。出售库存材料、商品产品业务与企业正常的销售业务处理相同,其发生的损益计入当期损益;二是以取得货币清偿债务。但在这项业务中并没有实际的现金流入和流出。

课堂案例展示 3-2

甲公司向乙公司购买了一批货物,价款为 450 000 元 (包括应收取的增值税税额),按照购销合同约定,甲公司应于 2018 年 11 月 5 日前支付该价款,但至 2018 年 11 月 30 日甲公司尚未支付。由于甲公司财务发生困难,短期内不能偿还债务,经双方协商,乙公司同意甲公司以其生产的产品偿还债务。该产品的公允价值为 360 000 元,实际成本为 315 000 元,适用的增值税税率为 16%。乙公司于 2018 年 12 月 5 日收到甲公司抵债的产品,并作为商品入库;乙公司对该项应收账款计提了 10 000 元坏账准备。

解析: (1) 甲公司的账务处理如下。

计算债务重组利得: 450 000 - (360 000 + 360 000 × 16%) = 32 400 (元)

借: 应付账款——乙公司　　　　　　　450 000

　　贷: 主营业务收入　　　　　　　　　　　360 000

　　　　应交税费——应交增值税 (销项税额)　　57 600

　　　　营业外收入——债务重组利得　　　　　32 400

同时，借：主营业务成本   315 000

         贷：库存商品   315 000

本案例中，销售产品取得的利润体现在主营业务利润中，债务重组利得作为营业外收入处理。

（2）乙公司的账务处理如下。

本案例中，重组债务的账面价值与受让的产成品公允价值和未支付的增值税进项税额的差额为22400元（450 000-10 000-360 000-360 000×16%），应作为债务重组损失。

借：库存商品   360 000

   应交税费——应交增值税（进项税额）   57 600

   坏账准备   10 000

   营业外支出——债务重组损失   22 400

      贷：应收账款——甲公司   450 000

（2）以固定资产清偿债务。

债务人以固定资产清偿债务，应将固定资产的公允价值与该项固定资产账面价值和清理费用的差额作为转让固定资产的损益处理。将固定资产公允价值与重组债务的账面价值的差额，作为债务重组利得。债权人收到的固定资产按公允价值计量。

课堂案例展示 3-3

2018年4月5日，乙公司销售一批材料给甲公司，价款为1 100 000元（包括应收取的增值税税额），按购销合同约定，甲公司应于2018年7月5日前支付价款，但至2018年9月30日甲公司仍未支付。由于甲公司发生财务困难，短期内无法偿还债务。经过协商，乙公司同意甲公司用其一台机器设备抵偿债务。该项设备的账面原价为1 200 000元，累计折旧为330 000元，公允价值为850 000元。抵债设备已于2018年10月10日运抵乙公司，乙公司将其用于本企业产品的生产。

解析：（1）甲公司的账务处理如下。

计算债务重组利得：1 100 000-（850 000 + 850 000×16%）= 114 000（元）

计算固定资产清理损益：850 000-（1 200 000-330 000）= -20 000（元）

① 将固定资产净值转入固定资产清理。

借：固定资产清理——××设备   870 000

   累计折旧   330 000

      贷：固定资产——××设备   1 200 000

② 结转债务重组利得。

借：应付账款——乙公司   1 100 000

      贷：固定资产清理——××设备   850 000

         应交税费——应交增值税（销项税额）   136 000

         营业外收入——债务重组利得   114 000

③ 结转转让固定资产损失。

借：资产处置损益——处置非流动资产损失   20 000

      贷：固定资产清理——××设备   20 000

（2）乙公司的账务处理如下。

计算债务重组损失：1 100 000-（850 000 + 850 000×16%）= 114 000（元）

借：固定资产——××设备   850 000

   应交税费——应交增值税（进项税额）   136 000

   营业外支出——债务重组损失   114 000

      贷：应收账款——甲公司   1 100 000

（3）以股票、债券等金融资产抵偿债务。

债务人以股票、债券等金融资产抵偿债务，应按相关金融资产的公允价值与其账面价值的差额，作为转让金融资产的利得或损失处理；相关金融资产的公允价值与重组债务的账面价值的差额，作为债务重组利得。债权人收到的相关金融资产按公允价值计量。

课堂案例展示 3-4

乙公司于2018年7月1日销售给甲公司一批产品，价款为500 000元，按购销合同约定，甲公司应于2018年10月1日前支付价款。至2018年10月20日，甲公司尚未支付。由于甲公司发生财务困难，短期内无法偿还债务。经过协商，乙公司同意甲公司以其所持有的作为可供出售金融资产核算的某公司股票抵偿债务。该股票账面价值440 000元，公允价值变动计入资本公积的金额为0，债务重组日的公允价值为450 000元。乙公司为该项应收账款提取了坏账准备25 000元。用于抵债的股票已于2018年10月25日办理了相关转让手续；乙公司将取得的股票作为可供出售金融资产核算。假定不考虑相关税费和其他因素。

解析：（1）甲公司的账务处理如下。

计算债务重组利得：500 000－450 000 = 50 000（元）

转让股票收益：450 000－440 000 = 10 000（元）

借：应付账款——乙公司　　　　　　　　　500 000
　　贷：可供出售金融资产——××股票——成本　　　　440 000
　　　　营业外收入——债务重组利得　　　　　　　　50 000
　　　　投资收益　　　　　　　　　　　　　　　　　10 000

（2）乙公司的账务处理如下。

计算债务重组损失：500 000－450 000－25 000 = 25 000（元）

借：可供出售金融资产——××股票——成本　450 000
　　坏账准备　　　　　　　　　　　　　　　25 000
　　营业外支出——债务重组损失　　　　　　25 000
　　贷：应收账款——甲公司　　　　　　　　　　　　500 000

二、将债务转为资本

将债务转为资本，应分别以下情况处理。

（1）债务人为股份有限公司时，应当在满足金融负债终止确认条件时，终止确认重组债务，并将债权人放弃债权而享有股份的面值总额确认为股本；股份的公允价值总额与股本之间的差额确认为股本溢价计入资本公积。重组债务账面价值超过股份的公允价值总额的差额，作为债务重组利得计入当期营业外收入。

（2）债务人为其他企业时，应当在满足金融负债终止确认条件时，终止确认重组债务，并将债权人放弃债权而享有的股权份额确认为实收资本；股权的公允价值与实收资本之间的差额确认为资本溢价计入资本公积。重组债务账面价值超过股权的公允价值的差额，转为债务重组利得计入当期营业外收入。

（3）债权人应当在满足金融资产终止确认条件时，终止确认重组债权，并将因放弃债权而享有股份的公允价值确认为对债务人的投资；重组债权的账面余额与股份的公允价值之间的差额确认为债务重组损失，计入营业外支出。债权人已对债权计提减值准备的，应当先将该差额冲减减值准备，减值准备不足以冲减的部分，作为债务重组损失计入营业外支出。发生的相关税费，分别按照长期股权投资或者金融工具确认计量的规定进行处理。

课堂案例展示 3-5

2018 年 2 月 10 日，乙公司销售一批材料给甲公司，价款为 200 000 元（包括应收取的增值税税额），合同约定 6 个月后结清款项。6 个月后，由于甲公司发生财务困难，无法支付该价款，与乙公司协商进行债务重组。经双方协商，乙公司同意甲公司将该债务转为甲公司的股份。乙公司对该项应收账款计提了坏账准备 10 000 元。转股后甲公司注册资本为 5 000 000 元，抵偿股权占甲公司注册资本的 2%。债务重组日，抵债股权的公允价值为 152 000 元。2018 年 11 月 1 日，相关手续办理完毕。假定不考虑其他相关税费。

解析：（1）甲公司的账务处理如下。

计算应计入资本公积的金额：152 000－5 000 000×2% ＝ 52 000（元）

计算债务重组利得：200 000－152 000 ＝ 48 000（元）

借：应付账款——乙公司　　　　　　　　　200 000

贷：实收资本——乙公司　　　　　　　　　　　　　　100 000

资本公积——资本溢价　　　　　　　　　　　　　　52 000

营业外收入——债务重组利得　　　　　　　　　　　48 000

（2）乙公司的账务处理如下。

计算债务重组损失：200 000－152 000－10 000 ＝ 38 000（元）

借：长期股权投资——甲公司　　　　　　　152 000

坏账准备　　　　　　　　　　　　　　　10 000

营业外支出——债务重组损失　　　　　　38 000

贷：应收账款——甲公司　　　　　　　　　　　　　200 000

三、修改其他债务条件

企业采用修改其他债务条件进行债务重组的，应当区分是否涉及或有应付（或应收）金额进行会计处理。或有应付（或应收）金额，是指需要根据未来某种事项出现而发生的应付（或应收）金额，而且该未来事项的出现具有不确定性。

（一）不涉及或有应付（或应收）金额的债务重组

以修改其他债务条件进行债务重组的，如果修改后的债务条款中不涉及或有应付金额，则债务人应当将重组债务的账面价值大于重组后债务的入账价值的差额作为债务重组利得，计入营业外收入。

以修改其他债务条件进行债务重组的，如果修改后的债务条款中不涉及或有应收金额，债权人应当将修改其他债务条件后的债权的公允价值作为重组后债权的账面价值，重组债权的账面余额与重组后债权的账面价值之间的差额作为债务重组损失，计入营业外支出。如债权人已对该债权计提减值准备的，应当先将该差额冲减减值准备，减值准备不足以冲减的部分作为债务重组损失计入营业外支出。

课堂案例展示 3-6

乙银行 2017 年 12 月 31 日应收甲公司贷款的账面余额为 10 700 000 元，其中，700 000 元为累计应收的利息，贷款年利率为 7%。由于甲公司连年亏损，资金周转困难，不能偿付应于 2017 年 12 月 31 日到期的贷款。经双方协商，于 2018 年 1 月 1 日进行债务重组。乙银行同意将贷款本金减至 8 000 000 元，免去债务人所欠的全部利息；将利率从 7% 降低到 5%（等于实际利率），并将债务到期日延长至 2019 年 12 月 31 日，利息按年支付。该项债务重组协议从协议签订日起开始实施。乙银行为该项贷款计提了 500 000 元贷款减值准备。

解析：（1）甲公司的账务处理如下。

2018 年 1 月 1 日，计算债务重组利得：10 700 000-8 000 000 = 2 700 000（元）

借：长期借款——乙银行　　　　　　　　　　　　10 700 000
　　贷：长期借款——债务重组——乙银行　　　　　　　　　　　8 000 000
　　　　营业外收入——债务重组利得　　　　　　　　　　　　　2 700 000

2018 年 12 月 31 日，计提和支付利息

借：财务费用　　　　　　　　　　　　　　　　　　400 000
　　贷：应付利息——乙银行　　　　　　　　　　　　　　　　　　400 000
借：应付利息——乙银行　　　　　　　　　　　　　400 000
　　贷：银行存款　　　　　　　　　　　　　　　　　　　　　　　400 000

2019 年 12 月 31 日，偿还本金及最后一年利息

借：财务费用　　　　　　　　　　　　　　　　　　400 000
　　贷：应付利息——乙银行　　　　　　　　　　　　　　　　　　400 000
借：长期借款——债务重组——乙银行　　　　　　　8 000 000
　　应付利息——乙银行　　　　　　　　　　　　　400 000
　　贷：银行存款　　　　　　　　　　　　　　　　　　　　　　　8 400 000

（2）乙银行的账务处理如下。

2018 年 1 月 1 日，计算债务重组损失：10 700 000-8 000 000-500 000 = 2 200 000（元）

借：长期贷款——债务重组——甲公司——本金　　　8 000 000
　　贷款减值准备　　　　　　　　　　　　　　　　500 000
　　营业外支出——债务重组损失　　　　　　　　　2 200 000
　　贷：长期贷款——甲公司——本金、利息调整、应计利息　　　10 700 000

2018 年 12 月 31 日，收到利息

借：吸收存款——甲公司　　　　　　　　　　　　　400 000
　　贷：利息收入　　　　　　　　　　　　　　　　　　　　　　　400 000

2019 年 12 月 31 日，收到本金及最后一年利息

借：吸收存款——甲公司　　　　　　　　　　　　　8 400 000
　　贷：长期贷款——债务重组——甲公司——本金　　　　　　　8 000 000
　　　　利息收入　　　　　　　　　　　　　　　　　　　　　　　400 000

（二）涉及或有应付（或应收）金额的债务重组

以修改其他债务条件进行债务重组，修改后的债务条款如涉及或有应付金额，且该或有应付金额符合《企业会计准则第 13 号——或有事项》中有关预计负债确认条件的，债务人应当将该或有应付金额确认为预计负债。比如，债务重组协议规定，债务人在债务重组后一定期间内，其业绩改善到一定程度或者符合一定要求的（如扭亏为盈、摆脱财务困境等），应向债权人额外支付一定款项；当债务人承担的或有应付金额符合预计负债确认条件时，应当将该或有应付金额确认为预计负债。重组债务的账面价值与重组后债务的入账价值及预计负债金额之和的差额应作为债务重组利得，计入营业外收入。或有应付金额在随

后的会计期间没有发生的，企业应当冲销已确认的预计负债，同时确认营业外收入。

以修改其他债务条件进行债务重组的，修改后的债务条款中涉及或有应收金额的，债权人不应当确认或有应收金额，不得将其计入重组后债权的账面价值。根据谨慎性要求，或有应收金额属于或有资产，或有资产不予确认。只有在或有应收金额实际发生时，才计入当期损益。

四、以上三种方式的组合方式

以上三种方式的组合方式进行债务重组，主要有以下几种情况。

（1）债务人以现金、非现金资产两种方式的组合清偿某项债务的，应将重组债务的账面价值与支付的现金、转让的非现金资产的公允价值之间的差额作为债务重组利得。非现金资产的公允价值与其账面价值的差额作为转让资产损益。

债权人应将重组债务的账面余额与收到的现金、受让的非现金资产的公允价值，以及已计提坏账准备之间的差额作为债务重组损失。

读一读：债务国与
债权国间的债务协商

（2）债务人以现金、将债务转为资本两种方式的组合清偿某项债务的，应将重组债务的账面价值与支付的现金、债权人因放弃债权而享有的股权的公允价值之间的差额作为债务重组利得。股权的公允价值与股本（或实收资本）的差额作为资本公积。

债权人应将重组债务的账面余额与收到的现金、因放弃债权而享有股权的公允价值，以及已计提坏账准备之间的差额作为债务重组损失。

（3）债务人以非现金资产、将债务转为资本两种方式的组合清偿某项债务的，应将重组债务的账面价值与转让的非现金资产的公允价值、债权人因放弃债权而享有的股权的公允价值之间的差额作为重组债务利得。非现金资产的公允价值与账面价值的差额作为转让资产损益；股权的公允价值与股本（或实收资本）的差额作为资本公积。

债权人应将重组债务的账面余额与受让的非现金资产的公允价值、因放弃债权而享有的股权的公允价值，以及已计提坏账准备的差额作为债务重组损失。

（4）债务人以现金、非现金资产、将债务转为资本三种方式的组合清偿某项债务的，应将重组债务的账面价值与支付的现金、转让的非现金资产的公允价值、债权人因放弃债权而享有股权的公允价值的差额作为债务重组利得；非现金资产的公允价值与账面价值的差额作为转让资产损益；股权的公允价值与股本（或实收资本）的差额作为资本公积。

债权人应将重组债务的账面余额与收到的现金、受让的非现金资产的公允价值、因放弃债权而享有的股权的公允价值，以及已计提坏账准备的差额作为债务重组损失。

（5）以资产、将债务转为资本等方式清偿某项债务的一部分，并对该项债务的另一部分以修改其他债务条件进行债务重组。在这种方式下，债务人应先以支付的现金、转让的非现金资产的公允价值、债权人因放弃债权而享有的股权的公允价值冲减重组债务的账面价值，余额与将来应付金额进行比较，据此计算债务重组利得。债权人因放弃债权而享有的股权的公允价值与股本（或实收资本）的差额作为资本公积；非现金资产的公允价值与其账面价值的差额作为转让资产损益，于当期确认。

债权人应先以收到的现金、受让的非现金资产的公允价值、因放弃债权而享有的股权的公允价值冲减重组债权的账面价值，余额与将来应收金额进行比较，据此计算债务重组损失。

课堂案例展示 3-7

2017 年 1 月 10 日，乙公司销售一批产品给甲公司，价款为 1 300 000 元（包括应收取的增值税税额）。至 2017 年 12 月 31 日，乙公司对该应收账款计提的坏账准备为 18 000 元。由于甲公司发生财务困难，无法偿还债务，与乙公司协商进行债务重组。2018 年 1 月 1 日，甲公司与乙公司达成债务重组协议如下。

（1）甲公司以一批材料偿还部分债务。该批材料的账面价值为 280 000 元（未提取减值准备），公允价值为 300 000 元，适用的增值税税率为 16%。假定材料同日运抵乙公司，甲公司开出增值税专用发票，乙公司将该批材料作为原材料验收入库。

（2）将 250 000 元的债务转为甲公司的股份，其中，50 000 元为股份面值。假定股份转让手续同日办理完毕，乙公司将其作为长期股权投资核算。

（3）乙公司同意减免甲公司所负全部债务扣除实物抵债和股权抵债后剩余债务的 40%，其余债务的偿还期延长至 2018 年 6 月 30 日。

解析：（1）甲公司的账务处理如下。

债务重组后的公允价值＝［1 300 000-300 000×（1＋16%）-50 000×5］×（1-40%）
　　　　　　　　＝ 421 200（元）

债务重组利得＝1 300 000-348 000-250 000-421 200＝280 800（元）

借：应付账款——乙公司　　　　　　　　　　　　1 300 000
　　贷：其他业务收入——销售××材料　　　　　　　　　300 000
　　　　应交税费——应交增值税（销项税额）　　　　　　48 000
　　　　股本　　　　　　　　　　　　　　　　　　　　50 000
　　　　资本公积——股本溢价　　　　　　　　　　　　200 000
　　　　应付账款——债务重组——乙公司　　　　　　　421 200
　　　　营业外收入——债务重组利得　　　　　　　　　280 800

同时，

借：其他业务成本——销售××材料　280 000
　　贷：原材料——××材料　　　　　　　　　　　　　280 000

（2）乙公司的账务处理如下。

债务重组损失＝1 300 000 348 000 250 000 421 200 18 000－262 800（元）

借：原材料——××材料　　　　　　　　300 000
　　应交税费——应交增值税（进项税额）　　48 000
　　长期股权投资——甲公司　　　　　　　250 000
　　应收账款——债务重组——甲公司　　　421 200
　　坏账准备　　　　　　　　　　　　　　18 000
　　营业外支出——债务重组损失　　　　　262 800
　　贷：应收账款——甲公司　　　　　　　　　　　　1 300 000

课后专业测评

一、单项选择题

1.债务重组的方式不包括（　　　　）。

A.债务人以低于债务账面价值的现金清偿债务

B.修改其他债务条件

C.债务转为资本

D. 借新债还旧债

2. 以固定资产抵偿债务的，债权人收到的固定资产应按（ ）入账。

A. 账面价值   B. 账面余额   C. 公允价值   D. 账面净值

3. 以现金清偿债务的，债务人应当在满足金融负债终止确认条件时，终止确认重组债务，并将重组债务的账面价值与实际支付现金之间的差额计入（ ）。

A. 营业外收入   B. 资本公积   C. 营业外支出   D. 管理费用

4. 以修改其他债务条件进行债务重组的，如果债务重组协议中附有或有应付金额，该或有应付金额最终没有发生，应（ ）。

A. 冲减营业外支出   B. 冲减财务费用

C. 冲减已确认的预计负债，同时确认营业外收入   D. 不做账务处理

5. 以修改其他债务条件进行债务重组的，如果债务重组协议中附有或有应收金额，债权人应将或有应收金额（ ）。

A. 包括在将来应收金额中   B. 包括在将来应付金额中

C. 计入当期损益   D. 不做账务处理

6. 以债权转为股权的，受让股权的入账价值为（ ）。

A. 股权份额   B. 股权的公允价值

C. 应付债务账面价值   D. 应收债权账面价值

7. 甲公司应付 A 公司账款 90 万元，甲公司与 A 公司达成债务重组协议，甲公司以一台设备抵偿债务。设备账面原价为 100 万元，已提折旧 18 万元，其公允价值为 80 万元，不考虑相关税费，则甲公司该项债务重组利得为（ ）万元。

A. 10   B. 5   C. 2   D. 25

二、多项选择题

1. 在债务重组的会计处理中，下列说法正确的有（ ）。

A. 债务人应确认债务重组收益

B. 无论债权人或债务人，均不确认债务重组损失

C. 用非现金资产清偿债务时，债务人应将应付债务的账面价值大于用以清偿债务的非现金资产账面价值的差额，直接计入当期营业外收入

D. 用非现金资产清偿债务时，债务人应将应付债务的账面价值大于用以清偿债务的非现金资产公允价值与相关税费之和的差额计入营业外收入

2. 债务重组是指在债务人发生财务困难的情况下，债权人按照其与债务人达成的协议或者法院的裁定做出让步的事项。其中，债权人做出的让步包括（ ）。

A. 债权人减免债务人部分债务利息

B. 允许债务人延期支付债务，但不减少债务的账面价值

C. 降低债务人应付债务的利率

D. 债权人减免债务人部分债务本金

3. 下列各项中属于债务重组修改其他债务条件的方式有（ ）。

A. 债务转为资本   B. 降低利率

C. 减少债务本金   D. 免去应付未付的利息

4. 在混合重组方式下，下列表述正确的有（ ）。

A. 一般情况下，应先考虑以现金清偿，然后是非现金资产清偿或以债务转为资本方式清偿，最后是修改其他债务条件

B. 如果重组协议本身已明确规定了非现金资产或股权的清偿债务金额或比例，债权人

接受的非现金资产应按规定的金额入账

C.债权人接受多项非现金资产，债权人应按债务人非现金资产的账面价值的相对比例确定各项非现金资产的入账价值

D.只有在满足债务重组日条件的情况下，才能进行债务重组的账务处理

5.某股份有限公司清偿债务的下列方式中，属于债务重组的有（　　　　）。

A.根据转换协议将应付可转换公司债券转为资本

B.以公允价值低于债务金额的非现金资产清偿

C.债权人做出让步时，延长债务偿还期限并收取比原利率小的利息

D.以低于债务账面价值的银行存款清偿

6.以固定资产抵偿债务进行债务重组时，对债务人而言，下列项目中不影响债务重组损益计算的有（　　　　）。

A.固定资产的账面价值　　　　　　　　B.固定资产的累计折旧

C.固定资产的评估净值　　　　　　　　D.固定资产的公允价值

7.债务人应当披露与债务重组有关的信息包括（　　　　）。

A.债务重组方式

B.确认的债务重组利得总额

C.将债务转为资本所导致的股本（实收资本）增加额

D.或有应收金额

三、简答题

简述债务重组的概念和方式。

四、操作题

1.甲、乙企业为一般纳税企业，增值税税率为16%。2018年3月6日，甲企业因购买商品而欠乙企业购货款及税款合计260万元。由于甲企业财务发生困难，不能按照合同规定支付货款。2018年3月15日，经协商，甲企业以其生产的产品偿还债务，该产品的销售价格为220万元，实际成本为180万元，已计提存货跌价准备1万元。乙企业接受甲企业以产品偿还债务时，将该产品作为库存商品入库，乙企业不再向甲企业另行支付增值税；乙企业对该项应收账款计提了0.4万元的坏账准备。

要求：根据上述资料，编制甲、乙企业的会计分录。

2.2017年2月28日，甲企业因购买原材料而欠乙企业购货款及税款合计20 000元。乙企业对该项应收账款计提了2 000元的坏账准备。由于甲企业现金流量不足，短期内不能按照合同规定支付货款，双方于2018年3月16日达成协商结果如下。

（1）乙企业同意甲企业支付12 000元货款，余款不再偿还。甲企业随即支付了12 000元货款。

（2）乙企业同意甲企业支付19 000元货款，余款不再偿还。甲企业随即支付了19 000元货款。

要求：在两种情况下分别做出甲、乙企业在债务重组日的账务处理。

3.上市公司AS公司，于2018年1月31日销售一批商品给BH股份有限公司（以下简称BH公司），销售价款为70 000万元，增值税税率为16%。同时收到BH公司签发并承兑的一张期限为6个月、票面年利率为4%、到期还本付息的商业承兑汇票。票据到期，BH公司因资金周转发生困难无法按期兑付该票据本息，AS公司将应收票据转为应收账款。

2018年12月BH公司与AS公司进行债务重组，其相关资料如下。

（1）免除积欠利息。

（2）BH 公司以一台设备按照公允价值抵偿部分债务，该设备的账面原价为 4 200 万元，累计折旧为 700 万元，计提的减值准备为 280 万元，公允价值为 3 220 万元。BH 公司以银行存款支付清理费用 140 万元。该设备于 2018 年 12 月 31 日运抵 AS 公司。

（3）将上述债务中的 56 000 万元转为 BH 公司的 56 000 万股普通股，每股面值和市价均为 1 元。BH 公司于 2018 年 12 月 31 日办理了有关增资批准手续，并向 AS 公司出具了出资证明。

（4）将剩余债务的偿还期限延长至 2020 年 12 月 31 日，并从 2019 年 1 月 1 日起按 3% 的年利率收取利息。并且，如果 BH 公司从 2019 年起，年实现利润总额超过 14 000 万元，则年利率上升至 4%；如全年利润总额低于 14 000 万元，则仍维持 3% 的年利率。BH 公司预计从 2019 年起实现的利润总额很可能超过 14 000 万元。BH 公司 2019 年实现利润总额 15 400 万元，2020 年实现利润总额 8 400 万元。

（5）债务重组协议规定，BH 公司于每年年末支付利息（不考虑其他相关税费）。

要求：分别编制 AS 公司和 BH 公司与债务重组有关的会计分录。

 课外知识拓展

1.《企业会计准则第 12 号——债务重组》（2006 年 2 月 5 日财政部发布，自 2007 年 1 月 1 日起施行）

2.《企业会计准则——应用指南（2006）》（2006 年 10 月 30 日财政部发布，自 2007 年 1 月 1 日起施行）

3.《财政部关于修订印发一般企业财务报表格式的通知》（财会〔2017〕30 号）

或有事项

项　目	课程专业能力	完成情况
或有事项	了解或有事项的披露方法	
	理解或有负债与或有资产的概念	
	掌握或有事项的概念和特征	
	掌握或有事项的确认、计量方法	
	掌握预计负债的会计处理方法	
师生总结		

课前项目直击

　　随着市场经济的发展，企业的经营方式以及融资渠道等越来越多元化，使得公司在日常经营活动中面临各种各样不确定的经济事项。或有事项作为企业经营活动中的不确定事项之一，主要表现在未决诉讼、产品质量保证、债务担保、亏损合同、重组义务、环境污染整治等诸多方面。同时或有事项作为不确定事项之一已经成为财务信息披露的重要组成部分。那么，如何对或有事项进行确认、计量和披露呢？

任务一 或有事项概述

一、或有事项的概念及特征

（一）或有事项的概念

或有事项是指由过去的交易或者事项形成的，其结果须由某些未来事项的发生或不发生才能决定的不确定事项。常见的或有事项包括未决诉讼或未决仲裁、产品质量保证（含产品安全保证）、债务担保、亏损合同、重组义务、环境污染整治等。

（二）或有事项的特征

1. 或有事项是由过去的交易或者事项形成的

或有事项作为一种不确定事项，是由过去的交易或者事项形成的。由过去交易或事项形成，是指或有事项的现存状况是过去交易或事项引起的客观存在。

例如，未决诉讼虽然是正在进行中的诉讼，但该诉讼是企业因过去的经济行为导致的。这是现存的一种状况而不是未来将要发生的事项。未来可能发生的自然灾害、交通事故、经营亏损等，不属于或有事项。

2. 或有事项的结果具有不确定性

或有事项的结果具有不确定性，是指或有事项的结果是否发生具有不确定性，或者或有事项的结果预计将会发生，但发生的具体时间或金额具有不确定性。

例如，债务担保事项的担保方到期是否承担和履行连带责任，需要根据债务到期时被担保方能否按时还款加以确定。这一事项的结果在担保协议达成时具有不确定性。

3. 或有事项的结果须由未来事项决定

由未来事项决定，是指或有事项的结果只能由未来不确定事项的发生或不发生才能决定。例如，债务担保事项只有在被担保方到期无力还款时企业（担保方）才履行连带责任。

或有事项与不确定性联系在一起，但在会计处理过程中存在的不确定性并不都形成或有事项，如固定资产折旧，虽然存在固定资产使用年限和残值等不确定性，但由于固定资产的原价本身是确定的，其价值最终转移到产品中去也是确定的，因而固定资产折旧不是或有事项。其他的如固定资产大修理、正常维护等，还有如计提存货跌价准备、长期投资减值准备、坏账准备等均不属于或有事项。

课堂案例展示 4-1

下列各项中，属于或有事项的有（　　）。

A. 某公司为其子公司的贷款提供担保

B. 某单位为其他企业的贷款提供担保

C. 某企业以财产做抵押向银行借款

D. 某公司被国外企业提起诉讼

解析：A、B、D。以财产抵押向银行借款不符合或有事项的特点，因此选项 C 不正确。其他各项均属于或有事项。

二、与或有事项相关的概念

或有负债、或有资产与或有事项密切相关。

（一）或有负债

或有负债是指由过去的交易或者事项形成的潜在义务，其存在须通过未来不确定事项的发生或不发生予以证实；或过去的交易或者事项形成的现时义务，履行该义务不是很可能导致经济利益流出企业或该义务的金额不能可靠地计量。

或有负债包括两类义务：一类是潜在义务，一类是现时义务。

1. 潜在义务

潜在义务是指结果取决于未来不确定事项的可能义务。也就是说，潜在义务最终是否转变为现时义务，其结果如何只能由未来不确定事项的发生或不发生来证实。例如，2018 年 12 月 12 日，A 企业因故与 B 企业发生经济纠纷，并且被 B 企业提起诉讼。直到 2018 年年末，该起诉讼仍未进行审理。由于案情复杂，从 2018 年年末看，诉讼的最后结果如何尚难确定。2018 年年末，A 企业承担的义务就属于潜在义务。

2. 现时义务

或有负债作为特殊的现时义务，其特殊之处在于：该现时义务的履行不是很可能导致经济利益流出企业，或者该现时义务的金额不能可靠地计量。

（1）"不是很可能导致经济利益流出企业"指的是该现时义务导致经济利益流出企业的可能性不超过 50%（含 50%）。例如，2018 年 12 月 18 日，A 企业与 B 企业签订担保合同，承诺为 B 企业的五年期项目贷款担保。由于担保合同的签订，A 企业承担了一项现时义务。但是，承担现时义务并不意味着经济利益将很可能因此而流出 A 企业。如果 2018 年度 B 企业的财务状况良好，则说明 A 企业履行连带责任的可能性不大。也就是说，从 2018 年来看，A 企业不是很可能被要求流出经济利益以履行该义务。为此，A 企业应将该项现时义务作为或有负债披露。

（2）"金额不能可靠地计量"指的是，该现时义务导致经济利益流出企业的"金额"难以预计。这一特殊性表明，作为现时义务的或有负债其结果是不确定的。例如，2018 年 12 月 15 日，某单位全体员工发生食物中毒，而 A 公司恰是食物提供者。中毒事件发生后，A 公司得知此事，并承诺负担一切赔偿费用。直到 12 月 31 日，事态还在发展中，赔偿费用难以预计。此时，A 公司承担了现时义务，但义务的金额不能可靠地计量。

或有负债无论是潜在义务还是现时义务，均不符合负债的确认条件，因而不能在财务报表中予以确认，但应当按照相关规定在财务报表附注中披露有关信息，包括或有负债的种类及其形成原因、经济利益流出不确定性的说明、预计产生的财务影响以及获得补偿的可能性等。

（二）或有资产

或有资产是指过去的交易或者事项形成的潜在资产，其存在须通过未来不确定事项的发生或不发生予以证实。或有资产作为一种潜在资产，其具有较大的不确定性，只有随着经济情况的变化，通过某些未来不确定事项的发生或不发生才能证实其是否会形成企业真正的资产。

或有资产具有以下特征。

（1）或有资产由过去的交易或事项产生。

例如，2018 年 12 月 27 日，A 企业状告 B 企业侵犯了其专利权。至 2018 年 12 月 31 日，法院还没有对诉讼案件进行公开审理，A 企业是否胜诉尚难判断。对于 A 企业而言，将来可能胜诉而获得的资产属于一项潜在资产，它是由过去事项（B 企业"可能侵犯"A 企业的专利权并受到起诉）形成的。但是，如果某公司计划在三个月后购入一批原材料，那么因此可能获得的资产并不是或有资产，因为企业的计划并不是过去的"交易或事项"。

（2）或有资产的结果具有不确定性。

或有资产是一种潜在资产，随着经济情况的变化，其是否会形成企业真正的资产，须通过不完全由企业控制的未来不确定事项的发生或不发生才能证实。沿用以上例子，A 企业的或有资产，是否真的会转化成其真正的资产，要由诉讼案件的调解或判决结果确定。如果终审判决结果是 A 企业胜诉，那么或有资产便转化为一项基本可以肯定收到的资产。如果终审判决结果是 A 企业败诉，那么或有资产便"消失"了；相反，还应承担一项支付诉讼费的义务。

（三）或有负债和或有资产转化为预计负债（负债）和资产

需要注意的是，影响或有负债和或有资产的多种因素处于不断变化之中，随着时间的推移和事态的进展，或有负债对应的潜在义务可能转化为现实义务直至符合确认条件，原来不是很可能导致经济利益流出的现实义务也可能由于未来确切发生的事实被证实将很可能导致企业流出经济利益，同时现实义务的金额也能够可靠地计量。故企业应当持续地对这些因素予以关注，对或有负债相关义务进行评估，分析判断其是否符合预计负债确认条件，如符合预计负债确认条件，应将其确认为负债。或有资产对应的潜在权利也可能随着相关因素的改变而发生变化，在基本确定可以收到的前提下，应将或有资产予以确认。

课堂案例展示 4-2

未决诉讼对于预期会胜诉的一方而言，因未决诉讼形成了一项或有资产；该或有资产最终是否转化为企业的资产，要根据诉讼的最终判决而定。最终判决胜诉的一方，这项或有资产就转化为企业真正的资产。对于预期会败诉的一方而言，因未决诉讼形成了一项或有负债或预计负债：如为或有负债，该或有负债最终是否转化为企业的预计负债，只能根据诉讼的进展而定。企业根据法律规定、律师建议等因素判断自己很可能败诉且赔偿金额能够合理估计的，这项或有负债就转化为企业的预计负债。

任务二　或有事项的确认和计量

一、或有事项的确认

或有事项的确认通常是指与或有事项相关义务的确认。或有事项形成的或有资产只有在企业基本确定能够收到的情况下，才能转变为真正的资产，从而应当予以确认。

根据《企业会计准则第 13 号——或有事项》的规定，与或有事项相关的义务同时满足以下条件的，应当确认为预计负债。

（一）该义务是企业承担的现时义务

该义务是企业承担的现时义务，是指与或有事项相关的义务是在企业当前条件下已承担的义务，企业没有其他现实的选择，只能履行该现时义务。这里所指的义务包括法定义务和推定义务。

1. 法定义务

法定义务是指因合同、法规或其他司法解释等产生的义务，通常是企业在经济管理和经济协调中，依照经济法律、法规的规定必须履行的责任。例如，企业与另外企业签订购货合同产生的义务，就属于法定义务。

2. 推定义务

推定义务是指因企业的特定行为而产生的义务。企业的特定行为，泛指企业以往的习惯做法、已公开的承诺或已公开宣布的经营政策。由于以往的习惯做法，或通过这些承诺或公开的声明，企业向外界表明了它将承担特定的责任，从而使受影响的各方形成了该企业将履行哪些责任的合理预期。例如，甲公司是一家化工企业，因扩大经营规模，到 A 国创办了一家分公司。假定 A 国尚未针对甲公司这类企业的生产经营可能产生的环境污染制定相关法律，因而甲公司的分公司对在 A 国生产经营可能产生的环境污染不承担法定义务。但是，甲公司为在 A 国树立良好的形象，自行向社会公告，宣称将对生产经营可能产生的环境污染进行治理。甲公司的分公司为此承担的义务就属于推定义务。

（二）履行该义务很可能导致经济利益流出企业

履行该义务很可能导致经济利益流出企业是指履行与或有事项相关的现时义务时，导致经济利益流出企业的可能性超过 50%，但尚未达到基本确定的程度。

履行或有事项相关义务导致经济利益流出的可能性，通常按照下列情况加以判断。

（1）"基本确定"——可能性大于 95% 但小于 100%。

（2）"很可能"——可能性大于 50% 但小于或等于 95%。

（3）"可能"——可能性大于 5% 但小于或等于 50%。

（4）"极小可能"——可能性大于 0 但小于或等于 5%。

（三）该义务的金额能够可靠地计量

该义务的金额能够可靠地计量是指与或有事项相关的现时义务的金额应能够合理估计。

例如，甲企业（被告）涉及一桩诉讼案。根据以往的审判案例推断，甲企业很可能要败诉，相关的赔偿金额也可以估算出一个范围。这种情况下，可以认为甲企业因未决诉讼承担的现时义务的金额能够可靠地估计，从而应对未决诉讼确认一项负债。但是，如果没有以往的案例可与甲企业涉及的诉讼案做比照，而相关的法律条文又没有明确解释，那么即使甲企业可能败诉，在判决以前通常也不能推断现时义务的金额能够可靠估计，对此，甲企业不应对未决诉讼确认一项负债。

如果上述三个条件中有一个条件没有满足，则是或有负债。

二、或有事项的计量

或有事项的计量通常是指与或有事项相关的义务形成的预计负债的计量。当与或有事项相关的义务符合负债的确认条件时应当将其确认为预计负债，预计负债应当按照履行相关现时义务所需支付的最佳估计数进行初始计量。此外，企业清偿预计负债所需支出还可能从第三方或其他方获得补偿。因此，预计负债的计量主要涉及两个方面：一是最佳估计数的确定；二是预期可获得的补偿的处理。

（一）最佳估计数的确定

预计负债应当按照履行相关现时义务所需支出的最佳估计数进行初始计量。最佳估计数的确定应当分别以下两种情况处理。

（1）所需支出存在一个连续范围，且该范围内各种结果发生的可能性相同的，最佳估计数应当按照该范围内的中间值确定。例如，假设甲公司认为很可能赔偿的金额在 50 万 ~ 70 万元，则按其中间值确定预计负债 60 万元。

（2）在其他情况下，最佳估计数应当分别下列情况处理。

①或有事项涉及单个项目的，按最可能发生金额确定。"涉及单个项目"指或有事项涉及的项目只有 个，如一项未决诉讼、一项未决仲裁或一项债务担保等。

②或有事项涉及多个项目的，按照各种可能结果及相关概率确定。"涉及多个项目"指或有事项涉及的项目不止一个。如在产品质量保证中，提出产品保修要求的可能有许多客户，相应地，企业对这些客户负有保修义务，应根据发生质量问题的概率及相关的保修费用计算确定应予确认的负债金额（即计算加权平均数）。

（二）预期可获得的补偿的处理

企业清偿预计负债所需支出全部或部分预期由第三方补偿的，补偿金额只有在基本确定能够收到时才能作为资产单独确认。确认的补偿金额不应超过预计负债的账面价值。在确定补偿金额时应注意以下两点。

（1）补偿金额只有在"基本确定"能收到时予以确认，即发生的概率在 95% 以上时才能做账，将补偿金额计入账内。

（2）补偿金额应单独确认为资产，即应记入"其他应收款"科目，不能直接冲减预计负债。

常见的预期可获得补偿的情况有：发生交通事故等情况时，企业通常可从保险公司获得合理的补偿；在某些索赔诉讼中，企业可通过反诉的方式对索赔人或第三方另行提出赔偿要求；在债务担保业务中，企业在履行担保义务的同时，通常可向被担保企业提出追偿要求。

课堂案例展示 4-3

2018 年 8 月 1 日，甲公司因产品质量不合格而被乙公司起诉。至 2018 年 12 月 31 日，该起诉讼尚未判决，甲公司估计很可能承担违约赔偿责任，需要赔偿 200 万元的可能性为 70%，需要赔偿 100 万元的可能性为 30%。甲公司基本确定能够从直接责任人处追回 50 万元。2018 年 12 月 31 日，甲公司对该起诉讼应确认的预计负债金额为多少万元？

解析：或有事项涉及单个项目的，按最可能发生金额确定，最可能发生的赔偿支出金额为 200 万元；甲公司基本确定能够从直接责任人处追回 50 万元，应通过其他应收款核算，不能冲减预计负债的账面价值。

（三）预计负债计量需要考虑的其他因素

（1）风险和不确定性。

（2）货币时间价值。

（3）未来事项。

课堂案例展示 4-4

关于最佳估计数，下列说法中正确的有（　　）。

A. 企业在确定最佳估计数时，应当综合考虑与或有事项有关的风险因素

B. 所需支出存在一个连续范围，且该范围内各种结果发生的可能性是相同的，最佳估计数应当按照该范围内的中间值确定

C. 企业确定最佳估计数时，不应当综合考虑与或有事项有关的货币时间价值因素

D. 货币时间价值影响重大的，应对相关未来现金流出进行折现后确定最佳估计数

解析：A、B、D 是正确的。企业在确定最佳估计数时，应当综合考虑与或有事项有关的风险、不确定性和货币时间价值等因素。货币时间价值影响重大的，应当通过对相关未来现金流出进行折现后确定最佳估计数。

三、资产负债表日对预计负债账面价值的复核

企业应当在资产负债表日对预计负债的账面价值进行复核。有确凿证据表明该账面价值不能真实反映当前最佳估计数的，应当按照当前最佳估计数对该账面价值进行调整。

课堂案例展示 4-5

A 公司前期对未决诉讼已确认预计负债 500 万元，现有确凿证据表明，赔偿的金额很可能是 600 万元，则 A 公司应将预计负债调整为 600 万元，同时确认损失 100 万元。

任务三 预计负债的会计处理

一、未决诉讼或未决仲裁

诉讼，是指当事人不能通过协商解决争议，因而在人民法院起诉、应诉，请求人民法

院通过审判程序解决纠纷的活动。诉讼尚未裁决之前，对于被告来说，可能形成一项或有负债或者预计负债；对于原告来说，则可能形成一项或有资产。

仲裁，是指经济法的各方当事人依照事先约定或事后达成的书面仲裁协议，共同选定仲裁机构并由其对争议依法做出具有约束力裁决的一种活动。作为当事人一方，仲裁的结果在仲裁决定公布之前是不确定的，会构成一项潜在义务或现时义务，或者潜在资产。

课堂案例展示 4-6 至 4-7

[4-6] 2018 年 11 月，甲公司因污水排放对环境造成污染被周围居民提起诉讼。2018 年 12 月 31 日，该案件尚未一审判决。根据以往类似案例及公司法律顾问的判断，甲公司很可能败诉。如败诉，甲公司赔偿 2 000 万元的可能性为 70%，赔偿 1 800 万元的可能性为 30%。假定不考虑其他因素，该事项对甲公司 2018 年利润总额的影响金额为多少万元？

解析：或有事项涉及单个项目的，按照最可能发生的金额确定。此题最可能发生的金额为 2 000 万元，所以该事项对甲公司 2007 年利润总额的影响金额为 –2 000 万元。注意，这里不能按加权平均法计算。

[4-7] 甲公司为一家非金融类上市公司，2018 年 6 月发生了下列与或有事项有关的交易和事项。

（1）6 月 1 日，由甲公司提供贷款担保的乙公司因陷入严重财务困难无法支付到期贷款本息 2 000 万元，被贷款银行提起诉讼。6 月 20 日，法院一审判决甲公司承担连带偿还责任，甲公司不服判决并决定上诉。6 月 30 日，甲公司律师认为，甲公司很可能需要为乙公司所欠贷款本息承担全额连带偿还责任。甲公司在 2018 年 6 月 1 日前，未确认过与该贷款担保相关的负债。

（2）6 月 10 日，甲公司收到丙公司提供的相关证据表明，2017 年 12 月销售给丙公司的 A 产品出现了质量问题，丙公司根据合同规定要求甲公司赔偿 50 万元。甲公司经确认很可能发生赔偿支出，估计赔偿金额为 50 万元。鉴于甲公司就 A 产品已在保险公司投了产品质量保险，6 月 30 日，甲公司基本确定可从保险公司获得理赔 30 万元，甲公司尚未向丙公司支付赔偿款。

假定不考虑所得税和其他相关税费。

解析：上述事项甲公司应做如下账务处理。

（1）借：营业外支出   2 000 000
     贷：预计负债   20 000 000

（2）借：营业外支出   500 000
     贷：预计负债   500 000
     借：其他应收款   300 000
     贷：营业外支出   300 000

二、债务担保

债务担保是指在借贷、买卖、货物运输、加工承揽等经济活动中，债务人或第三人为债权人实现债权提供保障。担保事项会形成企业潜在的或现时的义务，对企业的财务状况和经营成果可能会产生重大的影响，带来重大风险。而担保事项形成的权利和义务又具有非即时性、间接性和不确定性的特点。

对于债务担保事项的会计处理，关键要注意以下两点。

（一）注意区别企业为自身债务担保和为他人债务担保的会计处理

企业为自身债务担保，如企业以自己的资产做抵押或质押向银行借款，被担保的债务

（银行借款）已在企业财务报表中确认、列报，企业并不会因为该担保事项产生额外的或有负债，但企业应在财务报表附注中披露债务的担保情况及资产因抵押、质押而所有权受限制的情况。

企业为他人债务提供担保，则已承担了可能向债权人偿还被担保债务的责任，形成了或有负债，应在财务报表中作为或有事项披露该担保情况。以后随着债务人财务状况的恶化，还可能转化为负债（预计负债）予以确认，形成担保损失。

（二）注意担保事项的或有负债转化为企业的负债或预计负债

企业为他人债务提供担保产生的或有负债，随着时间推移和事态变化，或有负债对应的潜在义务可能转化为现时义务，原本不是很可能导致经济利益流出的现时义务也可能被证实将很可能（可能性超过50%）导致企业流出经济利益，并且现时义务的金额也能够可靠计量。这时或有负债就转化为企业的负债或预计负债，符合负债（预计负债）的确认条件，应当予以确认。

课堂案例展示 4-8

企业因对担保事项可能产生的负债，在担保涉及诉讼的情况下，下列说法中不正确的有（　　）。

A.因为法院尚未判决，企业没有必要确认为预计负债

B.虽然法院尚未判决，而且企业估计败诉的可能性大于胜诉的可能性，但如果损失金额不能合理估计的，则不应计入确认为预计负债

C.虽然法院尚未判决，但企业估计败诉的可能性大于胜诉的可能性，则应将担保额确认为预计负债

D.虽然企业一审已被判决败诉，但正在上诉，不应确认为预计负债

解析：A、C、D不正确。如果法院还没有判决，但估计很可能败诉，且赔款的金额可以合理确定，则要确认预计负债，如果赔款的金额不能合理确定，则不应该确认为预计负债。如果法院已经判决了，但企业不服，已上诉，二审尚未判决，应该根据律师估计的赔款金额确认预计负债，如果没有给出律师的意见，则应按照法院判决的应承担损失金额确认预计负债。

三、产品质量保证

产品质量保证，通常指销售商或制造商在销售产品或提供劳务后，对客户提供服务的一种承诺。在约定期内（或终身保修），若产品或劳务在正常使用过程中出现质量或与之相关的其他属于正常范围的问题，企业负有更换产品、免费或只收成本价进行修理等责任。按照权责发生制的要求，上述相关支出符合确认条件就应在收入实现时确认相关预计负债。

案例——产品质量保证金的计提

在对产品质量保证确认预计负债时，需要注意的有以下三点。

（1）如发现保证费用的实际发生额与预计数相差较大，应及时对预计比例进行调整。

（2）如果企业针对特定批次产品确认预计负债，则在保修期结束时，应将"预计负债——产品质量保证"余额冲销，同时冲销销售费用。

（3）已对其确认预计负债的产品，如企业不再生产了，那么应在相应的产品质量保证期满后，将"预计负债——产品质量保证"余额冲销，同时冲销销售费用。

课堂案例展示 4-9

宏达公司为农机生产和销售企业，2017年12月31日公司"预计负债——产品质量保证"科目年末余额为20万元。2018年第一季度、第二季度、第三季度、第四季度分别销售农机100台、200台、220台和300台，每台售价为20万元。

对购买其产品的消费者，宏达公司做出如下承诺：农机售出后三年内如出现非意外事件造成的农机故障和质量问题，宏达公司免费负责保修（含零部件更换）。根据以往的经验，发生的保修费一般为销售额的1%～2%。假定宏达公司2018年四个季度实际发生的维修费用分别为16万元、44万元、64万元和56万元（假定上述费用以银行存款支付50%，另50%为耗用的材料，不考虑增值税因素）。

解析：本案例中，宏达公司因销售农机而承担了现时义务，该义务的履行很可能导致经济利益流出企业，且其金额能够可靠计量。因此，宏达公司应在每季度末确认一项预计负债。

（1）第一季度

发生产品质量保证费用

借：预计负债——产品质量保证　　　16

　　贷：银行存款　　　　　　　　　　　　　8

　　　　原材料　　　　　　　　　　　　　　8

应确认的产品质量保证负债金额 $= 100 \times 20 \times [(1\%+2\%) \div 2] = 30$（万元）

借：销售费用——产品质量保证　　　30

　　贷：预计负债——产品质量保证　　　　30

第一季度末，"预计负债——产品质量保证"科目余额 $= 20+30-16 = 34$（万元）

（2）第二季度

发生产品质量保证费用

借：预计负债——产品质量保证　　　44

　　贷：银行存款　　　　　　　　　　　　22

　　　　原材料　　　　　　　　　　　　　22

应确认的产品质量保证负债金额 $= 200 \times 20 \times [(1\%+2\%) \div 2] = 60$（万元）

借：销售费用——产品质量保证　　　60

　　贷：预计负债——产品质量保证　　　　60

第二季度末，"预计负债——产品质量保证"科目余额 $= 34+60-44 = 50$（万元）

（3）第三季度

发生产品质量保证费用

借：预计负债——产品质量保证　　　64

　　贷：银行存款　　　　　　　　　　　　32

　　　　原材料　　　　　　　　　　　　　32

应确认的产品质量保证负债金额 $= 220 \times 20 \times [(1\%+2\%) \div 2] = 66$（万元）

借：销售费用——产品质量保证　　　66

　　贷：预计负债——产品质量保证　　　　66

第三季度末，"预计负债——产品质量保证"科目余额 $= 50+66-64 = 52$（万元）

（4）第四季度

发生产品质量保证费用

借：预计负债——产品质量保证　　　56

　　贷：银行存款　　　　　　　　　　　　28

　　　　原材料　　　　　　　　　　　　　28

应确认的产品质量保证负债金额 $= 300 \times 20 \times [(1\%+2\%) \div 2] = 90$（万元）

借：销售费用——产品质量保证　　　90

　　贷：预计负债——产品质量保证　　　　90

第四季度末，"预计负债——产品质量保证"科目余额 $= 52+90-56 = 86$（万元）

四、亏损合同

亏损合同，是指履行合同义务时不可避免地会发生成本超过预期经济利益的合同。待执行合同变为亏损合同，同时该亏损合同产生的义务满足预计负债的确认条件时，应当确认为预计负债。预计负债的计量应当反映退出该合同的最低净成本，即履行该合同的成本与未能履行该合同而发生的补偿或处罚两者之中的较低者。企业与其他企业签订的商品销售合同、劳务合同、租赁合同等，均有可能变为亏损合同。

企业对亏损合同进行会计处理，需要遵循以下两点原则。

（1）如果与亏损合同相关的义务不需支付任何补偿即可撤销（即违约金＝0），企业通常就不存在现时义务——不应确认预计负债；如果与亏损合同相关的义务不可撤销，企业就存在了现时义务，同时满足该义务很可能导致经济利益流出企业且金额能够可靠地计量的——应当确认预计负债。

（2）待执行合同变为亏损合同时，合同存在标的资产的，应当对标的资产进行减值测试并按规定确认减值损失，在这种情况下，企业通常不需确认预计负债，如果预计亏损超过该减值损失，应将超过部分确认为预计负债；合同不存在标的资产的，亏损合同相关义务满足预计负债确认条件时，应当确认预计负债。

企业不应就未来经营亏损确认预计负债。

课堂案例展示 4-10至4-11

[4-10] 甲公司于2018年12月10日与乙公司签订合同，约定在2019年2月10日以每件40元的价格向乙公司提供A产品1 000件，如果不能按期交货，将向乙公司支付总价款20%的违约金。签订合同时产品尚未开始生产，甲公司准备生产产品时，材料的价格突然上涨，预计生产A产品的单位成本将超过合同单价。

解析：（1）若生产A产品的单位成本为50元

履行合同发生的损失＝1 000×（50－40）＝10 000（元）

不履行合同发生的损失＝1 000×40×20%＝8 000（元）

应选择违约方案，确认预计负债8 000元。

```
借：营业外支出                    8 000
    贷：预计负债                          8 000
        支付违约金时
借：预计负债                      8 000
    贷：银行存款                          8 000
```

（2）若生产A产品的单位成本为45元

履行合同发生的损失＝1 000×（45－40）＝5 000（元）

不履行合同发生的损失＝1 000×40×20%＝8 000（元）

应选择执行合同的方案，确认预计负债5 000元。

```
借：营业外支出                    5 000
    贷：预计负债                          5 000
待产品完工后
借：预计负债                      5 000
    贷：库存商品                          5 000
```

[4-11] 2018年6月15日，甲公司与丁公司签订了不可撤销的产品销售合同。合同约定：甲公司为丁公司生产B产品1万件，售价为每件1 000元，4个月后交货，若无法如期交货，应按合同总价款的30%向丁公司支付违约金。但6月下旬原油等能源价格上涨，导致生产成本上升，甲公司预计B产品生产成本变为每件1 100元。至6月30日，甲公司无库存B产品所需原材料，公司计划7月上旬调试有关生产设备和采购原材料，开始生产B产品。

解析：该产品销售合同属于亏损合同，并且不存在标的资产，所以不能确认存货跌价准备，应当根据履行合同所需承担的损失[(1 100-1 000)×1 = 100（万元）]和不履行合同需支付违约金[1 000×1×30% = 300（万元）]中较低者确认一项预计负债100万元，同时确认营业外支出100万元。

借：营业外支出   1 000 000

    贷：预计负债   1 000 000

五、重组义务

重组，是指企业制定和控制的，将显著改变企业组织形式、经营范围或经营方式的计划实施行为。属于重组的事项主要包括：①出售或终止企业的部分经营业务；②对企业的组织结构进行较大调整；③关闭企业的部分营业场所，或将营业活动由一个国家或地区迁移到其他国家或地区。

企业应当将重组与企业合并、债务重组区别开。因为重组通常是企业内部资源的调整和组合，谋求现有资产效能的最大化；企业合并是在不同企业之间的资本重组和规模扩张；而债务重组是指债权人对债务人做出让步，债务人减轻债务负担，债权人尽可能减少损失。

（一）重组义务的确认

企业因重组而承担了重组义务，并且同时满足预计负债确认条件时，才能确认预计负债。

首先，下列情况同时存在时，表明企业承担了重组义务。

（1）有详细、正式的重组计划，包括重组涉及的业务、主要地点、需要补偿的职工人数及其岗位性质、预计重组支出、计划实施时间等。

（2）该重组计划已对外公告。

企业制订了详细、正式的重组计划，并已经对外公告，使那些受其影响的其他单位或个人可以合理预期企业将实施重组，这构成了企业的一项推定义务。而管理层或董事会在资产负债表日前做出的重组决定，在资产负债表日并不形成一项推定义务，除非企业在资产负债表日前已经对外进行了公告，将重组计划传达给受其影响的各方，使他们形成了对企业实施重组的合理预期。

其次，需要判断重组义务是否同时满足预计负债的三个确认条件，即判断其承担的重组义务是否是现时义务、履行重组义务是否很可能导致经济利益流出企业、重组义务的金额是否能够可靠计量。只有同时满足这三个确认条件，才能将重组义务确认为预计负债。

（二）重组义务的计量

企业应当按照与重组有关的直接支出确定预计负债金额，计入当期损益。其中，直接支出是企业重组必须承担的直接支出，并且与主体继续进行的活动无关的支出，包括支付给职工的遣散费，已经支付的租金，不再使用而支付的违约金等；但不包括留用职工岗前培训、市场推广、新系统和营销网络投入等支出，因为这些支出与未来经营活动有关，在资产负债表日不是重组义务。

由于企业在计量预计负债时不应当考虑预期处置相关资产的利得，在计量与重组义务相关的预计负债时，也不考虑处置相关资产（如厂房、店面，有时是一个事业部整体）可能形成的利得或损失，即使资产的出售构成重组的一部分也是如此，这些利得和损失应当单独确认。

课堂案例展示 4-12至4-13

[4-12] 甲公司 2018 年 12 月实施了一项关闭 C 产品生产线的重组义务，重组计划预计发生下列支出：因辞退员工将支付补偿款 200 万元；因撤销厂房租赁合同将支付违约金 20 万元；因将用于 C 产品生产的固定资产等转移至仓库将发生运输费 2 万元；因对留用员工进行培训将发生支出 1 万元；因推广新款 A 产品将发生广告费用 1 000 万元；因处置用于 C 产品生产的固定资产将发生减值损失 100 万元。2018 年 12 月 31 日，甲公司应确认的预计负债金额为多少万元？

解析：应当按照与重组有关的直接支出确定预计负债金额，甲公司应确认的预计负债金额＝200+20 ＝ 220（万元）。

[4-13] 甲公司为一家家电生产企业，主要生产 A、B、C 三种家电产品。公司管理层于 2018 年 11 月制订了一项业务重组计划。该业务重组计划的主要内容如下：从 2019 年 1 月 1 日起关闭 C 产品生产线；从事 C 产品生产的员工共计 250 人，除部门主管及技术骨干等 50 人留用转入其他部门外，其他 200 人都将被辞退。根据被辞退员工的职位、工作年限等因素，甲公司将一次性给予被辞退员工不同标准的补偿，补偿支出共计 800 万元；C 产品生产线关闭之日，租用的厂房将被腾空，撤销租赁合同并将其移交给出租方，用于 C 产品生产的固定资产等将转移至甲公司自己的仓库。上述业务重组计划已于 2018 年 12 月 2 日经甲公司董事会批准，并于 12 月 3 日对外公告。2018 年 12 月 31 日，上述业务重组计划尚未实际实施，员工补偿及相关支出尚未支付。为了实施上述业务重组计划，甲公司预计发生以下支出或损失：因辞退员工将支付补偿款 800 万元；因撤销厂房租赁合同将支付违约金 25 万元；因将用于 C 产品生产的固定资产等转移至仓库将发生运输费 3 万元；因对留用员工进行培训将发生支出 1 万元；因推广新款 B 产品将发生广告费用 2 500 万元；因处置用于 C 产品生产的固定资产将发生减值损失 150 万元。

解析：该事项属于重组义务，因辞退员工将支付补偿 800 万元和因撤销厂房租赁合同将支付违约金 25 万元属于直接支出。重组义务应确认的预计负债金额＝ 800+25 ＝ 825（万元）。相应的会计分录如下。

借：营业外支出	250 000	
贷：预计负债		250 000
借：管理费用	8 000 000	
贷：应付职工薪酬		8 000 000
借：资产减值损失	1 500 000	
贷：固定资产减值准备		1 500 000

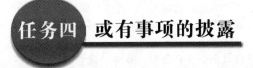

任务四 或有事项的披露

一、预计负债的披露

企业对预计负债，应在资产负债表中单列项目反映，并在附注中披露下列信息。

（1）预计负债的种类、形成原因以及经济利益流出不确定性的说明。

（2）各类预计负债的期初、期末余额和本期变动情况。

（3）与预计负债有关的预期补偿金额和本期已确认的预期补偿金额。

二、或有负债的披露

或有负债是指过去的交易或事项形成的潜在义务，其存在须通过未来不确定事项的发生或不发生予以证实；或过去的交易或事项形成的现时义务，履行该义务不是很可能导致经济利益流出企业或该义务的金额不能可靠计量。

课堂案例

企业应在附注中披露或有负债（不包括极小可能导致经济利益流出企业的或有负债）的下列信息。

（1）或有负债的种类及其形成原因，包括已贴现商业承兑汇票、未决诉讼、未决仲裁、对外提供担保等形成的或有负债。

（2）经济利益流出不确定性的说明。

（3）或有负债预计产生的财务影响，以及获得补偿的可能性；无法预计的，应当说明原因。

三、或有资产的披露

或有资产指过去的交易或者事项形成的潜在资产，其存在须通过未来不确定事项的发生或不发生予以证实。

企业通常不披露或有资产。但或有资产很可能会给企业带来经济利益的，应当在附注中披露其形成的原因、预计产生的财务影响等。

四、或有事项披露的豁免

在涉及未决诉讼、未决仲裁的情况下，如果披露与该或有事项有关的全部或部分信息预期会对企业造成重大不利影响的，企业无须披露这些信息，但应当披露该未决诉讼、未决仲裁的性质，以及没有披露这些信息的事实和原因。

课堂案例展示 4-14

因乙公司未履行经济合同，给东方公司造成 60 万元损失，东方公司要求乙公司赔偿损失 60 万元，但乙公司未予同意。东方公司遂于本年 12 月 10 日向法院提起诉讼，至 12 月 31 日法院尚未做出判决。东方公司预计胜诉的可能性为 95%，可获得 60 万元赔偿金的可能性为 70%，可获得 40 万元赔偿金的可能性为 40%，对于此业务东方公司 12 月 31 日的处理正确的是（　　）。

A. 编制会计分录：借记"其他应收款"；贷记"营业外收入"60 万元

B. 编制会计分录：借记"其他应收款"；贷记"营业外收入"40 万元

C. 不做会计分录，只在报表附注中披露其形成原因和预计影响

D. 不做会计分录，也不在报表附注中披露

解析：选择 C 项。根据《企业会计准则》规定，或有资产一般不应在会计报表附注中披露；但或有资产很可能会给企业带来经济利益时，则应在会计报表附注中披露。

课后专业测评

一、单项选择题

1. 下列有关或有事项的说法中不正确的是（ ）。

A. 或有事项是未来将要发生或不发生的交易或事项

B. 或有事项的结果具有不确定性

C. 或有事项的发生或不发生由未来的事项决定

D. 或有事项由过去的交易或事项形成

2. 甲公司与乙公司签订合同，约定由甲公司承包经营乙公司2年，甲公司每年应保证乙公司实现净利润1 000万元，若超过1 000万元，则超过部分由甲公司享有，若低于1 000万元，则低于部分由甲公司补足。承包期第1年，由于同行业竞争激烈，乙公司产品在销售中出现滑坡，预计乙公司无法实现规定的利润，最可能实现的净利润为600万元，则甲公司应在当年年末针对该或有事项（ ）。

A. 不做任何处理

B. 作为或有负债确认400万元

C. 作为或有负债在报表中予以披露

D. 确认预计负债400万元，并在报表中披露

3. 根据有关规定，下列有关或有事项的表述中，正确的是（ ）。

A. 或有负债与或有资产是同一事项的两个方面，故对同一企业来说，有或有负债，就应有或有资产

B. 由于要确认或有负债，故相应的或有资产也必须确认，且确认的金额不能超过确认的或有负债的金额

C. 债务重组中涉及的或有应付金额，且该或有应付金额符合或有事项中有关预计负债确认条件的，则该或有应付金额符合或有事项的定义

D. 根据谨慎性要求，只有对本单位产生不利影响的事项，才能作为或有事项

4. 关于或有事项，下列说法中正确的是（ ）。

A. 企业在一定条件下应当将未来经营亏损确认为预计负债

B. 企业应当就未来经营亏损确认预计负债

C. 待执行合同变成亏损合同的，应确认为预计负债

D. 待执行合同变成亏损合同的，该亏损合同产生的义务满足预计负债确认条件的，应确认为预计负债

5. X公司于2018年10月20日收到法院通知，被告知Y公司状告其侵权，要求赔偿300万元。该公司在应诉中发现Z公司应当承担连带责任，要求其进行补偿。企业在年末编制会计报表时，根据案件的进展情况以及法律专家的意见，认为对原告进行赔偿的可能性在65%以上，最有可能发生的赔偿金额为300万元，从第三方很可能得到补偿350万元，为此，X公司在年末应确认的资产金额为（ ）万元，负债金额为（ ）万元。

A. 350 300   B. 300 300   C. 0 300   D. 0 350

6. 甲企业是一家大型制造企业，2018年12月10日与乙公司签订了一项不可撤销销售合同，约定于2019年4月15日以300万元的价格向乙公司销售大型设备一台。若不能按期交货，甲企业需按照总价款的15%支付违约金。至2018年12月31日，甲企业尚未开始生产该设备；由于原料上涨等因素，甲企业预计生产该设备的成本将上升至320万元。

假定不考虑其他因素，2018年12月31日，甲企业的下列处理中，正确的是（　　　）。

A. 计提存货跌价准备20万元　　　　　B. 确认预计负债45万元

C. 计提存货跌价准备45万元　　　　　D. 确认预计负债20万元

7. 下列事项中，不属于或有事项的是（　　　）。

A. 亏损合同　　　　　　　　　　　　B. 产品质量保证

C. 未来可能发生的经营亏损　　　　　D. 未决诉讼

二、多项选择题

1. 预计负债计量需要考虑的其他因素包括（　　　）。

A. 风险和不确定性　　　　　　　　　B. 金额计量可靠性

C. 未来事项　　　　　　　　　　　　D. 货币时间价值

2. 下列事项中属于或有事项的有（　　　）。

A. 承诺　　　　　　　　　　　　　　B. 亏损合同

C. 法院终审判决中的诉讼赔偿　　　　D. 企业因污染环境可能支付的罚金

3. 下列有关或有事项的会计处理中，符合现行会计准则规定的有（　　　）。

A. 或有事项的结果可能导致经济利益流入企业的应对其予以披露

B. 或有事项的结果很可能导致经济利益流入企业的应对其予以披露

C. 或有事项的结果可能导致经济利益流出企业但不符合确认条件的不需要披露

D. 或有事项的结果可能导致经济利益流出企业但无法预计的需要对其予以披露

4. 根据现行企业会计准则的规定，下列各项中属于或有事项的有（　　　）。

A. 企业为其子公司的贷款提供的担保

B. 企业在销售产品时承诺的产品质量保证

C. 企业出售或终止部分经营业务的重组活动

D. 企业被其他企业提起诉讼

5. 对于或有事项相关的义务要确认为一项负债，应同时符合的条件有（　　　）。

A. 该项义务为企业承担的现时义务

B. 该项义务为企业承担的潜在义务

C. 该项义务的履行很可能导致经济利益流出企业

D. 该项义务的金额能够可靠计量

6. 下列关于确认预计负债的表述中，正确的有（　　　）。

A. 待执行合同变成亏损合同，该亏损合同产生的义务满足预计负债确认条件时，应当确认为预计负债

B. 企业应当就未来经营亏损，合理估计后确认为预计负债

C. 企业承担的重组义务满足预计负债确认条件的，应当确认预计负债

D. 企业应当按照与重组有关的直接支出确定预计负债金额

7. 大洋企业因或有事项很可能赔偿A公司120万元，同时，因该或有事项大洋企业基本确定可以从B公司获得80万元的补偿金，大洋企业正确的会计处理有（　　　）。

A. 确认营业外支出和预计负债120万元　　B. 确认营业外支出和预计负债40万元

C. 确认其他应收款80万元　　　　　　　D. 不确认其他应收款

三、简答题

1. 简述或有事项的概念和特征。

2. 什么是或有资产、或有负债？举例说明。

3. 简述或有事项的确认条件。

4.简述因亏损合同确认的预计负债的计量原则。

5.简述或有事项应如何在财务报告中进行披露。

四、操作题

1.大海公司为上市公司，所得税采用资产负债表债务法核算，所得税税率为25%，按照税法规定，企业提供的与其自身生产经营无关的担保支出不允许税前扣除，假定不考虑其他纳税调整事项，企业按10%提取法定盈余公积。

（1）大海公司为洋洋公司提供担保的某项银行借款1 000 000元于2018年9月到期。该借款是洋洋公司于2015年9月从银行借入的，大海公司为洋洋公司此项借款的本息提供50%的担保。洋洋公司借入的款项至到期日应偿付的本息为1 180 000元。由于洋洋公司无力偿还到期债务，银行于11月向法院提起诉讼，要求洋洋公司和为其提供担保的大海公司偿还借款本息，并支付罚息50 000元。至12月31日，法院尚未做出判决，大海公司预计承担此项债务的可能性为60%，估计需要支付担保款500 000元。

（2）假定2019年6月15日法院做出一审判决，洋洋公司和大海公司败诉，大海公司需为洋洋公司偿还借款本息的50%，计590 000元，洋洋公司和大海公司服从该判决，款项尚未支付。大海公司预计替洋洋公司偿还的借款本息不能收回的可能性为80%。

（3）假定大海公司2018年度财务会计报告于2019年3月20日报出。2019年1月25日法院做出一审判决，洋洋公司和大海公司败诉，大海公司需为洋洋公司偿还借款本息的50%，计590 000元，洋洋公司和大海公司服从该判决，款项已经支付。大海公司预计替洋洋公司偿还的借款本息不能收回的可能性为80%。

要求：根据题意，分别编制事项（1）～（3）的相关会计分录。

2.A公司为商品流通企业，系增值税一般纳税企业，适用的增值税税率为17%。2018年10月10日A公司与B公司签订不可撤销合同，合同约定2019年1月10日A公司向B公司销售500套铜制商品，合同价格每套为10万元。2018年12月1日A公司购入500套铜制商品并验收入库，由于市场有色金属铜的价格大幅上升，使得购买成本为每套15万元，货款已支付。2019年1月10日向B公司发出500套铜制商品，货款已收到（以上价款均不含增值税）。

要求：

（1）编制2018年12月1日购入商品的会计分录。

（2）编制2018年12月31日有关亏损合同的会计分录。

（3）2019年1月10日销售商品的会计分录。

3.甲公司为上市公司，该公司内部审计部门在对其2018年度财务报表进行内审时，对以下交易或事项的会计处理提出疑问。

（1）2018年12月31日，甲公司有以下两份尚未履行的合同。

①2018年2月，甲公司与乙公司签订一份不可撤销合同，约定在2019年3月以每箱2万元的价格向乙公司销售100箱A产品；乙公司应预付定金20万元，若甲公司违约，双倍返还定金。

2018年12月31日，甲公司的库存中没有A产品及生产该产品所需原材料。因原材料价格大幅上涨，甲公司预计每箱A产品的生产成本为2.3万元。

②2018年8月，甲公司与丙公司签订一份B产品销售合同，约定在2019年2月底以每件0.3万元的价格向丙公司销售300件B产品，违约金为合同总价款的20%。

2018年12月31日，甲公司库存B产品300件，成本总额为120万元，按目前市场价格计算的市价总额为110万元。假定甲公司销售B产品不发生销售费用。

③ 2018 年 8 月，甲公司与丁公司签订一份 C 产品销售合同，约定在 2019 年 2 月底以每件 0.3 万元的价格向丁公司销售 300 件 C 产品，违约金为合同总价款的 20%。

2018 年 12 月 31 日，甲公司库存 C 产品 300 件，成本总额为 120 万元，按目前市场价格计算的市价总额为 100 万元。假定甲公司销售 C 产品不发生销售费用。

因上述合同至 2018 年 12 月 31 日尚未完全履行，甲公司 2018 年将收到的乙公司定金确认为预收账款，未进行其他会计处理，其会计处理如下。

借：银行存款　　　　　　200 000
　　贷：预收账款　　　　　　　　　200 000

（2）甲公司为工业生产企业，从 2017 年 1 月起为售出产品提供"三包"服务，规定产品出售后一定期限内出现质量问题，负责退换或免费提供修理。甲公司为 D 产品"三包"确认的预计负债在 2018 年年初账面余额为 8 万元，D 产品已于 2017 年 7 月 31 日停止生产，D 产品的"三包"截止日期为 2018 年 12 月 31 日。甲公司库存的 D 产品已于 2017 年年底以前全部售出。2018 年第四季度发生的 D 产品"三包"费用为 5 万元（均为人工成本），其他各季度均未发生"三包"费用。甲公司 2018 年会计处理如下。

借：预计负债　　　　　　50 000
　　贷：应付职工薪酬　　　　　　　　50 000

要求：根据资料（1）和（2），逐项判断甲公司会计处理是否正确；如不正确，简要说明理由，并编制更正有关会计差错的会计分录（有关会计差错更正按当期差错处理，不要求编制结转损益的会计分录）。

 课外知识拓展

1.《企业会计准则第 13 号——或有事项》（2006 年 2 月 5 日财政部发布，自 2007 年 1 月 1 日起施行）

2.《企业会计准则——应用指南（2006）》（2006 年 10 月 30 日财政部发布，自 2007 年 1 月 1 日起施行）

项 目 五

外币折算

项 目	课程专业能力	完成情况
外币折算	理解外币财务报表折算，掌握外币财务报表折算方法	
	掌握记账本位币的确定	
	掌握外币交易发生日初始确认，并能正确进行账务处理	
	掌握资产负债表日和结算日外币汇兑差额的会计处理方法	
师生总结		

在经济日益全球化的趋势下，资本的跨国流动和国际贸易不断扩大使企业经常发生以外币计价或者结算的交易。通过本项目的学习，我们可以知道什么是外币交易，企业如何选择记账本位币，以及掌握外币交易的处理方法和外币财务报表的折算方法，以达到企业正确核算外币业务的需要。

任务一 外币折算概述

一、外币折算的定义

外币，"外国货币"的简称，是指本国货币以外的其他国家或地区的货币。

外币折算，是指把不同的外币金额换算成为本国货币的等值或者另外一种外币的等值的程序，它只是在会计上对原来的外币金额的重新表述，或者说，将外币统一换算成记账本位币的等值。

二、外币折算业务范围

（一）外币交易

外币交易，是指以外币计价或者结算的交易，包括买入或者卖出以外币计价的商品或者劳务、借入或者借出外币资金和其他以外币计价或者结算的交易。

外币交易并不等于与外国客户进行的交易，也不能将与国内客户进行的经济业务都排除在外币交易之外，外币交易的关键是指以外币为计价单位，是记账本位币以外的其他货币计价的经济业务，它是相对于某一特定企业而言的。如以人民币作为记账本位币的我国企业与以美元作为记账本位币的美国企业之间的商品购销业务，如是以人民币作为计价和结算的货币单位，则这一交易对于我国企业就不属于外币业务的范围，而对于美国企业就属于外币业务；同理，如果这一购销业务是以美元作为计价结算货币业务，则对于我国企业就属于外币业务，而对于美国企业就不属于外币业务。

外币交易的会计处理涉及的主要问题有以下三种。

（1）记账本位币的确定。

（2）外币交易发生日折算汇率的选择和相应的外币交易初始确认的会计处理。

（3）资产负债表日和结算日折算汇率的选择及所产生汇兑差额的会计处理。

（二）外币财务报表折算

外币财务报表折算是指将以外币表述的财务报表折算（或翻译）为某一特定货币（通常为母公司的记账本位币）表述的财务报表。

外币财务报表折算一是为了满足跨国公司合并其在世界范围内的子公司的财务报表，

以反映其集团综合财务状况和经营成果的需要；二是为了向外国股东和其他使用者提供适合于他们阅读和使用会计报表的需要；三是为了在外国证券市场上发行股票和债券，按一定的汇率将本国货币表示的财务报表折算为相关的外国货币表示的财务报表的需要。

外币财务报表折算主要涉及两大问题。

（1）采用何种汇率对外币会计报表项目的数据进行折算。

（2）对由于报表各项目所使用的折算汇率不同所产生的外币会计报表折算差额如何处理的问题。

三、记账本位币的确定

（一）记账本位币的定义

记账本位币，是指企业经营所处的主要经济环境中的货币。它通常是企业主要收、支现金的经济环境中的货币，因为使用这一货币最能反映企业主要交易业务的经济结果。

（二）企业记账本位币的确定

我国《会计法》中规定，业务收支以人民币以外的货币为主的企业，可以选定其中一种货币作为记账本位币，但是编报的财务报表应当折算为人民币。企业选定记账本位币，应当考虑下列因素。

（1）该货币主要影响商品和劳务销售价格，通常以该货币进行商品和劳务的计价和折算。

（2）该货币主要影响商品和劳务所需人工、材料和其他费用，通常以该货币进行上述费用的计价和结算。

（3）融资活动获得的货币以及保存从经营活动中收取款项时所使用的货币。

（三）企业境外经营记账本位币的确定

1.境外经营有以下两个方面的含义

（1）指企业在境外的子公司、合营企业、联营企业、分支机构。

（2）当企业在境内的子公司、联营企业、合营企业或者分支机构，选定的记账本位币与企业的记账本位币不同的，也应当视同境外经营。

确定境外经营，不是以位置是否在境外为判定标准，而是要看其选定的记账本位币是否与企业的记账本位币相同。

2.企业选定境外经营的记账本位币应考虑的因素

（1）境外经营对其所从事的活动是否拥有很强的自主性。

若境外经营对其所从事的活动拥有很强的自主性，境外经营就不能选择与企业记账本位币相同的货币作为记账本位币；若境外经营所从事的活动是视同本企业经营活动的延伸，则境外经营应当选择与企业记账本位币相同的货币作为记账本位币。

（2）境外经营活动中与企业的交易是否在境外经营活动中占有较大比重。

若境外经营与企业的交易在境外经营活动中所占比例较高，境外经营应当选择与企业记账本位币相同的货币作为记账本位币；反之，应选择其他货币。

（3）境外经营活动产生的现金流量是否直接影响企业的现金流量、是否可以随时汇回。

若境外经营活动产生的现金流量直接影响企业的现金流量，并可以随时汇回，境外经营应当选择与企业记账本位币相同的货币作为记账本位币；反之，应选择其他货币。

（4）境外经营活动产生的现金流量是否足以偿还其现有债务和可预期的债务。

若境外经营活动产生的现金流量在企业不提供资金的情况下，难以偿还其现有债务和可预期的债务，境外经营应当选择与企业记账本位币相同的货币作为记账本位币；反之，应选择其他货币。

（四）记账本位币的变更

企业选择的记账本位币一经确定，不得随意变更，除非与确定记账本位币相关的企业经营所处的主要经济环境发生重大变化。主要经济环境发生重大变化，通常是指企业主要收取和支出现金的环境发生重大变化。

企业因经营所处的主要经济环境发生重大变化，确需变更记账本位币的，应当采用变更当日的即期汇率将所有项目折算为变更后的记账本位币，折算后的金额作为以新的记账本位币计量的历史成本，由于采用同一即期汇率进行折算，不会产生汇兑差额。

企业记账本位币发生变更的，在按照变更当日的即期汇率将所有项目变更为记账本位币时，其比较财务报表应当以可比当日的即期汇率折算所有的资产负债表和利润表项目。

任务二 外币交易的会计处理

一、外币交易发生日的初始确认

（一）确认原则

外币交易应当在初始确认时，采用交易发生日的即期汇率将外币金额折算为记账本位币金额，也可以采用按照系统合理的方法确定的、与交易发生日即期汇率近似的汇率折算。按照折算后的记账本位币金额登记有关账户；在登记有关记账本位币账户的同时，按照外币金额登记相应的外币账户。

（1）企业通常应当采用即期汇率进行折算。即期汇率，通常是指中国人民银行公布的当日人民币外汇牌价的中间价。汇率变动不大的，可以采用即期汇率的近似汇率进行折算。即期汇率的近似汇率，是指按照系统合理的方法确定的、与交易发生日即期汇率近似的汇率，通常采用当期平均汇率或加权平均汇率等。

外币折算
准则的新变化

（2）企业发生单纯的外币兑换业务或涉及外币兑换的交易事项，应当按照交易实际采用的汇率（即银行买入价或卖出价）折算。

（3）企业收到投资者以外币投入的资本，应当采用交易发生日即期汇率折算，不得采用合同约定汇率或即期汇率的近似汇率折算，外币投入资本与相应的货币性项目的记账本位币金额之间不产生外币资本折算差额。

（二）账务处理

外币交易主要有外币购销、外币借款、外币兑换和外币投资四种。进行外币交易会计处理时，对外币账户按折算汇率进行折算，其他账户以其为基础计量；非外币账户不按折算汇率进行折算。

1. 外币购销

课堂案例展示 5-1 至 5-2

外币采购

[5-1] A公司属于增值税一般纳税人，记账本位币为人民币，其外币交易采用交易日即期汇率折算。2018年3月2日，A公司从国外B公司购入某原材料，货款为30万美元，当日的即期汇率为1美元＝6.83元人民币，按照规定应缴纳的进口关税为20.49万元人民币，支付进口增值税为32.784万元人民币，货款尚未支付，进口关税及增值税已由银行存款支付。

解析：外币账户应付账款——B公司（美元）按折算汇率进行折算，则应付账款——B公司（美元）＝30×6.83＝204.9（万元）；其他账户为非外币账户，非外币账户不按折算汇率进行折算。

A公司账务处理如下。

```
借：原材料——×× 材料                  2 253 900
    应交税费——应交增值税（进项税额）    327 840
    贷：应付账款——B公司（美元）                    2 049 000
        银行存款                                      532 740
```

外币销售

[5-2] A公司记账本位币为人民币，外币交易采用交易日即期汇率折算。2018年4月10日，向国外C公司出口销售商品一批，根据销售合同，货款共计80万欧元，当日的即期汇率为1欧元＝8.87元人民币。假定不考虑增值税等相关税费，货款尚未收到。

解析：外币账户应收账款——C公司（欧元）按折算汇率进行折算，则应收账款——C公司（欧元）＝80×8.87＝70.96（万元）。

A公司账务处理如下。

```
借：应收账款——C公司（欧元）          709 600
    贷：主营业务收入——出口 ×× 商品                709 600
```

2. 外币借款

课堂案例展示 5-3

A公司的记账本位币为人民币，其外币交易采用交易日即期汇率折算。2018年2月4日，从银行借入20万英镑，期限为6个月，年利率为5%（等于实际利率），借入的英镑暂存银行。借入当日的即期汇率为1英镑＝9.83元人民币。

解析：外币账户短期借款——×× 银行（英镑）按折算汇率进行折算，短期借款——×× 银行（英镑）＝20×9.83＝196.6（万元）。

A公司账务处理如下。

```
借：银行存款——×× 银行（英镑）        1 966 000
    贷：短期借款——×× 银行（英镑）                1 966 000
```

3.外币兑换

课堂案例展示 5-4

　　A 公司的记账本位币为人民币，其外币交易采用交易日即期汇率折算。2018 年 7 月 28 日，A 公司到银行将货款 100 万欧元兑换成人民币，银行当日的欧元买入价为 1 欧元＝9.51 元人民币，中间价为 1 欧元＝9.72 元人民币。

　　解析：企业与银行发生货币兑换，兑换所用汇率为银行的买入价，而通常记账所用的即期汇率为中间价，由此产生的汇兑差额计入当期财务费用。银行存款外币户按折算汇率进行折算，而人民币户按银行买入价或卖出价计算。银行存款——××银行（欧元）＝100×9.72＝972（万元），银行存款——××银行（人民币）＝100×9.51＝951（万元）

　　A 公司当日的账务处理如下。

　　　　借：银行存款——××银行（人民币）　　　9 510 000
　　　　　　财务费用——汇兑差额　　　　　　　　 210 000
　　　　　　　贷：银行存款——××银行（欧元）　　　　　　　　9 720 000

4.外币投资

课堂案例展示 5-5

　　A 公司的记账本位币为人民币，其外币交易采用交易日即期汇率折算。2018 年 2 月 25 日，A 公司为增资扩股与某外商签订投资合同，当日收到外商投入资本 200 万美元，当日的即期汇率为 1 美元＝6.82 元人民币，其中，1 300 万元人民币作为注册资本的组成部分。假定投资合同约定的汇率为 1 美元＝6.85 元人民币。

　　解析：企业收到投资者以外币投入的资本，应当采用交易发生日即期汇率折算，不得采用合同约定汇率或即期汇率的近似汇率折算，外币投入资本与相应的货币性项目的记账本位币金额之间不产生外币资本折算差额。外币账户银行存款——××银行（美元）按折算汇率进行折算，银行存款——××银行（美元）＝200×6.82＝1 364（万元）。其他账户为非外币账户，非外币账户不按折算汇率进行折算。

　　A 公司账务处理如下。

　　　　借：银行存款——××银行（美元）　　　13 640 000
　　　　　　　贷：实收资本——××　　　　　　　　　　　　13 000 000
　　　　　　　　　资本公积——资本溢价　　　　　　　　　　　 640 000

二、资产负债表日及结算日的会计处理

　　资产负债表日，企业应当分别按照外币货币性项目和外币非货币性项目进行处理。

　　1.外币货币性项目

　　货币性项目，是指企业持有的货币资金和将以固定或可确定的金额收取的资产或者偿付的负债。例如，库存现金、银行存款、应收账款、其他应收款、长期应收款、短期借款、应付账款、其他应付款、长期借款、应付债券和长期应付款等。

　　资产负债表日及结算货币性项目时，企业应采用资产负债表日即期汇率折算。因资产负债表日即期汇率与初始确认时或者前一资产负债表日即期汇率不同而产生的汇兑差额，计入当期损益。

另外，结算外币货币性项目时，因汇率波动而形成的汇兑差额也应当计入当期损益。可供出售外币货币性金融资产形成的汇兑差额，也应计入当期损益。

课堂案例展示 5-6至5-8

[5-6] 沿用例5-1。

2018年3月31日，A公司尚未向B公司支付所欠货款，当日即期汇率为1美元＝6.8元人民币。

解析：外币账户应付账款——B公司（美元）按期末即期汇率进行折算，则应付账款——B公司（美元）＝30×6.8＝204（万元）与其原记账本位币之差额（204.9万元–204万元）9 000元人民币计入当期损益。

A公司账务处理如下。

借：应付账款——B公司（美元）　　　　9 000

　　贷：财务费用——汇兑差额　　　　　　　　9 000

[5-7] 沿用例5-2。

2018年4月30日，A公司仍未收到C公司购货款，当日的即期汇率为1欧元＝9.08元人民币。

解析：外币账户应收账款——C公司（欧元）按期末即期汇率进行折算，则应收账款——C公司（欧元）＝80×9.08＝72.64（万元）。与其原记账本位币之差额（72.64万元–70.96万元）1.68万元人民币元计入当期损益。

A公司账务处理如下。

借：应收账款——C公司（欧元）　　　168 000

　　贷：财务费用——汇兑差额　　　　　　　　168 000

[5-8] 沿用例5-3。

假定2018年2月28日即期汇率为1英镑＝9.75元人民币。

解析：外币账户短期借款——××银行（英镑）按期末即期汇率进行折算，则短期借款——××银行（英镑）＝20×9.75＝195（万元）。与其原记账本位币的差额（196.6万元–195万元）1.6万元人民币计入当期损益。

A公司账务处理如下。

借：短期借款——××银行（英镑）　　16 000

　　贷：财务费用——汇兑差额　　　　　　　　16 000

2.外币非货币性项目

非货币性项目，是指货币性项目以外的项目。例如，存货、长期股权投资、固定资产、无形资产等。

（1）以历史成本计量的外币非货币性项目，仍采用交易发生日的即期汇率折算，不改变其记账本位币金额。期末不应调整其账面余额，不产生汇兑差额。

课堂案例展示 5-9

A公司的记账本位币为人民币，其外币交易采用交易日即期汇率折算。2018年3月2日进口一台机器设备，支付价款为100万美元，已按当日即期汇率1美元＝6.83元人民币折算为人民币并记入"固定资产"账户。

解析："固定资产"属于以历史成本计量的外币非货币性项目，因此，仍采用交易发生日的即期汇率折算，资产负债表日不需要再按照当日即期汇率进行调整。

（2）以成本与可变现净值孰低计量的存货，如果其可变现净值以外币确定，则在确定存货的期末价值时，应先将可变现净值按资产负债表日即期汇率折算为记账本位币，再与以记账本位币反映的存货成本进行比较，从而确定该项存货的期末价值。

课堂案例展示 5-10

A公司为医疗设备经销商，其记账本位币为人民币，外币交易采用交易日即期汇率折算。2018年10月8日，A公司以1 000欧元／台的价格从国外购入某新型医疗设备200台（该设备在国内市场尚无供应），当日即期汇率为1欧元＝9.28元人民币。2018年12月31日，尚有120台设备未销售出去，国内市场仍无该设备供应，其在国际市场的价格已降至920欧元／台。2018年12月31日的即期汇率是1欧元＝9.66元人民币。假定不考虑增值税等相关税费。

解析：由于存货在资产负债表日采用成本与可变现净值孰低计量，因此，在以外币购入存货并且该存货在资产负债表日获得的可变现净值以外币反映时，确定该项存货的期末价值时应当考虑汇率变动的影响。

12月31日A公司对该项设备应计提的存货跌价准备＝1 000×120×9.28－920×120×9.66

＝47 136（元）

借：资产减值损失——存货——××医疗设备　　　　47 136

　　贷：存货跌价准备——××医疗设备　　　　　　　　　47 136

（3）以公允价值计量的外币非货币性项目，如交易性金融资产（股票、基金等），采用公允价值确定日的即期汇率折算，折算后的记账本位币金额与原记账本位币金额的差额作为公允价值变动（含汇率变动）处理，计入当期损益；如为可供出售金融资产，其差额则应计入其他综合收益。

课堂案例展示 5-11至5-12

[5-11] A公司的记账本位币为人民币，其外币交易采用交易日即期汇率折算。2018年6月8日，A公司以每股4美元的价格购入B公司股票20 000股，划分为交易性金融资产核算，当日汇率为1美元＝6.82元人民币，款项已支付。2018年6月30日，B公司股票市价变为每股3.5美元，当日汇率为1美元＝6.83元人民币。假定不考虑相关税费的影响。

解析：2018年6月8日，A公司购入股票

借：交易性金融资产——B公司——成本（4×20 000×6.82）　545 600

　　贷：银行存款——××银行（美元）　　　　　　　　　　　　545 600

根据《企业会计准则第22号——金融工具确认和计量》的相关规定，交易性金融资产以公允价值计量。由于该项交易性金融资产以外币计价，在资产负债表日，不仅应考虑股票市价的波动，还应一并考虑美元与人民币之间汇率变动的影响。上述交易性金融资产在资产负债表日应按478 100元人民币（3.5×20 000×6.83）入账，与原账面价值545 600元人民币的差额为67 500元人民币，这一差额应直接计入公允价值变动损益。这67 500元人民币的差额实际上既包含了A公司所购B公司股票公允价值（股价）变动的影响，又包含了人民币与美元之间汇率变动的影响。

A公司相关的账务处理如下。

借：公允价值变动损益——B公司　　　　　　　　67 500

　　贷：交易性金融资产——B公司——公允价值变动　　　　　67 500

2018年7月24日，A公司将所购B公司股票按当日市价每股4.2美元全部售出，所得价款为84 000美元，按当日汇率1美元＝6.84元人民币折算为574 560元人民币（4.2×20 000×6.84），与

其原账面价值478 100元人民币的差额为96 460元人民币。对于汇率的变动和股价的变动不进行区分，均作为投资收益进行处理。因此，售出B公司股票当日，

A公司的相关账务处理如下。

借：银行存款——××银行（美元）　　　　　　574 560

　　交易性金融资产——B公司——公允价值变动　67 500

　　　贷：交易性金融资产——B公司——成本　　　　　545 600

　　　　　投资收益　　　　　　　　　　　　　　　　96 460

借：投资收益　　　　　　　　　　　　　　　　67 500

　　贷：公允价值变动损益　　　　　　　　　　　　　67 500

［5-12］恒通股份有限公司（本题下称恒通公司）为增值税一般纳税人，适用的增值税税率为17%。恒通公司以人民币作为记账本位币，外币业务采用交易发生日的即期汇率折算，按月计算汇兑损益。

（1）恒通公司有关外币账户2018年5月31日的余额见表5-1。

表5-1　外币账户期末余额表

项　目	外币账户余额（万美元）	汇　率	人民币账户余额（万元人民币）
银行存款	800	7.0	5 600
应收账款	400	7.0	2 800
应付账款	200	7.0	1 400

（2）恒通公司2018年6月份发生的有关外币交易或事项如下。

①6月3日，将100万美元兑换为人民币，兑换取得的人民币已存入银行。当日市场汇率为1美元＝7.0元人民币，当日银行买入价为1美元＝6.9元人民币。

②6月5日以每台1 000万美元的价格从美国某供货商手中购入国际最新型号H商品12台，尚未支付款项。当日市场汇率为1美元＝6.8元人民币。6月30日已售出H商品2台，国内市场仍无H商品供应，但H商品在国际市场的价格已降至每台950万美元，假设不考虑增值税。

③6月10日，从国外购入一批原材料，货款总额为400万美元。该原材料已验收入库，货款尚未支付。当日市场汇率为1美元＝6.9元人民币。另外，以银行存款支付该原材料的进口关税500万元人民币和增值税537.2万元人民币。

④6月14日，出口销售一批商品，销售价款为600万美元，货款尚未收到。当日市场汇率为1美元＝6.9元人民币。假设不考虑相关税费。

⑤6月20日，收到应收账款300万美元，款项已存入银行。当日市场汇率为1美元＝6.8元人民币。该应收账款系2月份出口销售发生的。

⑥6月25日，以每股10美元的价格（不考虑相关税费）购入美国大华公司发行的股票10 000股作为交易性金融资产，当日市场汇率为1美元＝6.8元人民币。

⑦6月30日，美国大华公司发行的股票市价为11美元。

⑧6月30日，市场汇率为1美元＝6.7元人民币。

解析：（1）恒通公司6月份外币交易或事项相关的会计处理如下。

①6月3日

借：银行存款——人民币户　　　　　　　　　690

　　财务费用——汇兑差额　　　　　　　　　　10

　　　贷：银行存款——美元户（$100×7）　　　　　700

②6月5日

借：库存商品　　　　　　　　　　　　　　81 600

　　贷：应付账款——美元户（$1 000×12×6.8）　81 600

③ 6 月 10 日

借: 原材料　　　　　　　　　　　　　　　　　3 260

　　应交税费——应交增值税（进项税额）　　537.2

　　　贷: 应付账款——美元户（$400×6.9）　　　　　　　　　2 760

　　　　　银行存款——人民币户　　　　　　　　　　　　　1 037.2

④ 6 月 14 日

借: 应收账款——美元户（$600×6.9）　　　　4 140

　　　贷: 主营业务收入　　　　　　　　　　　　　　　　　4 140

⑤ 6 月 20 日

借: 银行存款——美元户（$300×6.8）　　　　2 040

　　　贷: 应收账款——美元户（$300×6.8）　　　　　　　　2 040

⑥ 6 月 25 日

借: 交易性金融资产——成本　　　　　　　　　68

　　　贷: 银行存款——美元户（$10×1×6.8）　　　　　　　68

（2）6 月 30 日计算汇兑差额。

银行存款账户汇兑差额 =（800-100+300-10）×6.7-（5 600-700+2 040-68）

　　　　　　　　　　= -239（万元）

应收账款账户汇兑差额 =（400+600-300）×6.7-（2 800+4 140-2 040）= -210（万元）

应付账款账户汇兑差额 =（200+400+12 000）×6.7-（1 400+2 760+81 600）

　　　　　　　　　　= -1 340（万元）

借: 应付账款——美元户　　　　　　　　　　　1 340

　　　贷: 银行存款——美元户　　　　　　　　　　　　　　239

　　　　　应收账款——美元户　　　　　　　　　　　　　210

　　　　　财务费用——汇兑差额　　　　　　　　　　　　891

（3）2018 年 6 月 30 日交易性金融资产的公允价值 = 11×1×6.7 = 73.7（万元）

借: 交易性金融资产——公允价值变动　　　　　5.7

　　　贷: 公允价值变动损益　　　　　　　　　　　　　　　5.7

（4）H 商品应计提存货跌价准备 = 1 000×10×6.8-950×10×6.7 = 4 350（万元）

借: 资产减值损失　　　　　　　　　　　　　　4 350

　　　贷: 存货跌价准备　　　　　　　　　　　　　　　　　4 350

任务三　外币财务报表的折算

一、外币财务报表折算的一般原则

（一）境外经营财务报表的折算

　　企业将境外经营通过合并财务报表或权益法核算等纳入本企业财务报表中时，如果境外经营的记账本位币不同于本企业的记账本位币，且境外经营处于非恶性通货膨胀经济情况下，需要将境外经营的财务报表折算为以企业记账本位币反映的财务报表，这一过程就是外币财务报表的折算。如果境外经营采用与企业相同的记账本位币，则其财务报表不存在折算问题。

　　在对企业境外经营财务报表进行折算前，应当调整境外经营的会计期间和会计政策，使之与企业会计期间和会计政策相一致，根据调整后的会计政策及会计期间编制相应货币（记账本位币以外的货币）的财务报表，然后再按照以下规定进行折算。

（1）资产负债表中的资产和负债项目，采用资产负债表日的即期汇率折算，所有者权益项目除"未分配利润"项目外，其他项目采用发生时的即期汇率折算。

（2）利润表中的收入和费用项目，采用交易发生日的即期汇率折算；也可以采用按照系统合理的方法确定的、与交易发生日即期汇率近似的汇率折算。

附录中披露的
外币折算信息

（3）产生的外币财务报表折算差额，在资产负债表中所有者权益项目下单独列示。

比较财务报表的折算比照上述规定处理。

课堂案例展示 5-13

国内甲公司的记账本位币为人民币，该公司在境外有一子公司乙公司，乙公司确定的记账本位币为美元。根据合同约定，甲公司拥有乙公司70%的股权，并能够对乙公司的财务和经营政策施加重大影响。甲公司采用当期平均汇率折算乙公司利润表项目。乙公司的有关资料如下。

2018年12月31日的汇率为1美元＝7.7元人民币，2018年的平均汇率为1美元＝7.6元人民币，实收资本、资本公积发生日的即期汇率为1美元＝8.0元人民币，2017年12月31日的股本为500万美元，折算为人民币4 000万元；累计盈余公积为50万美元，折算为人民币后为405万元，累计未分配利润为120万美元，折算为人民币972万元，甲、乙公司均在年末提取盈余公积，乙公司当年提取的盈余公积为70万美元。

解析：报表折算见表5-2、表5-3和表5-4。

表5-2　利润表

2018年　　　　　　　　　　　　　　　　　　　　　　　　　单位：万元

项　目	期末数/美元	折算汇率	折算为人民币金额
一、营业收入	2 000	7.6	15 200
减：营业成本	1 500	7.6	11 400
营业税金及附加	40	7.6	304
管理费用	100	7.6	760
财务费用	10	7.6	76
加：投资收益	30	7.6	228
二、营业利润	380	—	2 888
加：营业外收入	40	7.6	304
减：营业外支出	20	7.6	152
三、利润总额	400	—	3 040
减：所得税费用	120	7.6	912
四、净利润	280	—	2 128
五、每股收益			
六、其他综合收益			
七、综合收益总额			

表5-3 所有者权益变动表

2018年
单位：万元

项目	实收资本			盈余公积			未分配利润		外币报表折算差额	股东权益合计
	美元	折算汇率	人民币	美元	折算汇率	人民币	美元	人民币		人民币
一、本年年初余额	500	8	4 000	50		405	120	972		5 377
二、本年增减变动金额										
（一）净利润							280	2 128		2 128
（二）其他综合收益										−190
其中：外币报表折算差额									−190	−190
（三）利润分配										
提取盈余公积				70	7.6	532	−70	−532		0
三、本年年末余额	500	8	4 000	120		937	330	2 568	−190	7 315

当期计提的盈余公积采用当期平均汇率折算，期初盈余公积为以前年度计提的盈余公积按相应年度平均汇率折算后金额的累计，期初未分配利润记账本位币金额为以前年度未分配利润记账本位币金额的累计。

表5-4 资产负债表

2018 年 12 月 31 日
单位：万元

资产	期末数/美元	折算汇率	折算为人民币金额	负债和股东权益	期末数/美元	折算汇率	折算为人民币金额
流动资产：				流动负债：			
货币资金	190	7.7	1 463	短期借款	45	7.7	346.5
应收账款	190	7.7	1 463	应付账款	285	7.7	2 194.5
存货	240	7.7	1 848	其他流动负债	110	7.7	847
其他流动资产	200	7.7	1 540	流动负债合计	440		3 388
流动资产合计	820		6 314	非流动负债：			
非流动资产：				长期借款	140	7.7	1 078
长期应收款	120	7.7	924	应付债券	80	7.7	616
固定资产	550	7.7	4 235	其他非流动负债	90	7.7	693
在建工程	80	7.7	616	非流动负债合计	310		2 387
无形资产	100	7.7	770	负债合计	750		5 775
其他非流动资产	30	7.7	231	股东权益：			
非流动资产合计	880		6 776	股本	500	8	4 000
				盈余公积	120		937
				未分配利润	330		2 568
				外币报表折算差额			−190
				股东权益合计	950		7 315
资产总计	1 700		13 090	负债和股东权益总计	1 700		13 090

外币报表折算差额为以记账本位币反映的净资产减去以记账本位币反映的实收资本、资本公积、盈余公积及未分配利润后的余额。

企业选定的记账本位币不是人民币的，应当按照境外经营财务报表折算原则将其财务报表折算为人民币财务报表。

（二）包含境外经营的合并财务报表编制的特别处理

企业境外经营为子公司的情况下，企业在编制合并财务报表时，对于境外经营财务报表折算差额，需要在母公司与子公司少数股东之间按照各自在境外经营所有者权益中所享有的份额进行分摊，其中归属于母公司应分担的部分在合并资产负债表和合并所有者权益变动表中所有者权益项目下单独作为"外币报表折算差额"项目列示，属于子公司少数股东应分担的部分应并入"少数股东权益"项目列示。

企业存在实质上构成对子公司（境外经营）净投资的外币货币性项目的情况下，在编制合并财务报表时，应分别按以下两种情况编制抵销分录。

（1）实质上构成对子公司净投资的外币货币性项目以母公司或子公司的记账本位币反映，则应在抵销长期应收应付项目的同时，将其产生的汇兑差额转入"外币报表折算差额"项目。即，借记或贷记"财务费用——汇兑差额"科目，贷记或借记"外币报表折算差额"。

（2）实质上构成对子公司净投资的外币货币性项目以母、子公司的记账本位币以外的货币反映，则应将母、子公司此项外币货币性项目产生的汇兑差额相互抵销，差额转入"外币报表折算差额"。

如果合并财务报表中各子公司之间也存在实质上构成对另一子公司（境外经营）净投资的外币货币性项目，在编制合并财务报表时应比照上述原则编制相应的抵销分录。

二、境外经营的处置

企业可能通过出售、清算、返还股本或放弃全部或部分权益等方式处置其在境外经营中的权益。企业在处置境外经营时，应当将资产负债表中所有者权益项目下列示的、与该境外经营相关的外币财务报表折算差额，自所有者权益项目转入处置当期损益；部分处置境外经营的，应当按处置的比例计算处置部分的外币财务报表折算差额，转入处置当期损益。

 课后专业测评

一、单项选择题

1. 某企业 12 月 31 日有关外币账户余额如下：（12 月 31 日市场汇率 1 美元＝8.5 元人民币）应收账款（借方）10 000 美元，81 000 元人民币；银行存款 30 000 美元，258 000 元人民币；应付账款（贷方）6 000 美元，49 200 元人民币；短期借款 2 000 美元，16 500 元人民币；长期借款（固定资产已达到预定可使用状态）15 000 美元，124 200 元人民币。则期末应调整的汇兑损益为（　　）元。

A. 5 150

B. 850

C. 1 400

D. −4 600

2. 按我国现行会计准则的规定，企业发生的外币业务中，平时就可能产生汇兑差额的是（　　）。

A. 购入货物以外币结算

B. 企业从银行买入外币

C. 外币投入本业务

D. 外币借贷业务

3. 正大股份有限公司对外币业务采用交易发生日的即期汇率进行核算，按月计算汇兑损益。20×9 年 6 月 20 日从境外购买零配件一批，价款总额为 800 万美元，货款尚未支付，当日的市场汇率为 1 美元＝7.24 元人民币。6 月 30 日的市场汇率为 1 美元＝7.21 元人民币。7 月 31 日市场汇率为 1 美元＝7.25 元人民币，该外币债务 7 月份发生的汇兑损失为（　　　）万元人民币。

A. −24　　　　　　　　　　　　　　　　B. −32

C. 32　　　　　　　　　　　　　　　　D. 24

4. 甲企业系中外合资经营企业，其注册资本为 520 万美元，合同约定分两次投入，但未约定折算汇率。中、外投资者分别于 2018 年 1 月 1 日和 3 月 1 日投入 250 万美元和 270 万美元。2018 年 1 月 1 日、3 月 1 日、3 月 31 日和 12 月 31 日美元兑人民币的汇率分别为 1：7.75、1：7.8、1：7.82 和 1：7.90。假定该企业采用人民币作为记账本位币，外币业务采用业务发生日的汇率折算。该企业 2018 年年末资产负债表中"实收资本"项目的金额为人民币（　　　）万元。

A. 4 043.5　　　　　　　　　　　　　　B. 2 370

C. 3 128　　　　　　　　　　　　　　　D. 3 120

5. 东大外商投资企业，采用业务发生时的即期汇率核算外币业务。5 月 25 日收到外商投入的资本 250 000 美元，当日的市场汇率为 1 美元＝7.89 元人民币，合同约定的汇率为 1 美元＝8 元人民币。企业收到该项投资时应确认的外币资本折算差额为（　　　）元。

A. 20 000　　　　　　　　　　　　　　B. 27 500

C. 0　　　　　　　　　　　　　　　　D. 30 000

6. 甲股份有限公司对外币业务采用业务发生时的即期汇率折算，按月结算汇兑损益。2018 年 3 月 20 日，该公司自银行购入 300 万美元，银行当日的美元卖出价为 1 美元＝8.26 元人民币，当日市场汇率为 1 美元＝8.21 元人民币。2018 年 3 月 31 日的市场汇率为 1 美元＝8.22 元人民币。甲股份有限公司购入的该 300 万美元于 2018 年 3 月所产生的汇兑损失为（　　　）万元人民币。

A. 15　　　　　　　　　　　　　　　　B. 18

C. 12　　　　　　　　　　　　　　　　D. 3

7. 甲公司的记账本位币为人民币。20×7 年 12 月 6 日，甲公司以每股 9 美元的价格购入乙公司 B 股 10 000 股作为交易性金融资产，当日即期汇率为 1 美元＝7.8 元人民币。20×7 年 12 月 31 日，乙公司股票市价为每股 10 美元，当日即期汇率为 1 美元＝7.5 元人民币。假定不考虑相关税费。20×7 年 12 月 31 日，甲公司应确认的公允价值变动损益金额为（　　　）元。

A. −48 000　　　　　　　　　　　　　　B. 48 000

C. −78 000　　　　　　　　　　　　　　D. 78 000

二、多项选择题

1. 外币报表折算时，应当按照交易发生时的即期汇率折算的项目有（　　　）。

A. 固定资产　　　　　　　　　　　　　B. 实收资本

C. 资本公积　　　　　　　　　　　　　D. 长期借款

E. 盈余公积

2. 在外币报表折算时，应当按照资产负债表日的即期汇率折算的项目有（　　　）。

A. 货币资金　　　　　　　　　　　　　B. 持有至到期投资

C. 长期借款　　　　　　　　　　　　　D. 应付账款

E. 交易性金融资产

3.以下说法中正确的有（　　）。

A.企业选择人民币以外的货币作为记账本位币的，在编制财务报表时应折算为人民币

B.记账本位币的选择应根据企业经营所处的主要经济环境的改变而改变

C.只有当企业所处的主要经济环境发生重大变化时，企业才可以变更记账本位币

D.企业经批准变更记账本位币的，应采用变更当日的即期汇率将所有项目折算为变更后的记账本位币

E.在变更记账本位币时，由于采用变更当日的即期汇率折算所产生的汇兑差额应计入财务费用

4.下列项目中，企业应当计入当期损益的有（　　）。

A.外币银行存款账户发生的汇兑差额

B.外币应收账款账户期末折算差额

C.兑换外币时发生的折算差额

D.外币会计报表折算差额

E.期末公允价值以外币反映的股票，原记账本位币金额与按公允价值确定当日的即期汇率折算的记账本位币金额之差

5.按我国现行会计准则规定，在进行外币会计报表折算时，可按资产负债表日的即期汇率折算的报表项目有（　　）。

A.实收资本　　　　B.长期应收款　　　　C.未分配利润　　　　D.长期借款

E.主营业务收入

6.以下关于外币折算，说法正确的有（　　）。

A.以历史成本计量的外币非货币性项目，按交易发生日当日即期汇率折算，不产生汇兑差额

B.如存货的可变现净值以外币确定，确定存货的期末价值时，要先将可变现净值折算为记账本位币，可变现净值小于存货成本的差额计入资产减值损失

C.以外币计量的交易性金融资产，由于汇率变动引起的公允价值变动计入公允价值变动损益

D.外币利润表中的收入和费用项目，采用资产负债表日的即期汇率折算

E.投资者以外币投入的资本，应按合同约定汇率折算

7.企业发生外币交易时可以选择的折算汇率有（　　）。

A.外汇牌价的买入价　　　　　　　　B.外汇牌价的卖出价

C.交易日的即期汇率　　　　　　　　D.即期汇率的近似汇率

E.资产负债表日的即期汇率

三、简答题

1.简述外币交易的定义。

2.简述记账本位币的定义。

3.简述企业记账本位币的确定因素。

4.简述外币交易发生日的初始确认。

5.简述境外经营财务报表的折算。

四、操作题

AS上市公司以人民币为记账本位币，对外币业务采用交易日即期汇率折算。属于增值税一般纳税企业。

（1）2018年1月20日，以人民币银行存款偿还2017年11月应付账款100万美元，

银行当日卖出价为 1 美元 = 7.14 元人民币，银行当日买入价为 1 美元 = 7.10 元人民币，交易发生日的即期汇率为 1 美元 = 7.12 元人民币。2017 年 12 月 31 日，即期汇率为 1 美元 = 7.15 元人民币。

（2）2018 年 2 月 20 日，收到某公司偿还应收账款 500 万美元，并兑换为人民币。银行当日卖出价为 1 美元 = 7.16 元人民币，银行当日买入价为 1 美元 = 7.14 元人民币，交易发生日的即期汇率为 1 美元 = 7.15 元人民币。

（3）2018 年 10 月 20 日，当日即期汇率是 1 美元 = 7.3 元人民币，以 0.2 万美元每台的价格从美国购入国际最新型号的健身器材 500 台（该健身器材在国内市场尚无供应），并于当日支付了美元存款。按照规定计算应缴纳的进口关税为 5 万元人民币，支付的进口增值税为 8.5 万元人民币。

（4）2018 年 10 月 25 日以每股 6.5 港元的价格购入乙公司的 H 股 500 万股作为交易性金融资产，另支付交易费用 10 万港元，当日汇率为 1 港元 = 1.1 元人民币，款项已用港元支付。

（5）2018 年 12 月 31 日，健身器材库存尚有 100 台，国内市场仍无健身器材供应，其在国际市场的价格已降至 0.18 万美元／台。12 月 31 日的即期汇率是 1 美元 = 7.2 元人民币。假定不考虑增值税等相关税费。

（6）2018 年 12 月 31 日，乙公司 H 股的市价为每股 6 港元，当日汇率为 1 港元 = 1.2 元人民币。

要求：

（1）编制 2018 年 1 月 20 日以人民币银行存款偿还应付账款的会计分录。

（2）编制 2018 年 2 月 20 日收到应收账款的会计分录。

（3）编制 2018 年 10 月 20 日购入国际健身器材的会计分录。

（4）编制 2018 年 10 月 25 日购入交易性金融资产的会计分录。

（5）编制 2018 年 12 月 31 日对健身器材计提的存货跌价准备。

（6）编制 2018 年 12 月 31 日有关交易性金融资产公允价值变动的会计分录。

 课外知识拓展

1.《企业会计准则第 19 号——外币折算》（2006 年 2 月 15 日财政部发布，自 2007 年 1 月 1 日起施行）

2.《企业会计准则——应用指南（2006）》（2006 年 10 月 30 日财政部发布，自 2007 年 1 月 1 日起施行）

3.《关于外商投资的公司审批登记管理法律适用若干问题的执行意见》（2006 年 4 月 24 日国家工商行政管理总局、商务局、海关总署、国家外汇管理局联合发布）

借款费用

项　目	课程专业能力	完成情况
借款费用	掌握借款费用的内容及确认原则	
	掌握借款费用资本化的条件，并能正确判断借款费用资本化的期间	
	掌握借款费用资本化金额的计算方法，并能正确进行账务处理	
师生总结		

课前项目直击

在经济生活中，企业除了利用权益性资金外通常还会利用借款方式来解决资金的不足，而企业因借入资金所付出的代价就产生了借款费用，那么借款费用有哪些内容？又计入哪里呢？首先来看一个案例。

宏光机电工业有限公司决定上马一个新生产基地，所需资金先是用银行提供的专项借款3 000万元来修建主体厂房，其他的资金则用银行一般借款解决。但由于工期的非正常延误，导致原来确定的投产计划被一再推迟，工期前后长达三年。在这一过程中，公司领导为了维护企业的形象，经研究决定，将整个贷款的所有成本在项目正式投产之前发生的，全额计入相关资产的成本，即进入工程的基建造价。公司领导的这一行为，为他们向银行申请贷款提供了一份漂亮的财务报告，使得银行贷款能顺利申请到手。正式投产结束后会计师事务所进行年报审计，注册会计师花了整整一天时间，对公司这几年的利息情况查了个清楚，对照准则的要求，算出公司这几年累计有1 108万元应予以费用化的借款费用，被公司违反准则列入新工程的造价中去了。

通过上述案例可以了解到确认借款费用的关键是解决其资本化还是费用化的问题。何谓借款费用的资本化？何谓费用化？资本化的条件有哪些？何时开始又何时终止？在接下来即将学习的项目中会满足我们的探求愿望。

任务一　借款费用概述

一、借款费用的定义及内容

借款费用，是企业因借入资金所付出的代价，即企业因借款而发生的利息及相关成本，主要包括以下内容。

（一）因借款而发生的利息

因借款而发生的利息，是指企业向银行或者其他金融机构等借入资金发生的利息、发行债券发生的利息，以及为购建或者生产符合资本化条件的资产而发生的带息债务所承担的利息等。

（二）因借款而发生的折价或溢价的摊销

因借款而发生的折价或溢价的摊销，主要是指发行债券发生的折价或溢价。由于折价或溢价的摊销，实质上是对债券票面利息的调整而构成了借款费用的组成部分。

（三）因借款而发生的辅助费用

因借款而发生的辅助费用，是指企业在借款过程中发生的诸如手续费、佣金、印刷费等费用，由于这些费用是因安排借款而发生的，也属于借入资金所付出的代价，构成了借款费用的组成部分。

（四）因外币借款而发生的汇兑差额

因外币借款而发生的汇兑差额，是指由于汇率变动导致市场汇率与账面汇率出现差异，从而对外币借款本金及利息的记账本位币金额所产生的影响金额。由于这部分差额是与外币借款直接相联系的，因而也构成了借款费用的组成部分。

课堂案例展示 6-1

　　某企业发生借款手续费 10 万元，发行公司债券佣金 1 000 万元，发行公司股票佣金 2 000 万元，借款利息 200 万元，判断哪些内容是构成借款费用的组成部分。

　　解析：借款手续费 10 万元，发行公司债券佣金 1 000 万元和借款利息 200 万元均属于借款费用；而发行公司股票属于公司权益性融资，其所发生的佣金 2 000 万元应当冲减溢价，不属于借款费用范畴。

二、借款费用的确认原则及范围

（一）确认原则

　　借款费用的确认主要解决的是将每期发生的借款费用资本化、计入相关资产的成本，以及将有关借款费用费用化、计入当期损益的问题。

　　借款费用确认的基本原则是：企业发生的借款费用可直接归属于符合资本化条件的资产购建或者生产的，应当予以资本化，计入相关资产成本；其他借款费用应当在发生时根据其发生额确认为费用，计入当期损益。

　　（二）借款费用应予以资本化的范围

　　借款费用应予以资本化的范围包括应予以资本化的资产范围和应予以资本化的借款范围。

　　1. 应予以资本化的资产范围

　　符合资本化条件的资产是指需要经过相当长时间的购建或者生产活动才能达到预定可使用或者可销售状态的固定资产、投资性房地产和存货等资产。建造合同成本、确认为无形资产的开发支出等在符合条件的情况下，也可以认定为符合资本化条件的资产。

　　符合资本化条件的存货主要包括房地产开发企业开发的用于对外出售的房地产开发产品、企业制造的用于对外出售的大型机器设备等。这类存货通常需要经过相当长时间的建造或者生产过程，才能达到预定可销售状态。其中，"相当长时间"是指为资产的购建或者生产所必需的时间，通常为一年以上（含一年）。

　　如果由于人为或者故意等非正常因素导致资产的购建或者生产时间相当长的，该资产不属于符合资本化条件的资产。购入即可使用的资产，或者购入后需要安装但所需安装时间较短的资产，或者需要建造或者生产但建造或者生产时间较短的资产，均不属于符合资本化条件的资产。

课堂案例展示 6-2

　　某企业向银行借入资金分别用于生产 A 产品和 B 产品，其中，A 产品的生产时间较短，为 1 个月；B 产品属于大型机器设备，生产周期较长，为 1 年零 3 个月。判断 A 产品和 B 产品是否属于符合资本化条件的资产。

　　解析：为存货生产而借入的借款费用在符合资本化条件下应当予以资本化。A 产品生产时间较短，不属于经过相当长时间的生产才能达到预定可销售状态的资产，因此为 A 产品的生产而借入资金所发生的借款费用不应计入 A 产品的生产成本，而应当计入当期财务费用。而 B 产品的生产时间比较长，属于需要经过相当长时间的生产才能达到预定可销售状态的资产，因此为 B 产品的生产而借入资金所发生的借款费用符合资本化的条件，应计入 B 产品的成本中。

2. 应予以资本化的借款范围

借款包括专门借款和一般借款。专门借款，是指为购建或者生产符合资本化条件的资产而专门借入的款项，通常应当有明确的用途，即为购建或者生产某项符合资本化条件的资产而专门借入，并通常应当具有标明该用途的借款合同。一般借款是指除专门借款之外的借款，借入时，其用途通常没有特指用于符合资本化条件的资产购建或者生产。

借款费用应予资本化的借款范围，既包括专门借款，也可包括一般借款。其中，对于一般借款，是指企业为购建或者生产符合资本化条件的资产而占用的一般借款。

三、借款费用资本化期间的确定

只有发生在资本化期间内的借款费用才允许资本化，因此，资本化期间的确定是借款费用确认和计量的重要前提。借款费用资本化期间是指从借款费用开始资本化时点到停止资本化时点的期间，但不包括借款费用暂停资本化的期间。

（一）借款费用开始资本化时点的确定

借款费用允许开始资本化必须满足三个条件，即资产支出已经发生、借款费用已经发生、为使资产达到预定可使用或者可销售状态所必要的购建或者生产活动已经开始。

1. 资产支出已经发生的判断

资产支出包括支付现金、转移非现金资产和承担带息债务形式所发生的支出。

（1）支付现金，是指用货币资金支付符合资本化条件的资产的购建或者生产的支出。

（2）转移非现金资产，是指企业将自己的非现金资产直接用于符合资本化条件的资产的购建或者生产。例如，某企业为建造一条生产线而领用原材料、领用自己生产的产品（如水泥、钢材等），或者用自己的产品对外换取建造生产线所必需的物资等，这些产品的成本均属于资产支出。

（3）承担带息债务，是指企业为了购建或者生产符合资本化条件的资产而承担的带息应付款项。也就是说，如果企业赊购物资时承担的是带息债务，企业要为这笔债务付出代价，支付利息，与向银行借款用以支付资产支出的性质是一致的，因此该带息债务发生时，视同资产支出已经发生。

2. 借款费用已经发生的判断

借款费用已经发生，是指企业已经发生了因购建或者生产符合资本化条件的资产而专门借入款项的借款费用，或者占用了一般借款的借款费用。例如，企业以发行债券方式筹集资金来建造一项固定资产，在债券本身可能还没有开始计息时，就为发行债券向承销机构支付了一笔承销费，即发生了专门借款的辅助费用。此时，应当认为借款费用已经发生。

3. 为使资产达到预定可使用或者可销售状态所必要的购建或者生产活动已经开始的判断

为使资产达到预定可使用或者可销售状态所必要的购建或者生产活动已经开始，是指符合资本化条件的资产的实体建造或者生产工作已经开始，如主体设备的安装、厂房的实际开工建造等。但是不包括仅仅持有资产而没有发生为改变资产形态进行的实质上的建造或者生产活动。如企业购置建筑用地发生了借款费用，但在持有土地而没有发生有关房屋建造活动的期间内，该资产不能予以资本化。

企业只有在上述三个条件同时满足的情况下，有关借款费用才可以开始资本化；只要有一个条件没有满足，借款费用就不能资本化，而应计入当期损益。

（二）借款费用暂停资本化时点的确定

符合资本化条件的资产在购建或者生产过程中发生非正常中断，且中断时间连续超过3个月的，应当暂停借款费用的资本化。中断原因必须是非正常中断，属于正常中断的，借款费用仍可资本化。

非正常中断，通常是由于企业管理决策上的原因或者其他不可预见的原因等所导致的中断。例如，企业因与施工方发生了质量纠纷，或者工程、生产断料，或者改变设计图纸，或者资金周转困难，或者发生了安全事故、劳动纠纷等原因，导致资产购建或者生产活动发生中断，均属于非正常中断。

非正常中断与正常中断显著不同。正常中断通常仅限于购建或者生产符合资本化条件的资产达到预定可使用或者可销售状态所必要的程序，或者事先可预见的不可抗力因素（如雨季或冰冻季节等）导致的中断。例如，某些工程建造到一定阶段必须暂停下来进行质量或者安全检查，检查通过后方可继续下一阶段的建造工作，这类中断在施工前是可以预见的，而且是工程建造必须经过的程序，属于正常中断。

课堂案例展示 6-3

某企业在北方某工程施工期间，遇上冰冻季节（通常为6个月），施工中断，待冰冻季节过后方能继续施工，判断该中断期间发生的借款费用是否继续资本化。

解析：由于该地区在施工期间出现较长时间的冰冻为正常现象，是可预见的不可抗力因素导致的中断，属于正常中断，在此期间内发生的借款费用可以继续资本化，计入相关资产的成本。

（三）借款费用停止资本化时点的确定

1. 停止资本化的一般原则

购建或者生产符合资本化条件的资产达到预定可使用或者可销售状态时，借款费用应当停止资本化。在符合资本化条件的资产达到预定可使用或者可销售状态之后所发生的借款费用，应当在其发生时确认为费用，计入当期损益。

资产达到预定可使用或者可销售状态，是指所购建或者生产的符合资本化条件的资产已经达到建造方、购买方或者企业自身预先设计、计划或者合同约定的可以使用或者可以销售的状态，具体可以从以下几个方面进行判断。

（1）符合资本化条件的资产的实体建造（包括安装）或者生产活动已经全部完成或者实质上已经完成。

（2）所购建或者生产的符合资本化条件的资产与设计要求、合同规定或者生产要求相符或者基本相符，即使有个别与设计、合同或者生产要求不相符的地方，也不影响其正常使用和销售。

（3）继续发生在所购建或者生产的符合资本化条件的资产上的支出金额很少或者几乎不再发生。

购建或者生产符合资本化条件的资产需要试生产或者试运行的，在试生产结果表明资产能够正常生产出合格产品，或者试运行结果表明资产能够正常运转或者营业时，应当认为该资产已经达到预定可使用或者可销售状态。

课堂案例展示 6-4

某企业向银行借款建造一幢厂房，工程于 2017 年 1 月 1 日采用出包方式开工兴建。2018 年 10 月 10 日工程全部完工，达到合同要求。10 月 30 日工程验收合格，11 月 15 日办理竣工结算，11 月 20 日完成全部资产移交手续，12 月 1 日厂房正式投入使用。判断企业停止借款费用资本化的时点为哪一天。

解析：2018 年 10 月 10 日工程全部完工，厂房达到预定可使用状态，应作为借款费用停止资本化的时点。而后续的工程验收日、竣工结算日、资产移交日和投入使用日均不应作为借款费用停止资本化的时点，否则会导致资产和利润的虚增。

2. 资产各部分分别完工情况下的停止资本化

在固定资产或者投资性房地产、存货的实际购建或者生产过程中，还会出现分别建造、分别完工的情况，企业具体界定借款费用停止资本化的时点，应区别以下两种情况。

（1）如果每部分在其他部分继续建造或者生产过程中可供使用或者可对外销售，且为使该部分资产达到预定可使用或可销售状态所必要的购建或者生产活动实质上已经完成的，应当停止与该部分资产相关的借款费用的资本化。

（2）如果资产各部分分别完工，但必须等到整体完工后才可使用或者对外销售的，应当在该资产整体完工时停止借款费用的资本化。在这种情况下，即使各部分资产已经完工，也不能够认为该部分资产已经达到预定可使用或可销售状态，企业只能在资产整体完工时，才能认为资产已经达到了预定可使用或可销售状态，借款费用方可停止资本化。

课堂案例展示 6-5

某企业建设一个钢铁冶炼项目，其中涉及多个单项工程，每个单项都是根据各道冶炼工序设计建造的，只有在每项工程都建造完毕后，整个冶炼项目才能正式运转，达到生产和设计要求，所以每一个单项工程完工后不应认为资产已经达到了预定可使用状态，只有等到整个冶炼项目全部完工，达到可使用状态时，才能停止借款费用的资本化。

任务二 借款费用的计量

一、借款利息资本化金额的确定

（一）专门借款利息资本化金额的确定

为购建或者生产符合资本化条件的资产而借入专门借款的，应当以专门借款当期实际发生的利息费用减去尚未动用的借款资金存入银行取得的利息收入或进行暂时性投资取得的投资收益后的金额，确定专门借款应予资本化的利息金额。

（二）一般借款利息资本化金额的确定

为购建或者生产符合资本化条件的资产而占用了一般借款的，资本化金额的确定应当与资产支出相挂钩，计算公式如下：

一般借款利息资本化金额＝累计资产支出超过专门借款部分的资产支出加权平均数×

所占用一般借款的资本化率

所占用一般借款的资本化率＝所占用一般借款加权平均利率＝所占用一般借款当期实际

发生的利息之和÷所占用一般借款本金加权平均数

（三）借款利息资本化金额的限额

资本化期间内，每一会计期间的利息资本化金额，不应当超过当期相关借款实际发生的利息金额。

课堂案例展示 6-6

某公司于 2017 年 1 月 1 日动工兴建厂房一幢，工期预计为 1 年零 6 个月，有关资料如下。

1. 2017 年 1 月 1 日专门借款 3 000 万元，期限为 3 年，年利率为 5%，按年付息。

2. 除专门借款外，占用一般借款两笔。

（1）向银行长期贷款 2 000 万元，期限为 3 年，年利率为 6%，按年付息。

（2）发行公司债券 1 亿元，于 2016 年 1 月 1 日发生，期限为 5 年，年利率为 8%，按年付息。

3. 工程采用出包方式，分别于 2017 年 1 月 1 日、2017 年 7 月 1 日和 2018 年 1 月 1 日支付工程进度款，支出情况见表 6-1。

表6-1 工程进度款支付情况

单位：万元

日　　期	每期资产支出金额	累计资产支出金额	闲置资金用于短期投资金额
2017年1月1日	1 500	1 500	1 500
2017年7月1日	3 500	5 000	占用一般借款
2018年1月1日	3 500	8 500	
总　　计	8 500	——	——

4. 公司将闲置资金用于固定收益债券投资，该短期投资月收益率为 0.5%。

5. 厂房于 2018 年 6 月 30 日完工，达到预定可使用状态。

计算 2017 年、2018 年建造厂房应予资本化的利息金额。

解析：（1）计算专门借款利息资本化金额。

① 2017 年专门借款利息资本化金额＝3 000×5%－1 500×0.5%×6＝150－45＝105（万元）

② 2018 年专门借款利息资本化金额＝3 000×5%×180÷360＝75（万元）

（2）计算一般借款利息资本化金额。

① 2017 年一般借款资产支出加权平均数＝2 000×180÷360＝1 000（万元）

一般借款资本化率＝（2 000×6%+10 000×8%）÷（2 000+10 000）×100%＝7.67%

2017 年应予资本化的一般借款利息金额＝1 000×7.67%＝76.7（万元）

② 2018 年一般借款资产支出加权平均数＝（2 000+3 500）×180÷360＝2 750（万元）

2018 年应予资本化的一般借款利息金额＝2 750×7.67%＝210.925（万元）

（3）根据上述计算结果，公司建造厂房应予资本化的利息金额如下。

① 2017 年利息资本化金额＝105+76.7＝181.7（万元）

② 2018 年利息资本化金额＝ 75+210.925 ＝ 285.925（万元）

（4）2017 年实际发生的借款利息＝ 3 000×5%+2 000×6%+10 000×8% ＝ 1 070（万元）

2018 年 6 月 30 日实际发生的借款利息＝（3 000×5%+2 000×6%+10 000×8%）÷2

＝ 535（万元）

（5）有关账务处理如下。

① 2017 年 12 月 31 日

借：在建工程——厂房   1 817 000

  财务费用   8 433 000

  应收利息（或银行存款）   450 000

  贷：应付利息   10 700 000

② 2018 年 6 月 30 日

借：在建工程——厂房   2 859 250

  财务费用   2 490 750

  贷：应付利息   5 350 000

二、借款辅助费用资本化金额的确定

辅助费用是为了安排借款而发生的必要费用，包括手续费、佣金等。如果不发生这些费用就无法取得借款，因此它是企业借入款项所付出的代价，是借款费用的组成部分。

对于企业发生的专门借款辅助费用，在所购建或者生产符合资本化条件的资产达到预定可使用或者可销售状态之前发生的，应当在发生时根据其发生额予以资本化；在所购建或者生产符合资本化条件的资产达到预定可使用或者可销售状态之后发生的，应当在发生时根据其发生额确认为费用，计入当期损益。

上述资本化或计入当期损益的辅助费用的发生额，是指按照实际利率法所确定的借款辅助费用对每期利息费用的调整额。也就是说，由于辅助费用的发生导致了相关借款实际利率的上升，从而需要对各期利息费用做相应调整。在确定借款辅助费用资本化金额时可以结合借款利息资本化金额一起计算，借款实际利率与合同利率差异较小的，也可以采用合同利率计算确定利息费用。一般借款发生的辅助费用，也应当按照上述原则确定其发生额。

三、外币专门借款汇兑差额资本化金额的确定

在资本化期间内，外币专门借款本金及其利息的汇兑差额应当予以资本化，计入符合资本化条件的资产的成本；除外币专门借款之外的其他外币借款本金及其利息所产生的汇兑差额，应当作为财务费用计入当期损益。

课堂案例展示 6-7

某公司为建造一条生产线，2017 年 1 月 1 日以面值发行公司债券 1 000 万美元，年利率为 8%，期限为 3 年，假定不考虑与发行债券有关的辅助费用、未发生专门借款的利息收入或投资收益，合同约定债券到期一次还本付息。

工程于 2017 年 1 月 1 日开始实体建造，2018 年 6 月 30 日完工，达到预定可使用状态。期间发生的资产支出如下：

2017 年 1 月 1 日，支出 200 万美元；

2017年7月1日，支出500万美元；

2018年1月1日，支出300万美元。

公司记账本位币为人民币，外币业务采用发生时当日即期汇率折算。相关汇率如下。

2017年1月1日，市场汇率为1美元＝6.3元人民币

2017年12月31日，市场汇率为1美元＝6.28元人民币

2018年6月30日，市场汇率为1美元＝6.18元人民币

计算该公司外币借款汇兑差额资本化金额。

解析：1. 计算2017年12月31日债券利息和汇兑差额的资本化金额。

（1）债券应付利息＝1 000×8%×6.28＝80×6.28＝502.4（万元）

借：在建工程   5 024 000

  贷：应付债券——应计利息   5 024 000

（2）外币借款本金及利息汇兑差额＝1 000×（6.28–6.3）＋80×（6.28–6.28）＝–20（万元）

借：应付债券——应计利息   200 000

  贷：在建工程   200 000

2. 计算2018年6月30日债券利息和汇兑差额的资本化金额。

（1）债券应付利息＝1 000×8%×1/2×6.18＝40×6.18＝247.2（万元）

借：在建工程   2 472 000

  贷：应付债券——应计利息   2 472 000

（2）外币借款本金及利息汇兑差额＝1 000×（6.18–6.28）＋80×（6.18–6.28）

        ＋40×（6.18–6.18）＝–108（万元）

借：应付债券——应计利息 1 080 000

  贷：在建工程   1 080 000

课后专业测评

一、单项选择题

1. 下列各项中，不属于借款费用的是（ ）。

A. 借款手续费   B. 发生公司债券佣金

C. 发行公司股票佣金   D. 借款利息

2. 下列各项中，属于符合资本化条件的存货的是（ ）。

A. 房地产开发产品   B. 原材料

C. 库存商品   D. 低值易耗品

3. 专门借款是指（ ）。

A. 购建或者生产符合资本化条件的资产而借入的款项

B. 发行公司债券筹集资金

C. 长期借款

D. 技术改造借款

4. 当所购建的固定资产（ ）时，应当停止其借款费用的资本化，以后发生的借款费用应于发生当期确认为费用。

  A. 达到预定可使用状态   B. 交付使用

  C. 竣工决算   D. 交付使用并办理竣工决算手续

5. 如果固定资产的购建活动发生非正常中断，并且中断时间连续超过（ ），应当暂停借款费用的资本化，将其确认为当期费用，直至资产的购建活动重新开始。

  A. 1年   B. 3个月   C. 半年   D. 6个月

6. 以下各项中，不可以资本化的借款费用是（　　　）。

A. 非正常中断连续超过 3 个月，中断期间的外币专门借款的汇兑差额

B. 资本化期间内的专门借款辅助费用

C. 为制造经过较长时间才能达到可销售状态的重型机床而专门借款产生的利息

D. 被一项在建工程占用的一般借款利息

7. 下列各项中，（　　　）属于正常中断。

A. 与施工方发生质量纠纷而停工　　　　B. 资金周转困难而停工

C. 北方冰冻季节而停工　　　　　　　　D. 因地震而停工

二、多项选择题

1. 借款费用包括（　　　）。

A. 因借款而发生的利息　　　　　　　　B. 折价或溢价的摊销

C. 借款辅助费用　　　　　　　　　　　D. 因外币借款发生的汇兑差额

2. 借款费用应予资本化的资产范围包括（　　　）。

A. 经过一年以上购建才能达到预定可使用状态的固定资产

B. 经过一年以上购建才能达到预定可销售状态的投资性房地产

C. 经过一年以上生产才能达到预定可销售状态的存货

D. 符合资本化条件的建造合同成本和确认为无形资产的开发支出

3. 借款费用开始资本化必须同时满足的条件包括（　　　）。

A. 资产支出已经发生

B. 借款费用已经发生

C. 为使资产达到预定可使用或者可销售状态所必要的购建或者生产活动已经开始

D. 支付工程人员工资

4. 为购建或者生产符合资本化条件的资产支出已经发生的包括（　　　）。

A. 以支付现金形式发生的支出

B. 以转移非现金资产形式发生的支出

C. 以承担带息债务形式发生的支出

D. 计提在建工程人员工资

5. 关于借款费用的会计处理，下列说法正确的有（　　　）。

A. 企业购建或者生产的存货中，符合借款费用资本化条件的，应当予以资本化

B. 应予资本化条件的资产范围仅限于固定资产

C. 应予资本化条件的借款范围仅为专门借款

D. 专门借款的利息费用允许全部资本化，但需要扣减尚未动用的专门借款金额存入银行取得的利息收入或者进行暂时性投资取得的收益

6. 下列表明所购建的固定资产达到预定可使用或者可销售状态的有（　　　）。

A. 与固定资产有关的支出不再发生

B. 固定资产实体建造已经全部完工

C. 固定资产与设计或者合同要求相符

D. 试生产结果表明能够生产出合格产品

7. 下列各项中，属于非正常中断的有（　　　）。

A. 质量纠纷导致的中断　　　　　　　　B. 安全事故导致的中断

C. 劳资纠纷导致的中断　　　　　　　　D. 资金周转困难导致的中断

三、简答题

1. 简述借款费用的定义及其内容。

2. 简述专门借款和一般借款的概念。

3. 试述借款费用资本化的资产范围和借款范围。

4. 试述借款费用资本化的原则。

5. 试述借款费用开始资本化的条件。

四、操作题

1. 某公司 2018 年 1 月 1 日动工兴建一幢办公楼，工期为一年，工程采用出包方式，分别于 2018 年 1 月 1 日、7 月 1 日和 10 月 1 日支付工程进度款 1 000 万元、3 500 万元和 1 000 万元，办公楼预计于 2019 年 3 月 31 日完工，达到预定可使用状态。公司为建造办公楼发生了两笔专门借款，分别为：①2018 年 1 月 1 日专门借款 2 000 万元，期限 3 年，年利率为 7%，按年付息。②2018 年 7 月 1 日专门借款 2 000 万元，期限 5 年，年利率为 11%，按年付息。闲置专门借款资金用于固定收益债券短期投资，短期投资月收益率为 0.5%。

公司为建造办公楼还占用了一般借款，假定有两笔，分别为：①向 A 银行长期借款 2 000 万元，期限为 2019 年 12 月 1 日，年利率为 6%，按年付息。②发行公司债券 1 亿元，于 2018 年 1 月 1 日发行，期限为 5 年，年利率为 9%，按年付息。

要求：

（1）计算 2018 年专门借款利息费用资本化金额。

（2）计算 2018 年一般借款利息费用资本化金额。

（3）计算 2018 年应予资本化的利息费用金额。

（4）编制 2018 年与利息费用资本化金额有关的会计分录。

2. 甲公司拟建造一条生产线，2018 年 1 月 1 日专门向银行借款 5 000 万元，期限为 3 年，年利率为 12%，每年 1 月 1 日付息。除上述借款外，还有两笔借款：①同日借入 6 000 万元，期限为 3 年，年利率为 5%，每年 12 月 31 日付息；②2018 年 4 月 1 日按照面值发行的分次付息、到期还本的债券 4 000 万元，期限为 5 年，年利率为 10%，每年 12 月 1 日付息。由于审批、办手续等原因，生产线于 2018 年 2 月 1 日才开始动工建造，并于 2 月 1 日、4 月 1 日、6 月 1 日、9 月 1 日、11 月 1 日分别支付进度款 2 000 万元、1 000 万元、5 600 万元、1 200 万元和 3 600 万元。工程于 2018 年 12 月 31 日完工，达到预定可使用状态。专门借款中未支出部分全部存入银行，假定月收益率为 0.5%，全年按照 360 天计算，每月按 30 天计算。

要求：

（1）计算公司 2018 年度应计利息。

（2）计算 2018 年专门借款和一般借款利息费用资本化金额。

（3）计算 2018 年应予资本化的利息费用金额并做账务处理。

3. 乙公司 2018 年 1 月 1 日专门借入 200 万美元用于某固定资产的建造，年利率为 9%，期限为 5 年。乙公司从 1 月 1 日开始资产建造，当日支出 90 万美元，当日汇率 1 美元 = 7.23 元人民币；1 月 31 日，当日汇率 1 美元 = 7.28 元人民币；2 月 28 日，当日汇率 1 美元 = 7.3 元人民币。乙公司按月计算应予资本化的借款费用金额，对外币账户采用业务发生时的汇率折算。

计算：2018 年 1 月、2 月外币专门借款本金及利息的汇兑差额。

课外知识拓展

1.《企业会计准则第 17 号——借款费用》（2006 年 2 月 15 日财政部发布，自 2007 年 1 月 1 日起施行）

2.《企业会计准则——应用指南（2006）》（2006 年 10 月 30 日财政部发布，自 2007 年 1 月 1 日起施行）

所得税

项　目	课程专业能力	完成情况
所得税	理解资产负债表债务法的含义，掌握所得税核算应遵循的程序	
	掌握资产、负债的计税基础与暂时性差异	
	掌握递延所得税负债与递延所得税资产的确认与计量	
	掌握所得税费用的计算方法，并能正确进行账务处理	
师生总结		

企业所得税是国家对企业在一定期间内生产、经营所得和其他所得依法征收的一种税，所得税法规和会计准则规定的相互分离形成了所得税会计，其独特的核算方法令资产和负债的账面价值与计税基础之间产生差异，从而最终决定所得税费用由当期应交所得税和递延所得税两部分构成。本项目主要介绍了所得税会计核算方法（资产负债表债务法）以及所得税核算应遵循的程序，如何计算资产、负债的账面价值与计税基础所产生的差异，如何确认和计量递延所得税负债与递延所得税资产，以达到准确核算企业所得税费用的目的。

任务一 所得税会计概述

一、所得税会计及资产负债表债务法

所得税会计是针对会计与税收规定之间的差异，在所得税会计核算中的具体体现。所得税准则采用资产负债表债务法核算所得税。

资产负债表债务法是从资产负债表出发，通过比较资产负债表中列示的资产、负债按照会计准则规定确定的账面价值与按照税法规定确定的计税基础，对于两者之间的差异分别应纳税暂时性差异与可抵扣暂时性差异，确认相关的递延所得税负债与递延所得税资产，并在此基础上确定每一会计期间利润表中的所得税费用。

二、所得税核算程序

所得税的
起源及发展

企业采用资产负债表债务法核算所得税，一般应在每一资产负债表日进行所得税的核算。发生特殊交易或事项时，如企业合并，应在确认因交易或事项产生的资产、负债时即应确认相关的所得税影响。企业进行所得税核算时一般应遵循以下程序。

1. 确定资产和负债的账面价值

按照会计准则规定确定资产负债表中除递延所得税资产和递延所得税负债以外的其他资产和负债项目的账面价值。

2. 确定资产和负债的计税基础

按照会计准则中对于资产和负债计税基础的确定方法，以适用的税收法规为基础，确定资产负债表中有关资产、负债项目的计税基础。

3. 确定暂时性差异

在资产负债表日，分析比较资产、负债的账面价值与其计税基础，对于两者之间存在差异的，分析其性质，分别确认为可抵扣暂时性差异与应纳税暂时性差异。

4. 计算递延所得税资产和递延所得税负债的确认额或转回额

可抵扣暂时性差异和应纳税暂时性差异各自乘以适用的所得税税率，即该资产负债表

日递延所得税资产和递延所得税负债的应有金额；并与期初递延所得税资产和递延所得税负债的余额相比，其差额为当期应予进一步确认的递延所得税资产和递延所得税负债的金额或应予转回的金额，作为构成利润表中所得税费用的递延所得税费用（或收益）。

5. 计算确定当期应交所得税

按照适用的税法规定计算确定当期应纳税所得额，将应纳税所得额与适用的所得税税率计算确认为当期应交所得税，作为利润表中应予确认的所得税费用中的当期所得税部分。

6. 确定利润表中的所得税费用

利润表中的所得税费用包括当期所得税和递延所得税两部分。企业在计算确定当期所得税和递延所得税后，两者之和（或之差），即为利润表中的所得税费用。

任务二　计税基础与暂时性差异

一、计税基础

在资产负债表债务法下，所得税会计的关键在于确定资产、负债的计税基础。企业在取得资产、负债时，应严格遵循税收法规中对于资产的税务处理以及可税前扣除的费用等规定，确定资产和负债的计税基础。

（一）资产的计税基础

资产的计税基础是指企业在收回资产的账面价值过程中，计算应纳税所得额时按照税法规定可以自应税经济利益中抵扣的金额，即某一项资产在未来期间计税时可以税前扣除的金额。

资产在初始确认时，其计税基础一般为取得成本。在资产持有期间，其计税基础为资产的取得成本减去以前期间按照税法规定已经税前扣除的金额后的余额。如固定资产、无形资产等长期资产，在某一资产负债表日的计税基础是指其成本扣除按照税法规定已在以前期间税前扣除的累计折旧额或累计摊销额后的金额。

企业应当按照适用的税收法规规定计算确定资产的计税基础。如固定资产、无形资产等的计税基础可确定如下。

1. 固定资产

以各种方式取得的固定资产，初始确认时入账价值基本上是被税法认可的，即取得时其账面价值一般等于计税基础。

固定资产在持有期间进行后续计量时，由于会计与税法在折旧方法、折旧年限以及固定资产减值准备的计提等方面处理规定不同，可能会导致固定资产的账面价值和其计税基础之间产生差异。

所得税的征收类型

（1）折旧方法不同产生的差异。

会计准则规定，企业可以根据固定资产经济利益的预期实现方式合理选择折旧方法，如可以按年限平均法计提折旧，也可以按照双倍余额递减法、年数总和法等计提折旧。税法一般会规定固定资产的折旧方法，除某些按照规定可以加速折旧的情况外，基本上可以税前扣除的是按照直线法计提的折旧。

（2）折旧年限不同产生的差异。

税法对于每一类固定资产的折旧年限都做出了规定，而会计按照会计准则规定是由企业按照固定资产能够为企业带来经济利益的期限估计确定的。因为折旧年限的不同，也会产生固定资产账面价值与计税基础之间的差异。

（3）因计提固定资产减值准备产生的差异。

在对固定资产计提减值准备后，固定资产的账面价值会减少；而税法规定企业计提的减值准备在发生实质性损失前不允许税前扣除，这样会造成固定资产的账面价值与计税基础的差异。

固定资产在持有期间进行后续计量，其账面价值和计税基础的计算公式表示如下：

固定资产的账面价值＝取得成本−累计折旧−固定资产减值准备

固定资产的计税基础＝取得成本−依据税法规定已在以前期间税前扣除的折旧额

课堂案例展示 7-1

甲公司于 2017 年 1 月 1 日开始计提折旧的某项固定资产，原价为 600 万元，使用年限为 10 年，采用年限平均法计提折旧，预计净残值为 0。税法规定类似固定资产采用加速折旧法计提的折旧可予税前扣除，该企业在计税时采用双倍余额递减法计提折旧，预计净残值为 0。2018 年 12 月 31 日，企业估计该项固定资产的可收回金额为 460 万元。

解析：2018 年 12 月 31 日，该固定资产的账面价值 ＝ $600-60\times2-20 = 460$（万元）

计税基础 ＝ $600-600\times20\%-480\times20\% = 384$（万元）

该项固定资产账面价值 460 万元大于其计税基础 384 万元的 76 万元差额，代表着将于未来期间计入企业应纳税所得额的金额，产生未来期间应交所得税的增加，形成应纳税暂时性差异，应确认为递延所得税负债。

2. 无形资产

除内部研究开发形成的无形资产以外，以其他方式取得的无形资产，初始确认时其入账价值与税法规定的成本之间一般不存在差异。

（1）对于内部研究开发形成的无形资产，会计准则规定有关研究开发支出区分两个阶段，研究阶段的支出应当费用化计入当期损益，而开发阶段符合资本化条件的支出应当计入所形成无形资产的成本。税法规定，自行开发的无形资产，以开发过程中该资产符合资本化条件后至达到预定用途前发生的支出为计税基础。对于研究开发费用的加计扣除，税法中规定企业为开发新技术、新产品、新工艺发生的研究开发费用，未形成无形资产计入当期损益的，在按照规定据实扣除的基础上，按照研究开发费用的 50% 加计扣除；形成无形资产的，按照无形资产成本的 150% 摊销。

（2）无形资产在后续计量时，会计与税收的差异主要产生于对无形资产是否需要摊销及无形资产减值准备的计提。

会计准则规定应根据无形资产使用寿命情况，区分为使用寿命有限的无形资产和使用寿命不确定的无形资产。对于使用寿命不确定的无形资产，不要求摊销，在会计期末应进行减值测试。税法规定，企业取得无形资产的成本，应在一定期限内摊销，有关摊销额允许税前扣除。

在对无形资产计提减值准备的情况下，因税法规定计提的无形资产减值准备在转为实质性损失前不允许税前扣除，即无形资产的计税基础不会随减值准备的提取发生变化，从而造成无形资产的账面价值与计税基础的差异。

课堂案例展示 7-2

甲公司当期发生研究开发支出计 1 000 万元，其中研究阶段支出 200 万元，开发阶段符合资本化条件前发生的支出为 200 万元，符合资本化条件后发生的支出为 600 万元。假定开发形成的无形资产在当期期末已达到预定用途，但尚未进行摊销。

解析：甲公司当年发生的研究开发支出中，按照会计规定应予费用化的金额为 400 万元，形成无形资产的成本为 600 万元，即期末所形成无形资产的账面价值为 600 万元。

甲公司于当期发生的 1 000 万元研究开发支出，可在税前扣除的金额为 600 万元。对于按照会计准则规定形成无形资产的部分，税法规定按照无形资产成本的 150% 作为计算未来期间摊销额的基础，即该项无形资产在初始确认时的计税基础为 900 万元（6 000 000×150%）。

该项无形资产的账面价值 600 万元小于其计税基础 900 万元的 300 万元将于未来期间税前扣除，产生可抵扣暂时性差异，应确认为递延所得税资产。

3. 以公允价值计量且其变动计入当期损益的金融资产

对于以公允价值计量且其变动计入当期损益的金融资产，其于某一会计期末的账面价值为公允价值，如果税法规定按照会计准则确认的公允价值变动损益在计税时不予考虑，即有关金融资产在某一会计期末的计税基础为其取得成本，会造成该类金融资产账面价值与计税基础之间的差异。

课堂案例展示 7-3

甲公司 2018 年 7 月以 52 万元取得乙公司股票 5 万股作为交易性金融资产核算，2018 年 12 月 31 日，甲公司尚未出售所持有乙公司股票，乙公司股票公允价值为每股 12.4 元。税法规定，资产在持有期间公允价值的变动不计入当期应纳税所得额，待处置时一并计算应计入应纳税所得额的金额。

解析：作为交易性金融资产的乙公司股票在 2018 年 12 月 31 日的账面价值为 62 万元（12.4×5 万元），其计税基础为原取得成本不变，即 52 万元，两者之间产生 10 万元的应纳税暂时性差异。

（二）负债的计税基础

负债的计税基础是指负债的账面价值减去其未来期间计算应纳税所得额时按照税法规定可予抵扣的金额。

负债的确认与偿还一般不会影响企业未来期间的损益，也不会影响其未来期间的应纳税所得额，因此，未来期间计算应纳税所得额时按照税法规定可予抵扣的金额为 0，计税基础即为账面价值。如企业的短期借款、应付账款、应付职工薪酬、其他应付款等。但是，某些情况下，负债的确认可能会影响企业的损益，进而影响不同期间的应纳税所得额，使其计税基础与账面价值之间产生差额，如按照会计准则规定确认的某些预计负债、预收账款等。

税率类型及
课征方法

1. 预计负债

企业应将预计提供售后服务发生的支出在销售当期确认为费用，同时确认预计负债。如果税法规定，与销售产品相关的支出应于发生时税前扣除。因该类事项产生的预计负债在期末的计税基础为其账面价值与未来期间可税前扣除的金额之间的差额，因有关的支出实际发生时可全额税前扣除，其计税基础为 0。

因其他事项确认的预计负债，应按照税法规定的计税原则确定其计税基础。某些情况下，某些事项确认的预计负债，税法规定其支出无论是否实际发生均不允许税前扣除，即未来期间按照税法规定可予抵扣的金额为 0，则其账面价值与计税基础相同。

课堂案例展示 7-4

甲公司 2018 年因销售产品承诺提供 3 年的保修服务，在当年度利润表中确认了 800 万元销售费用，同时确认为预计负债，当年度发生保修支出 200 万元，预计负债的期末余额为 600 万元。假定税法规定，与产品售后服务相关的费用在实际发生时税前扣除。

解析：该项预计负债在甲公司 2018 年 12 月 31 日的账面价值为 600 万元。

该项预计负债的计税基础＝账面价值 – 未来期间计算应纳税所得额时按照税法规定可予抵扣的金额＝ 600-600 ＝ 0（万元）。

该项预计负债账面价值为 600 万元大于其计税基础 0 的差额 600 万元，形成可抵扣暂时性差异，应确认为递延所得税资产。

2. 预收账款

企业在收到客户预付的款项时，因不符合收入确认条件，会计上将其确认为负债。税法对于收入的确认原则一般与会计规定相同，即会计上未确认收入时，计税时一般亦不计入应纳税所得额，该部分经济利益在未来期间计税时可予税前扣除的金额为 0，计税基础等于账面价值。

某些情况下，因不符合《企业会计准则》规定的收入确认条件，未确认为收入的预收款项，按照税法规定应计入当期应纳税所得额时，有关预收账款的计税基础为 0，即因其产生时已经计算缴纳所得税，未来期间可全额税前扣除，计税基础为账面价值减去在未来期间可全额税前扣除的金额，即其计税基础为 0。

课堂案例展示 7-5

A 公司于 2018 年 12 月 20 日自客户处收到一笔合同预付款，金额为 1 000 万元，因不符合收入确认条件，将其作为预收账款核算。假定按适用税法规定，该款项应计入当期应纳税所得额缴纳所得税。

解析：该预收账款在 A 公司 2018 年 12 月 31 日资产负债表中的账面价值为 1 000 万元。按照税法规定，该项预收款应计入当期应纳税所得额计算缴纳所得税，与该项负债相关的经济利益已在当期计算缴纳所得税，未来期间按照《企业会计准则》规定应确认收入时，不再计入应纳税所得额，即其应于未来期间计算应纳税所得额时税前扣除的金额为 1 000 万元，则：

预收账款计税基础＝账面价值 – 未来期间计算应纳税所得额时按照税法规定可予抵扣的金额
＝ 1 000-1 000 ＝ 0（万元）

该项负债的账面价值 1 000 万元与其计税基础 0 之间产生的 1 000 万元的差异，会减少企业于未来期间的应纳税所得额。

3. 应付职工薪酬

《企业会计准则》规定，企业为获得职工提供的服务所给予的各种形式的报酬以及其他相关支出均应作为企业的成本费用，在未支付之前确认为负债。税法中对于职工薪酬基本允许税前扣除，但税法中明确规定了税前扣除标准的，按照会计准则规定计入成本费用支出的金额超过规定标准部分，应进行纳税调整。

课堂案例展示 7-6

某企业 2018 年 12 月计入成本费用的职工工资总额为 1 600 万元，至 2018 年 12 月 31 日尚未支付，故作为资产负债表中的应付职工薪酬进行核算。假定按照适用税法规定，当期计入成本费用的 1 600 万元工资支出中，按照计税工资标准的规定，可予税前扣除的金额为 1 200 万元。

解析：《企业会计准则》规定，企业为获得职工提供的服务所给予的各种形式的报酬以及其他相关支出均应作为企业的成本费用，在未支付之前确认为负债。该项应付职工薪酬的账面价值为 1 600 万元。

企业实际发生的工资支出 1 600 万元与按照税法规定允许税前扣除的金额 1 200 万元之间所产生的 400 万元差额在当期发生即应进行纳税调整，并且在未来期间不能够在税前扣除，则：

应付职工薪酬计税基础＝账面价值－未来期间计算应纳税所得额时按税法规定可予抵扣的金额
＝1 600－0＝1 600（万元）

该项负债的账面价值 1 600 万元与其计税基础 1 600 万元相同，不形成差异。

4. 其他负债

企业其他负债项目，如企业应交的罚款和滞纳金等，在尚未支付之前按照会计规定确认为费用，同时作为负债反映。税法规定，罚款和滞纳金不能税前扣除，其计税基础为账面价值减去未来期间计税时可予税前扣除的金额 0 之间的差额，即计税基础等于账面价值，不产生差异。

课堂案例展示 7-7

旭日公司 2018 年 4 月 12 日因违反当地有关环保法规的规定，接到环保部门的处罚通知，要求其支付罚款 200 万元。税法规定，企业因违反国家有关法律、法规支付的罚款和滞纳金，计算应纳税所得额时不允许税前扣除。至 2018 年 12 月 31 日，该项罚款尚未支付。对于该项罚款，旭日公司应计入 2018 年利润表，同时确认为资产负债表中的负债。

解析：按照税法规定，企业违反国家有关法律、法规规定支付的罚款和滞纳金不允许税前扣除，即该项负债在未来期间计税时按照税法规定准予税前扣除的金额为 0，则：

该项负债计税基础＝账面价值－未来期间计算应纳税所得额时按照税法规定可予抵扣的金额
＝200－0＝200（万元）

该项负债的账面价值 200 万元与其计税基础 200 万元相同，不形成差异。

二、暂时性差异

（一）暂时性差异的概念

暂时性差异是指资产、负债的账面价值与其计税基础不同产生的差额。其中，账面价值是指按照企业会计准则规定确定的有关资产、负债在企业的资产负债表中列示的金额。

（二）暂时性差异的分类

暂时性差异按照对未来期间应纳税所得额和应交所得税的不同影响，分为应纳税暂时性差异和可抵扣暂时性差异。

1. 应纳税暂时性差异

应纳税暂时性差异在未来期间转回时，会增加转回期间的应纳税所得额，即在未来期间不考虑该事项影响的应纳税所得额的基础上，由于该暂时性差异的转回，会进一步增加转回期间的应纳税所得额和应交所得税金额。在应纳税暂时性差异产生当期，应当确认相关的递延所得税负债。

应纳税暂时性差异通常产生于以下情况。

（1）资产的账面价值大于其计税基础。一项资产的账面价值代表的是企业在持续使用或最终出售该项资产时会取得的经济利益的总额，而计税基础代表的是一项资产在未来期间可予税前扣除的总金额。资产的账面价值大于其计税基础，该项资产未来期间产生的经济利益不能全部税前抵扣，两者之间的差额需要缴纳所得税，产生应纳税暂时性差异。

（2）负债的账面价值小于其计税基础。一项负债的账面价值为企业预计在未来期间清偿该项负债时的经济利益流出，而其计税基础代表的是账面价值在扣除税法规定未来期间允许税前扣除的金额之后的差额。因负债的账面价值与其计税基础不同产生的暂时性差异，实质上是税法规定就该项负债在未来期间可以税前扣除的金额为负数，即应在未来期间应纳税所得额的基础上调增，增加应纳税所得额和应交所得税金额，产生应纳税暂时性差异，应确认相关的递延所得税负债。

2. 可抵扣暂时性差异

可抵扣暂时性差异在未来期间转回时会减少转回期间的应纳税所得额，减少未来期间的应交所得税。在可抵扣暂时性差异产生当期，符合确认条件的情况下，应当确认相关的递延所得税资产。

可抵扣暂时性差异一般产生于以下情况。

（1）资产的账面价值小于其计税基础。从经济含义来看，资产在未来期间产生的经济利益少，按照税法规定允许税前扣除的金额多，则企业在未来期间可以减少应纳税所得额并减少应交所得税。

（2）负债的账面价值大于其计税基础。负债产生的暂时性差异实质上是税法规定就该项负债可以在未来期间税前扣除的金额。一项负债的账面价值大于其计税基础，意味着未来期间按照税法规定构成负债的全部或部分金额可以自未来应税经济利益中扣除，减少未来期间的应纳税所得额和应交所得税。

值得注意的是，对于按照税法规定可以结转以后年度的未弥补亏损及税款抵减，虽不是因资产、负债的账面价值与计税基础不同产生的，但本质上可抵扣亏损和税款递减与可抵扣暂时性差异具有同样的作用，均能够减少未来期间的应纳税所得额，进而减少未来期间的应交所得税，在会计处理上，视同可抵扣暂时性差异，符合条件的情况下，应确认相关的递延所得税资产。

综上所述，资产、负债的账面价值与其计税基础不同产生的暂时性差异种类见表7-1。

表7-1 资产、负债的账面价值与其计税基础不同产生的暂时性差异种类

应纳税暂时性差异	资产的账面价值大于其计税基础	意味着企业将于未来期间增加应纳税所得额和应交所得税，属于应纳税暂时性差异	"递延所得税负债"余额
	负债的账面价值小于其计税基础		
可抵扣暂时性差异	资产的账面价值小于其计税基础	在未来期间会减少企业的应纳税所得额和应交所得税，为可抵扣暂时性差异	"递延所得税资产"余额
	负债的账面价值大于其计税基础		

任务三 递延所得税负债和递延所得税资产的确认和计量

一、递延所得税负债的确认和计量

应纳税暂时性差异在转回期间将增加未来期间的应纳税所得额和应交所得税，导致了企业经济利益的流出，从其发生当期看，构成企业应支付税金的义务，应作为负债确认。

确认由应纳税暂时性差异产生的递延所得税负债时，交易或事项发生时影响到会计利润或应纳税所得额的，相关的所得税影响应作为利润表中所得税费用的组成部分；与直接计入所有者权益的交易或事项相关的，其所得税影响应增加或减少所有者权益；企业合并产生的，相关的递延所得税影响应调整购买日应确认的商誉或是计入当期损益的金额。

（一）递延所得税负债的确认

企业在确认因应纳税暂时性差异产生的递延所得税负债时，应遵循以下原则。

（1）除会计准则中明确规定可不确认递延所得税负债的情况以外，企业对于所有的应纳税暂时性差异均应确认相关的递延所得税负债。除直接计入所有者权益的交易或事项以及企业合并外，在确认递延所得税负债的同时，应增加利润表中的所得税费用。

课堂案例展示 7-8

甲公司于2018年1月1日开始计提折旧的某设备，取得成本为200万元，采用年限平均法计提折旧，使用年限为10年，预计净残值为0。假定计税时允许按双倍余额递减法计提折旧，使用年限及预计净残值与会计相同。甲公司适用的所得税税率为25%。假定该企业不存在其他会计与税收处理的差异。

解析：2018年该项固定资产按照会计规定计提的折旧额为20万元，计税时允许扣除的折旧额为40万元，则该固定资产的账面价值180万元与其计税基础160万元的差额构成应纳税暂时性差异，企业应确认递延所得税负债5万元 [（1 800 000-1 600 000）×25%]。

借：所得税费用　　　　　　　　　　　　　50 000

　　贷：递延所得税负债　　　　　　　　　　　　　50 000

（2）不确认递延所得税负债的特殊情况。有些情况下，虽然资产、负债的账面价值与其计税基础不同，产生了应纳税暂时性差异，但出于某些考虑，会计准则规定不确认相关的递延所得税负债，主要包括以下三方面内容。

①商誉的初始确认。非同一控制下的企业合并中，当企业合并成本大于合并中取得的

被购买方可辨认净资产公允价值份额的差额时，它们之间的差额确认为商誉。因会计与税收的划分标准不同，按照税法规定作为免税合并的情况下，税法不认可商誉的价值，即从税法角度，商誉的计税基础为0，两者之间的差额形成应纳税暂时性差异。对此会计准则规定不确认相关的递延所得税负债。

②除企业合并以外的其他交易或事项中，如果该项交易或事项发生时既不影响会计利润，也不影响应纳税所得额，则所产生的资产、负债的初始确认金额与其计税基础不同，形成应纳税暂时性差异的，交易或事项发生时不确认相应的递延所得税负债。该规定主要是考虑到由于交易发生时既不影响会计利润，也不影响应纳税所得额，确认递延所得税负债的直接结果是增加有关资产的账面价值或是降低所确认负债的账面价值，使得资产、负债在初始确认时，违背历史成本原则，影响会计信息的可靠性。

③与联营企业、合营企业投资等相关的应纳税暂时性差异，一般应确认递延所得税负债，但同时满足以下两个条件的除外：一是投资企业能够控制暂时性差异转回的时间；二是该暂时性差异在可预见的未来很可能不会转回。满足上述条件时，投资企业可以运用自身的影响力决定暂时性差异的转回，如果不希望其转回，则在可预见的未来该项暂时性差异即不会转回，从而无须确认相关的递延所得税负债。

（二）递延所得税负债的计量

递延所得税负债应以应纳税暂时性差异转回期间适用的所得税税率计量。在我国，除享受优惠政策的情况以外，企业适用的所得税税率在不同年度之间一般不会发生变化，企业在确认递延所得税负债时，可以现行适用所得税税率为基础计算确定。对于享受优惠政策的企业，如国家重点扶持的高新技术企业，享受一定时期的税率优惠，则所产生的暂时性差异应以预计其转回期间的适用所得税税率为基础计量。另外，无论应纳税暂时性差异的转回期间如何，递延所得税负债不要求折现。

二、递延所得税资产的确认和计量

（一）递延所得税资产的确认

1. 确认递延所得税资产的一般原则

资产、负债的账面价值与其计税基础不同而产生可抵扣暂时性差异的，在估计未来期间能够取得足够的应纳税所得额用以利用该可抵扣暂时性差异的，应当以很可能取得用来抵扣可抵扣暂时性差异的应纳税所得额为限，确认相关的递延所得税资产。同递延所得税负债的确认相同，有关交易或事项发生时，对会计利润或是应纳税所得额产生影响的，所确认的递延所得税资产应作为利润表中所得税费用的调整；有关的可抵扣暂时性差异产生于直接计入所有者权益的交易或事项，则确认的递延所得税资产也应计入所有者权益；企业合并时产生的可抵扣暂时性差异的所得税影响，应相应调整企业合并中确认的商誉或是应计入当期损益的金额。

确认递延所得税资产时，应注意以下几个问题。

（1）递延所得税资产的确认应以未来期间可能取得的应纳税所得额为限。在可抵扣暂时性差异转回的未来期间内，企业无法产生足够的应纳税所得额用以抵减可抵扣暂时性差异的影响，使得与递延所得税资产相关的经济利益无法实现的，该部分递延所得税资产不应确认；企业有确凿的证据表明其于可抵扣暂时性差异转回的未来期间能够产生足够的应纳税所得额，进而利用可抵扣暂时性差异的，则应以可能取得的应纳税所得额为限，确认相关的递延所得税资产。

在判断企业于可抵扣暂时性差异转回的未来期间能否产生足够的应纳税所得额时，应考虑以下两个方面的影响。

①通过正常的生产经营活动能够实现的应纳税所得额，如企业通过销售商品、提供劳务等所实现的收入，扣除相关费用后的金额。

②以前期间产生的应纳税暂时性差异在未来期间转回时将产生应纳税所得额的增加额。

考虑到受可抵扣暂时性差异转回的期间内可能取得应纳税所得额的限制，因无法取得足够的应纳税所得额而未确认相关的递延所得税资产的，应在财务报表附注中进行披露。

（2）对与联营企业、合营企业的投资相关的可抵扣暂时性差异，同时满足下列条件的，应当确认相关的递延所得税资产：一是暂时性差异在可预见的未来很可能转回；二是未来很可能获得用来抵扣可抵扣暂时性差异的应纳税所得额。

对联营企业和合营企业的投资产生的可抵扣暂时性差异，主要产生于权益法下确认的投资损失以及计提减值准备的情况下。

（3）对于按照税法规定可以结转以后年度的未弥补亏损和税款抵减，应视同可抵扣暂时性差异处理。在预计可利用可弥补亏损或税款递减的未来期间内能够取得足够的应纳税所得额时，应当以很可能取得的应纳税所得额为限，确认相关的递延所得税资产，同时减少确认当期的所得税费用。

与未弥补亏损和税款抵减相关的递延所得税资产，其确认条件与可抵扣暂时性差异产生的递延所得税资产相同，在估计未来期间能否产生足够的应纳税所得额用于利用该部分未弥补亏损或税款抵减时，应考虑以下相关因素的影响。

①在未弥补亏损到期前，企业是否会因以前期间产生的应纳税暂时性差异转回而产生足够的应纳税所得额。

②在未弥补亏损到期前，企业是否可能通过正常的生产经营活动产生足够的应纳税所得额。

③未弥补亏损是否产生于一些在未来期间不可能再发生的特殊原因。

④是否存在其他的证据表明在未弥补亏损到期前能够取得足够的应纳税所得额。

2. 不确认递延所得税资产的特殊情况

某些情况下，如果企业发生的某项交易或事项不是企业合并，并且交易发生时既不影响会计利润也不影响应纳税所得额，且该项交易中产生的资产、负债的初始确认金额与其计税基础不同，产生可抵扣暂时性差异的，会计准则规定在交易或事项发生时不确认相关的递延所得税资产。其原因同该种情况下不确认相关的递延所得税负债相同，如果确认递延所得税资产，则需调整资产、负债的入账价值，对实际成本进行调整将有违历史成本原则，影响会计信息的可靠性，该种情况下不确认相关的递延所得税资产。

课堂案例展示 7-9

甲公司 2018 年发生资本化研究开发支出 800 万元，至年末研发项目尚未完成。税法规定，按照会计准则规定资本化的开发支出按其 150% 作为计算摊销额的基础。

解析：甲公司按照会计准则规定资本化的开发支出为 800 万元，其计税基础为 1 200 万元（8 000 000×150%），该开发支出及所形成无形资产在初始确认时其账面价值与计税基础即存在差异，因该差异并非产生于企业合并，同时在产生时既不影响会计利润，也不影响应纳税所得额，按照所得税准则规定，不确认与该暂时性差异相关的所得税影响。

（二）递延所得税资产的计量

1. 适用税率的确定

同递延所得税负债的计量相一致，确认递延所得税资产时，应估计相关可抵扣暂时性差异的转回时间，采用转回期间适用的所得税税率为基础计算确定。另外，无论相关的可抵扣暂时性差异转回期间如何，递延所得税资产均不予折现。

2. 递延所得税资产的减值

与其他资产相一致，资产负债表日，企业应当对递延所得税资产的账面价值进行复核。如果未来期间很可能无法取得足够的应纳税所得额用以利用递延所得税资产的利益，应当减记递延所得税资产的账面价值。对于预期无法实现的部分，一般应确认为当期所得税费用，同时减少递延所得税资产的账面价值；对于原确认时计入所有者权益的递延所得税资产，其减记金额亦应计入所有者权益，不影响当期所得税费用。

递延所得税资产的账面价值因上述原因减记以后，继后期间根据新的环境和情况判断能够产生足够的应纳税所得额用以利用可抵扣暂时性差异，使得递延所得税资产包含的经济利益能够实现的，应相应恢复递延所得税资产的账面价值。

任务四 所得税费用的确认和计量

企业核算所得税，主要是为确定当期应交所得税以及利润表中的所得税费用，从而确定各期实现的净利润。确认递延所得税资产和递延所得税负债，最终目的也是解决不同会计期间所得税费用的分配问题。在按照资产负债表债务法进行核算的情况下，利润表中的所得税费用由两个部分组成：当期所得税和递延所得税费用（或收益）。

一、当期所得税

当期所得税是指企业按照税法规定计算确定的针对当期发生的交易和事项，应缴纳给税务机关的所得税金额，即应交所得税。当期所得税应当以适用的税收法规为基础计算确定。

企业在确定当期所得税时，对于当期发生的交易或事项，会计处理与税收处理不同的，应在会计利润的基础上，按照适用税收法规的要求进行调整（即纳税调整），计算出当期应纳税所得额，按照应纳税所得额与适用所得税税率计算确定当期应交所得税。一般情况下，应纳税所得额可在会计利润的基础上，考虑会计与税收规定之间的差异，按照以下公式计算确定：

应纳税所得额＝会计利润+按照会计准则规定计入利润表但计税时不允许税前扣除的费用±计入利润表的费用与按照税法规定可予税前抵扣的金额之间的差额±计入利润表的收入与按照税法规定应计入应纳税所得额的收入之间的差额−税法规定的不征税收入±其他需要调整的因素

二、递延所得税费用（或收益）

递延所得税费用（或收益）是指按照会计准则规定应予确认的递延所得税资产和递延所得税负债在会计期末应有的金额相对于原已确认金额之间的差额，即递延所得税资产和递延所得税负债的当期发生额，但不包括计入所有者权益的交易或事项的所得税影响。用公式表示即为：

递延所得税费用（或收益）＝当期递延所得税负债的增加+当期递延所得税资产的减少−当期递延所得税负债的减少−当期递延所得税资产的增加

值得注意的是，如果某项交易或事项按照会计准则规定应计入所有者权益，由该交易或事项产生的递延所得税资产或递延所得税负债及其变化亦应计入所有者权益，不构成利润表中的递延所得税费用（或收益）。

课堂案例展示 7-10

丙公司 2018 年 9 月取得的某项可供出售金融资产，成本为 200 万元，2018 年 12 月 31 日，其公允价值为 240 万元。丙公司适用的所得税税率为 25%。

解析：会计期末在确认 400 000 元（2 400 000−2 000 000）的公允价值变动时

借：可供出售金融资产——公允价值变动　　　　　　　　400 000

　　贷：其他综合收益　　　　　　　　　　　　　　　　　　　　400 000

确认应纳税暂时性差异的所得税影响时

借：其他综合收益（400 000×25%）　　　　　　　　　100 000

　　贷：递延所得税负债　　　　　　　　　　　　　　　　　　　100 000

另外，非同一控制下的企业合并中因资产、负债的入账价值与其计税基础不同产生的递延所得税资产或递延所得税负债，其确认结果直接影响购买日确认的商誉或计入利润表的损益金额，不影响购买日的所得税费用。

三、所得税费用

计算确定了当期应交所得税及递延所得税费用（或收益）以后，利润表中应予确认的所得税费用为两者之和，即：

所得税费用＝当期所得税+递延所得税费用（或收益）

课堂案例展示 7-11

丁公司 2018 年度利润表中利润总额为 1 200 万元，该公司适用的所得税税率为 25%。递延所得税资产期初余额为 10 万元，递延所得税负债不存在期初余额为 0。该公司 2018 年发生的有关交易和事项中，会计处理与税收处理存在有以下几个方面的差别。

（1）2018 年 12 月 31 日取得的一项固定资产，成本为 600 万元，使用年限为 10 年，预计净残值为 0，会计处理按双倍余额递减法计提折旧，税收处理按直线法计提折旧。假定税法规定的使用年限及预计净残值与会计规定相同。

（2）向关联企业捐赠现金 200 万元。

（3）当年度发生研究开发支出 500 万元，较上年度增长 20%。其中 300 万元予以资本化；截至 2018 年 12 月 31 日，该研发资产仍在开发过程中。税法规定，企业费用化的研究开发支出按 50% 税前加计扣除，资本化的研究开发支出按资本化金额的 150% 确定应予摊销的金额。

（4）应付违反《中华人民共和国环境保护法》规定罚款 100 万元。

（5）期末对持有的存货计提了 30 万元的存货跌价准备。

解析：1. 2018 年度当期应交所得税。

应纳税所得额 = 1 200 + 60 + 200−100 + 100 + 30 = 1 490（万元）

应交所得税 = 1 490×25% = 372.5（万元）

2. 2018 年度递延所得税。

该公司 2018 年度资产负债表相关项目金额及其计税基础见表 7-2。

表 7-2　资产负债表相关项目金额及其计税基础

单位：万元

项　目	账面价值	计税基础	差　异	
			应纳税暂时性差异	可抵扣暂时性差异
存　货	800	830		30
固定资产：				
固定资产原价	600	600		
减：累计折旧	120	60		
固定资产账面价值	480	540		60
开发支出	300	450		150
其他应付款	100	100		
总　计				240

当期递延所得税收益 = 90×25%−10 = 12.5（万元）

3. 利润表中应确认的所得税费用。

所得税费用 = 372.5−12.5 = 360（万元）

借：所得税费用　　　　　　　　　　　　3 600 000
　　递延所得税资产　　　　　　　　　　　 125 000
　　　贷：应交税费——应交所得税　　　　　　　　　　　 3 725 000

 课后专业测评

一、单项选择题

1. 甲企业 2018 年 12 月 31 日针对 500 万元的应收账款计提了 20 万元的坏账准备，则此时该项应收账款的账面价值和计税基础分别为（　　）万元、（　　）万元。

A. 500　480　　　　　B. 480　500　　　　　C. 500　500　　　　　D. 480　480

2. 下列资产项目，不会产生暂时性差异的资产是（　　）。

A. 应收账款　　　　B. 货币资金　　　　C. 存货　　　　D. 无形资产

3. 下列负债项目，会产生暂时性差异的负债是（　　）。

A. 短期借款　　　　B. 应付票据　　　　C. 应付账款　　　　D. 预收账款

4.下列各项交易和事项不会导致资产、负债产生暂时性差异的是（　　　）。

A.计提固定资产折旧

B.期末计提坏账准备

C.期末按照公允价值调整交易性金融资产的账面价值

D.超过税法规定标准发生的业务招待费

5.以下交易和事项会产生应纳税暂时性差异的是（　　　）。

A.对资产计提减值准备

B.针对产品质量保证确认的预计负债

C.免税的国债利息收入

D.可供出售金融资产的公允价值大于初始确认金额

6.以下交易和事项不会产生可抵扣暂时性差异的是（　　　）。

A.对于同一项固定资产，会计上确定的折旧年限短于税法规定的折旧年限

B.交易性金融资产的公允价值下降到小于初始确认金额

C.超过税法规定标准发生的广告费

D.针对可能支付的诉讼赔偿确认的预计负债

7.某项无形资产取得成本为320万元，因为其寿命无法合理估计，企业将其划分为使用寿命不确定的无形资产。税法规定该类无形资产按照10年摊销，取得无形资产3年后，该项无形资产形成的暂时性差异为（　　　）万元。

A.应纳税差异224　　　B.应纳税差异96　　　　C.可抵扣差异224　　　D.可抵扣差异96

二、多项选择题

1.下列经济业务或事项中，能够产生暂时性差异的有（　　　）。

A.会计计提的折旧不等于税法允许计提的折旧

B.计提存货跌价准备

C.以公允价值计量可供出售金融资产

D.针对产品质量保证计提的预计负债

E.会计上将免税收入计入当期利润

2.下列经济业务一定能够形成可抵扣暂时性差异的有（　　　）。

A.预提产品保修费用

B.计提资产跌价准备

C.以公允价值计量交易性金融资产

D.无形资产的摊销年限短于税法规定的年限

E.税法规定不予扣除的超过规定标准的公益性捐赠

3.关于暂时性差异，下列说法正确的有（　　　）。

A.符合条件的应纳税暂时性差异，一般应当确认为递延所得税资产

B.符合条件的应纳税暂时性差异，一般应当确认为递延所得税负债

C.符合条件的可抵扣暂时性差异，一般应当确认为递延所得税资产

D.符合条件的可抵扣暂时性差异，一般应当确认为递延所得税负债

E.暂时性差异不一定都能够确认为递延所得税资产或负债

4.在采用资产负债表债务法的情况下，当期发生的下列事项，会影响当期所得税费用的有（　　　）。

A.当期发生的递延所得税资产

B.当期发生的递延所得税负债

C. 当期应缴纳的企业所得税

D. 税率变动时"递延所得税资产"和"递延所得税负债"科目的调整额

E. 当期转回的递延所得税资产和负债

5. 下列项目中，产生应纳税暂时性差异的有（　　）。

A. 企业根据被投资企业权益增加调整账面价值大于计税基础的部分

B. 税法折旧大于会计折旧形成的差额部分

C. 对固定资产，企业根据期末公允价值大于账面价值的部分进行了调整

D. 投资性房地产，企业根据期末公允价值大于账面价值的部分进行了调整

E. 对无形资产，企业根据期末可收回金额小于账面价值计提减值准备的部分

6. 以下各项会导致利润表中"所得税费用"项目金额增加的有（　　）。

A. 当期确认的应交所得税

B. 对存货计提存货跌价准备而确认的递延所得税资产

C. 因可供出售金融资产公允价值上升而确认的递延所得税负债

D. 因交易性金融资产公允价值上升而确认的递延所得税负债

E. 因处置固定资产而转回的递延所得税资产

7. 下列说法中，正确的有（　　）。

A. 递延所得税资产和递延所得税负债应当分别作为非流动资产和非流动负债在资产负债表中列示

B. 递延所得税资产大于递延所得税负债的差额应当作为资产列示

C. 递延所得税资产小于递延所得税负债的差额应当作为负债列示

D. 所得税费用应当在利润表中单独列示

E. 所得税费用应当在资产负债表所有者权益中单独列示

三、简答题

1. 简述资产负债表债务法的定义。

2. 简述企业进行所得税核算应遵循的一般程序。

3. 简述资产、负债的计税基础。

4. 简述暂时性差异的定义及分类。

5. 简述当期所得税、递延所得税费用、所得税费用的计算公式。

四、操作题

1. 甲上市公司于 2018 年 1 月设立，采用资产负债表债务法核算所得税费用，适用的所得税税率为 25%，该公司 2018 年利润总额为 6 000 万元，当年发生的交易或事项中，会计规定与税法规定存在差异的项目如下。

（1）2018 年 12 月 31 日，甲公司应收账款余额为 5 000 万元，对该应收账款计提了 500 万元坏账准备。税法规定，企业计提的坏账损失不允许税前扣除，应收款项发生实质性损失时才允许税前扣除。

（2）按照销售合同规定，甲公司承诺对销售的 X 产品提供 3 年免费售后服务。甲公司 2018 年销售的 X 产品预计在售后服务期间将发生的费用为 400 万元，已计入当期损益。税法规定，与产品售后服务相关的支出在实际发生时允许税前扣除。甲公司 2018 年没有发生售后服务支出。

（3）甲公司 2018 年以 4 000 万元取得一项到期还本付息的国债投资，作为持有至到期投资核算，该投资实际利率与票面利率相差较小，甲公司采用票面利率计算确定利息收入，当年确认国债利息收入 200 万元，计入持有至到期投资账面价值，该国债投资在持有期间

未发生减值。税法规定，国债利息收入免征所得税。

（4）2018年12月31日，甲公司Y产品的账面余额为2 600万元，根据市场情况对Y产品计提跌价准备400万元，计入当期损益。税法规定，该类资产在发生实质性损失时允许税前扣除。

（5）2018年4月，甲公司自公开市场购入基金，作为交易性金融资产核算，取得成本为2 000万元，2018年12月31日该基金的公允价值为4 100万元，公允价值相对账面价值的变动已计入当期损益，持有期间基金未进行分配。税法规定，该类资产在持有期间公允价值变动不计入应纳税所得额，待处置时一并计算应计入应纳税所得额的金额。

其他相关资料：

（1）假定预期未来期间甲公司适用的所得税税率不发生变化。

（2）甲公司预计未来期间能够产生足够的应纳税所得额用以抵扣可抵扣暂时性差异。

要求：

（1）确定甲公司上述交易或事项中资产、负债在2018年12月31日的计税基础，同时比较其账面价值与计税基础，计算所产生的应纳税暂时性差异或可抵扣暂时性差异的金额。

（2）计算甲公司2018年应纳税所得额、应交所得税、递延所得税和所得税费用。

（3）编制甲公司2018年确认所得税费用的会计分录。（答案中的金额单位用万元表示）

2. A公司2018年度、2019年度实现的利润总额均为8 000万元，所得税采用资产负债表债务法核算，适用的所得税税率为25%。A公司2018年度、2019年度与所得税有关的经济业务如下。

（1）A公司2018年发生广告费支出1 000万元，发生时已作为销售费用计入当期损益。A公司2018年实现销售收入5 000万元。2019年发生广告费支出400万元，发生时已作为销售费用计入当期损益。A公司2019年实现销售收入5 000万元。税法规定，该类支出不超过当年销售收入15%的部分，准予扣除；超过部分，准予在以后纳税年度结转扣除。

（2）A公司对其所销售产品均承诺提供3年的保修服务。A公司因产品保修承诺在2018年度利润表中确认了200万元的销售费用，同时确认为预计负债。2018年没有实际发生产品保修费用支出。2019年，A公司实际发生产品保修费用支出100万元，因产品保修承诺在2019年度利润表中确认了250万元的销售费用，同时确认为预计负债。税法规定，产品保修费用在实际发生时才允许税前扣除。

（3）A公司2017年12月12日购入一项管理用设备，取得成本为400万元，会计上采用年限平均法计提折旧，使用年限为10年，预计净残值为0，企业在计税时采用5年计提折旧，折旧方法及预计净残值与会计相同。2019年年末，因该项设备出现减值迹象，对该项设备进行减值测试，发现该项设备的可收回金额为300万元，使用年限与预计净残值没有变更。

（4）2018年购入一项交易性金融资产，取得成本500万元，2018年年末该项交易性金融资产公允价值为650万元，2019年年末该项交易性金融资产公允价值为570万元。

要求：

（1）计算2018年应交所得税、递延所得税以及利润表中确认的所得税费用，并编制与所得税相关的会计分录。

（2）计算2019年应交所得税、递延所得税以及利润表中确认的所得税费用，并编制与所得税相关的会计分录。

课外知识拓展

1.《企业会计准则第 18 号——所得税》(2006 年 2 月 15 日财政部发布，自 2007 年 1 月 1 日起施行)

2.《企业会计准则——应用指南 (2006)》(财政部 2006 年 10 月 30 日发布，自 2007 年 1 月 1 日起施行)

3.《中华人民共和国企业所得税法》(2007 年 3 月 16 日第十届全国人民代表大会第五次会议通过，2007 年 3 月 16 日中华人民共和国主席令第 63 号公布，自 2008 年 1 月 1 日起施行)

4.《中华人民共和国企业所得税法实施条例》(2007 年 11 月 28 日国务院第 197 次常务会议通过，自 2008 年 1 月 1 日起施行)

租　　赁

项　目	课程专业能力	完成情况
租　赁	理解售后租回的会计处理	
	熟悉租赁的含义及分类，理解租赁的相关概念	
	掌握融资租赁的确认条件	
	掌握经营租赁、融资租赁的会计处理	
师生总结		

课前项目直击

在市场经济条件下，租赁业务作为企业融资的重要形式，需求日益增长，越来越多的企业通过租赁的形式获取相关资产的使用权。租赁根据其性质的不同，分为经营租赁和融资租赁，这两者在定义上有什么本质不同？如何进行各自的会计处理呢？通过本项目的学习，这些问题即可迎刃而解。

任务一 租赁概述

一、租赁的含义及分类

（一）租赁的含义

租赁是指在约定的期间内，出租人将资产使用权让与承租人，以获取租金的协议。

（二）租赁的分类

租赁根据不同的标准可以有以下不同的分类。

1. 以租赁双方对租赁物所担的风险和报酬为标准，可将租赁分为融资租赁和经营租赁

（1）融资租赁是指出租人实质上将与资产所有权有关的全部风险和报酬转移给了承租人的租赁。

（2）经营租赁是指承租人为生产经营过程中的临时、季节性需要而向出租人短期租用某类资产的行为。在我国租赁准则中被定义为除融资租赁以外的其他租赁。

2. 以出租人取得租赁物的来源和方式为标准，分为直接租赁、杠杆租赁、售后租回和转租

（1）直接租赁是指由出租人垫付租赁资产所需全部资金的租赁。

（2）杠杆租赁是指出租人主要依靠第三者提供的资金购置资产以供出租。通常出租人自筹资金约占租赁付款额的 20%~40%。

（3）售后租回是指企业将自制或外购资产先出售，然后向购买者租回。

（4）转租是指企业租入资产后再次租给第三者。这种租赁方式使企业具有双重身份，既是承租人又是出租人。

二、租赁的相关概念

1. 租赁开始日

租赁开始日，是指租赁协议日与租赁各方就主要条款做出承诺日中的较早者。

在租赁开始日，承租人和出租人应当将租赁认定为融资租赁或经营租赁，并确定在租赁期开始日应确认的金额。

2. 租赁期

租赁期，是指租赁协议规定的不可撤销的租赁期间。如果承租人有权选择续租该资产，

并且在租赁开始日就可以合理确定承租人将会行使这种选择权，那么，不论承租人是否再支付租金，其续租期也包括在租赁期之内。

3. 租赁期开始日

租赁期开始日，是指承租人有权行使其使用租赁资产权利的日期，表明租赁行为的开始。在租赁期开始日，承租人应当对租入资产、最低租赁付款额和未确认融资费用进行初始确认；出租人应当对应收融资租赁款、未担保余值和未实现融资收益进行初始确认。也就是说，只有在租赁期开始日才能做账，租赁开始日不做账。

课堂案例展示 8-1

甲公司与乙公司签订融资租赁合同，租赁协议签订日为 2017 年 12 月 5 日，租赁期为三年，从 2018 年 1 月 1 日到 2020 年 12 月 31 日。判断哪日为租赁开始日，哪日为租赁期开始日。

解析：租赁开始日为 2017 年 12 月 5 日，该日应对租赁进行分类；租赁期开始日为 2018 年 1 月 1 日，该日应对融资租赁进行账务处理，确认租入资产等。

4. 初始直接费用

初始直接费用，是指承租人和出租人在租赁谈判和签订租赁协议过程中发生的可直接归属于某租赁项目的费用，主要包括印花税、佣金、律师费、差旅费、谈判费等。

5. 租金及或有租金

租金，是指承租人在租赁期内因拥有租赁资产使用权而应支付给出租人的使用费。

或有租金，是指金额不固定、以时间长短以外的其他因素（如销售量、使用量、物价指数等）为依据计算的租金。例如，与物价指数相挂钩的或有租金，会考虑预期的通货膨胀因素；与销售量或使用量相挂钩的或有租金，会根据租赁设备所生产的产品销售量和一定的比例来计算或有租金。

或有租金与营业收入相联系。例如，某些租赁协议规定，从租期的第 2 年起，每年按本项目营业收入的 2% 计算或有租金。显然，这种或有租金，在租入资产时是不能确定的，只能在实际支付时，借记"销售费用"，贷记"银行存款"科目（租金与营业收入相联系，理解为销售费用）。

租赁市场的发展

6. 履约成本

履约成本，是指租赁期内为租赁资产支付的各种使用费用，如技术咨询和服务费、人员培训费、维修费、保险费等。这些支出在租赁开始时也是不能确定的，不能计入最低租赁付款额中，只能在实际支付时，直接计入当期损益。

7. 资产余值

资产余值，是指租赁双方在租赁开始日合理预计的租赁资产在租赁期满时的公允价值。

8. 担保余值

担保余值，就承租人而言，是指由承租人或与其有关的第三方担保的资产余值；就出租人而言，是指就承租人而言的担保余值加上与承租人和出租人均无关、但在财务上有能力担保的第三方担保的资产余值。

9.未担保余值

未担保余值，指租赁资产余值中扣除就出租人而言的担保余值以后的资产余值。

对出租人而言，如果租赁资产余值中包含未担保余值，表明这部分余值的风险和报酬并没有转移，其风险应由出租人承担，仍然属于出租人的一项资产，因此，未担保余值不能作为应收融资租赁款的一部分。

10.最低租赁付款额

最低租赁付款额，是指在租赁期内，承租人应支付或可能被要求支付的款项（不包括或有租金和履约成本），加上由承租人或与其有关的第三方担保的资产余值。

承租人有购买租赁资产选择权，所订立的购买价款预计将远低于行使选择权时租赁资产的公允价值，因而在租赁开始日就可以合理确定承租人将会行使这种选择权的，购买价款应当计入最低租赁付款额。因此，最低租赁付款额包括：①租金；②承租人或与其有关的第三方担保的余值；③承租人到期行使购买权时支付的款项。

11.最低租赁收款额

最低租赁收款额，是指最低租赁付款额加上独立于承租人和出租人的第三方对出租人担保的资产余值，其计算公式是：

$$最低租赁收款额＝最低租赁付款额+独立的第三方担保的余值$$

12.租赁内含利率

租赁内含利率，是指在租赁开始日，使最低租赁收款额的现值与未担保余值的现值之和等于租赁资产公允价值与出租人的初始直接费用之和的折现率。

三、融资租赁的判断条件

符合下列一项或数项标准的，应当认定为融资租赁。

（1）在租赁期届满时，租赁资产的所有权转移给承租人，此租赁属于融资租赁。

（2）承租人有购买租赁资产的选择权，所订立的购买价款预计将远低于行使选择权时租赁资产的公允价值，因而在租赁开始日就可以合理确定承租人将会行使这种选择权。

（3）即使资产的所有权不转移，但租赁期占租赁资产使用寿命的大部分。其中"大部分"，通常掌握在租赁期占租赁资产使用寿命的 75% 以上（含 75%）。

（4）承租人在租赁开始日的最低租赁付款额现值，几乎相当于（≥90%）租赁开始日租赁资产公允价值；出租人在租赁开始日的最低租赁收款额现值，几乎相当于租赁开始日租赁资产公允价值。

（5）租赁资产性质特殊，如果不进行较大修整，只有承租人才能使用。

这条标准是指租赁资产是由出租人根据承租人对资产型号、规格等方面的特殊要求专门购买或建造的，具有专购、专用性质。这些租赁资产如果不进行较大的重新改制，其他企业通常难以使用。在这种情况下，该项租赁也应当认定为融资租赁。

任务二 融资租赁

一、承租人的会计处理

（一）会计科目设置

为了正确核算融资租赁业务，承租人除设置一般企业通用会计科目外，还增设了以下会计科目。

（1）"固定资产——融资租入固定资产"科目，核算企业采用融资租赁方式租入的固定资产的原价。

（2）"长期应付款——应付融资租赁款"科目，核算企业采用融资租赁方式租入固定资产而支付给出租人的各项款项，即最低租赁付款额。

（3）"未确认融资费用"科目，核算企业由融资租赁业务所产生的未确认的融资费用总额。

（二）承租人对融资租赁的会计处理

1. 初始直接费用的会计处理

初始直接费用是指在租赁谈判和签订租赁合同的过程中发生的可直接归属于租赁项目的费用。承租人发生的初始直接费用，通常有印花税、佣金、律师费、差旅费、谈判费等。对于初始直接费用，应计入租入资产价值。

2. 租赁期开始日的会计处理

承租人应将租赁期开始日租赁资产公允价值与最低租赁付款额的现值两者中较低者加上初始直接费用作为"固定资产——融资租入固定资产"的入账价值基础，将最低租赁付款额作为"长期应付款——应付融资租赁款"的入账价值，按发生的初始直接费用，贷记"银行存款"等科目，并将差额记入"未确认融资费用"。

计算最低租赁付款额现值时，能够取得出租人租赁内含利率的，应当采用租赁内含利率作为折现率；否则，应当采用合同规定的利率作为折现率。无法取得出租人租赁内含利率且租赁合同没有规定利率的，应当采用同期银行贷款利率作为折现率。

3. 每期支付租金和分摊未确认融资费用的会计处理

支付租金时，借记"长期应付款"，贷记"银行存款"科目；分摊未确认融资费用时，借记"财务费用"，贷记"未确认融资费用"科目。

未确认融资费用应采用实际利率法分摊。

（1）租入资产以最低租赁付款额的现值为入账价值基础的，应以计算最低租赁付款额现值的折现率作为分摊率。

（2）租入资产以租赁资产公允价值为入账价值基础的，应重新计算分摊率，该分摊率是使得最低租赁付款额的现值等于租赁资产公允价值的折现率。新折现率要大，且初始摊余成本不包括初始直接费用。

4. 融资租赁资产折旧的计提

计提融资租赁资产折旧时，应采用与自有资产相一致的折旧政策。

（1）折旧总额的确定。

如果承租人或与其有关的第三方对租赁资产余值提供了担保，则应计提折旧总额为租赁开始日固定资产的入账价值扣除担保余额加上预计清理费用；如果承租人或与其有关的第三方未对租赁资产余值提供担保，则应计提折旧总额为租赁开始日融资租入固定资产的入账价值减去预计残值加上预计清理费用。

（2）折旧期限的确定。

确定融资租赁资产的折旧期间时，应视租赁合同的规定而论。如果能够合理确定租赁期届满时承租人将会取得租赁资产的所有权，应以租赁开始日租赁资产的尚可使用年限作为折旧期限；如果无法合理确定租赁期届满后承租人是否能够取得租赁资产的所有权，则应以租赁期与租赁资产尚可使用年限两者中较短者作为折旧期限。

5. 履约成本的会计处理

承租人对融资租入固定资产发生的修理费、保险费、技术咨询和服务费、人员培训费等应直接计入当期费用，借记"制造费用""管理费用"等科目，贷记"银行存款"等科目。

6. 或有租金的会计处理

由于或有租金的金额不固定，无法采用系统合理的方法对其进行分摊，因此，或有租金在实际发生时，确认为当期费用。如果或有租金是以销售百分比等为依据，则应借记"销售费用"科目，贷记"银行存款"等科目；如果或有租金是以物价指数为依据计算的，则应借记"财务费用"科目，贷记"银行存款"等科目。

7. 租赁期满时的会计处理

租赁期满时，承租人可按以下三种情况进行处理。

（1）返还租赁资产。

租赁期满时，承租人将租赁资产返还给出租人时，如果存在担保余值，应借记"长期应付款——应付融资租赁款""累计折旧"科目，贷记"固定资产——融资租入固定资产"科目；如果不存在担保余值，借记"累计折旧"科目，贷记"固定资产——融资租入固定资产"科目；如果有净残值，还应借记"营业外支出"科目。

（2）优惠续租租赁资产。

如果租赁期满时，承租人行使优惠续租选择权的，应视同该项租赁一直存在而做出相应的会计处理；如果租赁期满时，承租人没有续租，根据租赁合同规定须向出租人支付违约金，应借记"营业外支出"科目，贷记"银行存款"等科目。

（3）留购租赁资产。

承租人有优惠购买选择权并支付购买价款时，借记"长期应付款——应付融资租赁款"科目，贷记"银行存款"等科目；同时将固定资产从"融资租入固定资产"明细科目转入有关明细科目。

课堂案例展示 8-2

2018 年 12 月 28 日，A 公司（承租人）与 B 公司（租赁公司）签订了一份租赁合同。合同的主要条款如下。

（1）租赁标的物：程控生产线。

（2）起租日：租赁物运抵 A 公司之日，即 2018 年 12 月 31 日。

（3）租赁期：从起租日算起 3 年，即 2018 年 12 月 31 日至 2021 年 12 月 31 日。

（4）租金支付方式：每年年初支付租金 30 万元。

（5）租赁期满时，该生产线的估计余值为 11 万元。其中 A 公司的担保余值为 10 万元，未担保余值为 1 万元。

（6）该生产线的保险、维修等费用由 A 公司自行承担，每年 9 000 元。

（7）该生产线在 2018 年 12 月 31 日的公允价值为 95 万元。

（8）租赁合同规定的利率为 6%（年利率）。

（9）该生产线估计使用 5 年。A 公司采用平均年限法计提折旧。

（10）租赁期满（2021 年 12 月 31 日），A 公司将该生产线返还 B 公司。

（11）2020 年和 2021 年每年按该生产线生产产品的销售收入的 2% 向 B 公司支付经营分享收入。

此外，假设该生产线占 A 公司资产总额的 30% 以上，且不需安装。A 公司采用实际利率法摊销未确认融资费用。2020 年和 2021 年 A 公司利用租入生产线实现产品销售收入 1 200 万元和 1 800 万元。

解析：根据以上资料，做如下会计处理。

1. 租赁开始日。

（1）判断租赁类型。

本案例中，最低租赁付款额的现值为 933 980 元（计算过程见后）大于租赁资产公允价值的 90%，即 855 000 元（950 000×90%），满足融资租赁条件的第四条标准，因此，A 公司应当将该项租赁认定为融资租赁。

（2）计算租赁开始日最低租赁付款额的现值，确定租赁资产的入账价值。由于 A 公司不知悉出租人的内含利率，所以应选择合同规定的利率为折现率。

最低租赁付款额＝各期租金之和＋承租人担保的资产余值＝30×3+10＝90+10＝100（万元）

最低租赁付款额的现值＝各期租金的现值＋承租人担保余值的现值

$$= 300\ 000×[1+PA（2，6\%）]+100\ 000×PV（3，6\%）$$
$$= 300\ 000（1+1.833\ 4）+100\ 000×0.839\ 6$$
$$= 850\ 020+83\ 960 = 933\ 980（元）< 950\ 000（元）$$

租赁资产的入账价值为最低租赁付款额的现值 933 980 元。

（3）计算未确认融资费用。

未确认融资费用＝最低租赁付款额－租赁开始日租赁资产的入账价值
　　　　　　＝1 000 000–933 980 = 66 020（元）

（4）2018 年 12 月 31 日，租入生产线。

借：固定资产——融资租入固定资产　　　　　933 980
　　未确认融资费用　　　　　　　　　　　　66 020
　　贷：长期应付款——应付融资租赁款　　　　　　　1 000 000

2. 分摊未确认融资费用。

（1）确定融资费用分摊率。

由于租赁资产的入账价值为最低租赁付款额的现值，因此，折现率 6%（合同利率）即为融资费用分摊率。

（2）在租赁期内采用实际利率法分摊未确认融资费用，见表 8-1。

表8-1　未确认融资费用分摊表（实际利率法）

单位：元

日　期	租　金	确认的融资费用	应付本金减少额	应付本金余额
①	②	③＝期初⑤×6%	④＝②－上期③	⑤＝上期⑤－④
2018.12.31				933 980
2019.01.01	300 000		300 000	633 980
2019.12.31		38 039		633 980
2020.01.01	300 000		261 961	372 019
2020.12.31		22 321		372 019
2021.01.01	300 000		277 679	94 340
2021.12.31		5 660*	–5 660	100 000
合　计	900 000	66 020	833 980	100 000

5 660* 为尾数调整：100 000－94 340 ＝ 5 660

（3）2019 年 1 月 1 日，支付第一期租金。

借：长期应付款——应付融资租赁款　　　　300 000

　　贷：银行存款　　　　　　　　　　　　　　　　300 000

注：以后各期支付租金的会计分录与第一期相同。

2019 年 12 月 31 日，确认本年应分摊的未确认融资费用

借：财务费用　　　　　　　　　　　　　38 039

　　贷：未确认融资费用　　　　　　　　　　　　　38 039

注：以后各期应分摊的未确认融资费用的会计分录与第一期类似，只是金额分别为 22 321 元和 5 660 元。

3. 计提租赁资产的折旧。

（1）应计提折旧总额为租赁资产入账价值减去承租人的担保余值，即 933 980－100 000 ＝ 833 980（元）。

折旧期限为 3 年，每年应计提的折旧额 ＝ 833 980÷3 ＝ 277 993（元）。

（2）2019—2021 年每年年末

借：制造费用　　　　　　　　　　　　　277 993

　　贷：累计折旧　　　　　　　　　　　　　　　　277 993

4. 或有租金的会计处理。

（1）2020 年 12 月 31 日，支付分享收入。

借：销售费用　　　　　　　　　　　　　240 000

　　贷：银行存款　　　　　　　　　　　　　　　　240 000

（2）2021 年 12 月 31 日，支付分享收入。

借：销售费用　　　　　　　　　　　　　360 000

　　贷：银行存款　　　　　　　　　　　　　　　　360 000

5. 履约成本的会计处理：每年发生的保险费、维修费等 9 000 元。

借：制造费用　　　　　　　　　　　　　9 000

　　贷：银行存款　　　　　　　　　　　　　　　　9 000

6. 租赁期满，2021 年 12 月 31 日，将生产线返还给 B 公司。

借：长期应付款——应付融资租赁款　　　100 000

　　累计折旧　　　　　　　　　　　　　833 980

　　贷：固定资产——融资租入固定资产　　　　　　933 980

二、出租人的会计处理

（一）会计科目设置

为了正确核算融资租赁业务，出租人除设置一般企业的通用会计科目外，还增设了以下会计科目。

（1）"应收融资租赁款"科目，核算企业采用融资租赁方式租出固定资产而应向承租人收取的各种款项。

（2）"未担保余值"科目，核算采用融资租赁方式租出固定资产的未担保余值。

（3）"递延收益——未实现融资收益"科目，核算由融资租赁业务所产生的应收而尚未收到的融资收益总额。

（4）"融资租赁资产"科目，核算企业为融资租赁而购建的固定资产的实际成本，包括租赁资产的价款、贸易手续费、银行手续费、运输费、运输保险费、仓储保管费、财产保险费、增值税及其他税款和租前借款费用（指从出租人支付设备价款或实际负担与承租人有关的费用之日起至租赁开始日所产生的借款费用）等，如果租赁资产是从境外购入的，还应包括境外运输费、境外运输保险费和进口关税。

（二）出租人对融资租赁的会计处理

1.初始直接费用的会计处理

出租人发生的初始直接费用和承租人发生的初始直接费用相类似，通常也有印花税、佣金、律师费、差旅费、谈判费等。出租人发生的初始直接费用，应确认为当期费用。其账务处理为：借记"管理费用"等科目，贷记"银行存款""现金"等科目。

2.租赁开始日的会计处理

在租赁开始日，出租人应当将租赁开始日最低租赁收款额作为应收融资租赁款的入账价值，并同时记录未担保余值，将最低租赁收款额与未担保余值之和与其现值之和的差额记录为未实现融资收益。

在租赁开始日，出租人应按最低租赁收款额，借记"应收融资租赁款"科目，按未担保余额，借记"未担保余值"科目，按租赁资产的原账面价值，贷记"融资租赁资产"科目，如果账面价值高于或低于公允价值，其差额应当计入当期损益，通过"营业外收入"或"营业外支出"科目核算，按上述科目计算后的差额，贷记"递延收益——未实现融资收益"科目。在资产负债表中应将"递延收益"作为"应收融资租赁款"减项列示。

3.未实现融资收益的分配

出租人应在租赁期内按实际利率法分配确认当期的融资收入；在与按实际利率法计算的结果无重大差异的情况下，也可以采用直线法、年数总和法等。

出租人每期收到租金时，按收到的租金金额，借记"银行存款"科目，贷记"应收融资租赁款"科目。每期确认融资收入时，借记"递延收益——未实现融资收益"科目，贷记"主营业务收入——融资收入"科目。

4.未担保余值发生变动时的会计处理

出租人应当定期对未担保余值进行检查，至少于每年年末检查一次。如有证据表明未担保余值已经减少，应当重新计算租赁内含利率，并将由此引起的租赁投资净额的减少确认为当期损失，以后各期根据修正后的租赁投资净额和重新计算的租赁内含利率确定应确认的融资收入。如已确认损失的未担保余值得以恢复，应当在原已确认的损失金额内转回，并重新计算租赁内含利率，以后各期根据修正后租赁投资净额和重新计算的租赁内含利率确定应确认的融资收入。未担保余值增加时，不做任何调整。其中，租赁投资净额是指，融资租赁中最低租赁收款额与未担保余值之和与未实现融资收益之间的差额。

5. 或有租金的会计处理

出租人在融资租赁方式下取得的或有租金，应在实际发生时确认为当期收入。其会计处理为：借记"应收账款""银行存款"等科目，贷记"主营业务收入——融资收入"等科目。

6. 租赁期届满时的会计处理

租赁期届满时出租人应区别以下情况进行会计处理。

（1）收回租赁资产。

租赁期届满时，承租人将租赁资产归还给出租人。出租人借记"融资租赁资产"科目，贷记"应收融资租赁款""未担保余值"科目。如果收回租赁资产的价值扣除未担保余值后的余额低于担保余值，则应向承租人收取价值补偿金，借记"其他应收款"科目，贷记"营业外收入"科目。

（2）优惠续租租赁资产。

①如果承租人行使优惠续租选择权，则出租人应视同该项租赁一直存在而做出相应的会计处理。

②如果租赁期满时，承租人没有续租，承租人向出租人返还租赁资产时，其会计处理同上述收回租赁资产的会计处理。

（3）留购租赁资产。

租赁期满时，承租人行使了优惠购买选择权。出租人应按收到的承租人支付的购买资产的价款，借记"银行存款"等科目，贷记"应收融资租赁款"科目。如果还存在未担保余值，借记"营业外支出——处理固定资产净损失"科目，贷记"未担保余值"科目。

课堂案例展示 8-3

2018 年 12 月 28 日甲公司（承租人）与乙租赁公司（出租人）签订了一份租赁合同。主要条款如下。

（1）租赁标的物：流水生产线。

（2）起租日：2018 年 12 月 31 日。

（3）租赁期：2018 年 12 月 31 日至 2021 年 12 月 31 日，共 3 年。

（4）租金支付方式：每年年末支付租金 280 000 元（第一次租金支付日为 2019 年 12 月 31 日）。

（5）租赁期届满时该生产线的估计余值为 100 000 元。甲公司的担保余值为 100 000 元。

（6）该生产线的保险、维护费用由甲公司承担，每年 9 000 元。

（7）该生产线在 2019 年 1 月 1 日的原账面价值和公允价值均为 780 000 元。

（8）租赁合同规定的利率为 8%（年利率）。

（9）该生产线估计使用年限为 5 年。

（10）2021 年 12 月 31 日，甲公司将该生产线交还给乙租赁公司。

解析：根据以上资料，（乙租赁公司）应做如下会计处理。

1. 租赁开始日的会计处理。

（1）判断租赁类型。

本例中由于不存在未担保余值，租赁开始日最低租赁收款额的现值为 780 000 元，大于租赁资产公允价值的 90% 即 702 000 元（780 000×90%）。该项租赁为融资租赁。

（2）计算租赁的内含利率。

根据租赁内含利率的定义，租赁内含利率是指在租赁开始日，使最低租赁收款额的现值与未担保余值的现值之和等于租赁资产公允价值的折现率。

280 000×PA（3，R）+100 000×PV（3，R）= 780 000（元）

因此：280 000×PA（3，R）+100 000×PV（3，R）= 780 000（元）

当 R = 9% 时，

280 000×2.531+100 000×0.772 = 708 680+77 200 = 785 880 > 780 000

当 R = 10% 时，

280 000×2.444+100 000×0.751 = 684 320+75 100 = 759 420 < 780 000

用插值法计算内含利率 R：

$$\frac{785\,880-780\,000}{785\,880-789\,420}=\frac{9\%-R}{9\%-10\%}$$

$$R = 9.22\%$$

（3）计算租赁开始日租赁收款及其现值与未实现融资收益。

最低租赁收款额 = 280 000×3+100 000 = 940 000（元）

最低租赁收款额的现值 = 租赁开始日租赁资产公允价值 = 780 000（元）

未实现融资收益 = 940 000–780 000 = 160 000（元）

（4）2018 年 12 月 31 日，出租生产线。

借：应收融资租赁款　　　　　　　　　　940 000

　　贷：融资租赁资产　　　　　　　　　　　　　　780 000

　　　　递延收益——未实现融资收益　　　　　　　160 000

2. 收到租金时的会计处理。

2019—2021 年每年年末收到租金时

借：银行存款　　　　　　　　　　　　　280 000

　　贷：应收融资租赁款　　　　　　　　　　　　　280 000

3. 租赁期内各期应分配的未实现融资收益（表 8-2）。

表8-2　未实现融资收益分配（实际利率法）

单位：元

日　期	租　金	确认的融资收入	租赁投资净额减少额	租赁投资净额余额
①	②	③＝期初⑤×9.22%	④＝②－③	⑤＝期初⑤－④
2018.12.31				780 000
2019.01.01				780 000
2019.12.31	280 000	71 916	208 084	571 916
2020.01.01				571 916
2020.12.31	280 000	52 731	227 269	344 647
2021.01.01				344 647
2021.12.31	280 000	31 776	248 224	96 423
2021.12.31		3 577*	–3 577*	100 000
合　计	840 000	160 000	680 000	100 000

3 577* 为尾数调整：100 000－96 423 ＝ 3 577

2019 年 12 月 31 日，确认融资收入时

借：递延收益——未实现融资收益　　　　　71 916

　　贷：主营业务收入——融资收入　　　　　　　　　　71 916

注：以后各期确认融资收入的会计分录与第一期类似，只是金额不同而已。

4. 2021 年 12 月 31 日租赁期满时，收到归还的租赁资产。

借：融资租赁资产　　　　　　　　　　　100 000

　　贷：应收融资租赁款　　　　　　　　　　　　　　100 000

任务三　经营租赁

一、承租人的会计处理

在经营租赁下，租赁资产所有权有关的风险和报酬没有转移给承租人，履约成本一般由出租人负担，因此，承租人不必将租赁资产资本化，只需将经营租赁的租金在租赁期内的各个期间直线法确认为费用。

企业采用经营租赁方式租入的固定资产，应另设备查簿进行登记，其会计处理的要点如下。

（1）确认各期租金费用时，借记"制造费用""管理费用"等科目，贷记"其他应付款"等科目。

（2）实际支付租金时，借记"其他应付款"等科目，贷记"银行存款"等科目。

（3）发生初始直接费用时，借记"管理费用"等科目，贷记"银行存款"等科目。

（4）对或有租金，在实际发生时确认为当期费用，借记"管理费用"等科目，贷记"银行存款"等科目。

课堂案例展示 8-4

2018 年 1 月 1 日 A 公司为临时性生产需要从 B 公司租入一台设备，租期为半年，设备的原账面价值为 100 万元，预计使用年限为 10 年。租赁合同规定，租赁开始日为 2018 年 1 月 1 日，每月的租金为 6 000 元，租金共 36 000 元。租赁期满 A 公司将设备归还给 B 公司（假设 A 公司按月确认租金费用）。

解析：每月末 A 公司会计处理如下。

借：制造费用　　　　　　　　　　　　6 000

　　贷：银行存款　　　　　　　　　　　　　　　　6 000

二、出租人的会计处理

出租人会计处理的要点如下。

（1）确认各期租金收入时，借记"银行存款"科目，贷记"主营业务收入——租金收入"等科目。如果出租人是非专业从事租赁业务的企业，则确认的经营租赁收入，借记"银行存款"等科目，贷记"其他业务收入——经营租赁收入"等科目。

（2）发生初始直接费用时，应确认为当期费用，借记"管理费用"等科目，贷记"银行存款"等科目。

（3）对于经营租赁资产中的固定资产，应当采用出租人对类似应折旧资产通常所采用的折旧政策计提折旧；对于其他经营租赁资产，应当采用合理的方法进行摊销。

（4）对或有租金，在实际发生时确认为当期收入，借记"银行存款"等科目，贷记"主营业务收入——租金收入"或"其他业务收入——经营租赁收入"等收入。此外，出租人还应当在财务报告中披露每类租出资产在资产负债表日的账面价值。

课堂案例展示 8-5

2018年1月1日，A公司向B公司租入全新办公用房一套，租期3年，原账面价值为3 000万元，预计使用年限为25年。租赁合同规定，第一年年末支付租金10万元，第二年年末支付租金10万元，第三年年末支付租金28万元。租赁期满后B公司收回办公用房使用权（假设B公司在年末确认租金收入）。

解析：B公司会计分录如下。

（1）2018年12月31日

借：银行存款   100 000

    贷：其他业务收入——经营租赁收入   100 000

（2）2019年12月31日

借：银行存款   100 000

    贷：其他业务收入——经营租赁收入   100 000

（3）2020年12月31日

借：银行存款   280 000

    贷：其他业务收入——经营租赁收入   280 000

任务四 售后租回交易的会计处理

售后租回，指卖主（即资产的所有者）将资产出售后，又将该项资产从买主（即资产的新所有者）处租回。售后租回交易方式下，卖主同时是承租人，买主同时是出租人。

售后租回交易，无论是承租人还是出租人，均应按照租赁准则的规定，将售后租回交易认定为融资租赁或经营租赁。对于出租人来讲，售后租回交易（无论是融资租赁还是经营租赁的售后租回交易）同其他租赁业务的会计处理没有什么区别。对于承租人来讲，由于其既是资产的承租人同时又是资产的出售者，售后租回交易同其他租赁业务的会计处理有所不同。因此，本任务主要研究承租人的会计处理。

一、售后租回交易形成融资租赁

在形成融资租赁的售后租回交易方式下，对卖主（承租人）而言，与资产所有权有关的全部报酬和风险并未转移，并且售后租回交易的租金和资产的售价往往是以"一揽子"方式进行谈判的，应视为一项交易，出售资产的损益应与资产的金额相联系。因此，卖主（承租人）出售资产的收入或损失（售价—账面价值）不应立即确认为当期损益，而应将其作为递延融资费用并按资产的折旧进度进行分摊，调整折旧费用。

承租人对售后租回交易中售价与资产账面价值的差额应通过"递延收益——未实现售后租回损益（融资租赁）"科目进行核算，分摊时，按既定比例减少未实现售后租回损益，同时相应增加或减少折旧费用。

课堂案例展示 8-6

2018 年 1 月 1 日，甲公司将一台塑钢机按 70 万元的价格销售给乙公司。该机器的公允价值为 70 万元，账面原价为 100 万元，已提折旧 40 万元。同时又签订了一份融资租赁协议将机器租回。

解析：甲公司对售后租回交易中售价与资产账面价值的差额会计处理如下（计算过程见表 8-3）。

表8-3　未实现售后租回收益分摊表

2018 年 1 月 1 日　　　　　　　　　　　　　　　　　　单位：万元

日　期	售　价	固定资产账面价值	摊销期	分摊率	摊销额	未实现售后租回损益
2018年1月1日	70	60	5 年			10
2018年12月31日				20%	2	8
2019年12月31日				20%	2	6
2020年12月31日				20%	2	4
2021年12月31日				20%	2	2
2022年12月31日				20%	2	0
合　计	70	60		100%	0	

（1）2018 年 1 月 1 日，结转出售固定资产的成本。

借：固定资产清理　　　　　　　　　　　　　　　　600 000
　　累计折旧　　　　　　　　　　　　　　　　　　400 000
　　　贷：固定资产——塑钢机　　　　　　　　　　　　　　1 000 000

（2）2018 年 1 月 1 日，向乙公司出售塑钢机。

借：银行存款　　　　　　　　　　　　　　　　　　700 000
　　　贷：固定资产清理　　　　　　　　　　　　　　　　　600 000
　　　　　递延收益——未实现售后租回损益。　　　　　　　100 000

（3）未实现售后租回收益分摊表（年限平均法）见表 8-3。

2018 年 12 月 31 日，确认本年度应分摊的未实现售后租回损益

借：递延收益——未实现售后租回损益（融资租赁）　　20 000
　　　贷：制造费用——折旧费　　　　　　　　　　　　　　　20 000

其他会计分录与一般融资租赁业务相同会计分录略。

二、售后租回交易形成经营租赁

（1）如果售后租回交易认定为经营租赁的，在没有确凿证据表明售后租回交易是按照公允价值达成的情况下，卖主（即承租人）应将售价与资产账面价值的差额（无论是售价高于资产账面价值还是售价低于资产账面价值）予以递延，并在租赁期内按照与确认租金费用相一致的方法进行分摊，作为租金费用的调整。

承租人应设置"递延收益——未实现售后租回损益（经营租赁）"科目，以核算在售

后租回交易中售价与资产账面价值的差额。分摊时，按上述比例减少未实现售后租回损益，同时相应增加或减少租金费用。

课堂案例展示 8-7

2018 年 1 月 1 日，甲公司将全新办公用房一套，按照 3 000 万元的价格售给乙公司，并立即签订了一份租赁合同，从乙公司租回该办公用房，租期为 3 年，原账面价值为 2 900 万元，预计使用年限为 25 年。

租赁合同规定，第一年年末支付租金 50 万元，第二年年末支付租金 75 万元，第三年年末支付租金 75 万元。租赁期满后预付租金不退回，乙公司收回办公用房使用权（假设甲公司和乙公司均在年末确认租金费用和经营租赁收入并且不存在租金逾期支付的情况）。

解析：甲公司的会计处理如下。

第一步，判断租赁类型。根据资料分析，该项租赁属于经营租赁。

第二步，计算未实现售后租回损益。

未实现售后租回损益＝售价－资产的账面价值＝3 000－2 900＝100（万元）

第三步，在租赁期内按租金支付比例分摊未实现售后租回损益（表 8-4）。

表8-4 未实现售后租回收益分摊表

2018 年 1 月 1 日   单位：万元

日 期	售 价	固定资产账面价值	支付的租金	租金支付比例	摊销额	未实现售后租回损益
2018年1月1日	3 000	2 900				100
2018年12月31日			50	25%	25	75
2019年12月31日			75	37.5%	37.5	37.5
2020年12月31日			75	37.5%	37.5	0
合 计	3 000	2 900	200	100%	100	

第四步，会计分录。

（1）2018 年 1 月 1 日，向乙公司出售办公用房。

借：银行存款　　　　　　　　　　　　　　　　30 000 000
　　贷：固定资产清理　　　　　　　　　　　　　　　　29 000 000
　　　　递延收益——未实现售后租回损益（经营租赁）　1 000 000

（2）2018 年 1 月 1 日，结转出售固定资产的成本。

借：固定资产清理　　　　　　　　　　　　　　29 000 000
　　贷：固定资产——办公用房　　　　　　　　　　　　29 000 000

（3）2018 年 12 月 31 日，分摊未实现售后租回损益。

借：递延收益——未实现售后租回损益（经营租赁）　250 000
　　贷：管理费用——租赁费　　　　　　　　　　　　　　250 000

其他会计分录略。

（2）在有确凿证据表明售后租回交易是按照公允价值达成的情况下，实质上相当于一项正常的销售，售价与资产账面价值的差额，应当计入当期损益。

课后专业测评

一、单项选择题

1. 在租赁开始日，承租人通常应当将租赁开始日租赁资产公允价值与最低租赁付款额的现值两者中较低者作为租入资产的入账价值，将（　　）作为长期应付款的入账价值，并将两者的差额记录为未确认融资费用。

A. 最低租赁付款额

B. 最低租赁收款额

C. 最低租赁付款现值

D. 最低租赁收款额现值

2. 甲公司于 2018 年 1 月 1 日采用经营租赁方式从乙公司租入设备一台，租期为 5 年，设备价值为 100 万元，租赁合同规定：第一年至第四年的租金分别为 10 万元、15 万元、20 万元和 25 万元；租金于每年年初支付，第五年免租金。2018 年甲公司应就此项租赁确认的租金费用为（　　）万元。

A. 10　　　　　B. 14　　　　　C. 17.5　　　　　D. 20

3. 下列项目中最低租赁付款额不包括的是（　　）。

A. 承租人每期应支付的租金

B. 承租人或与其有关的第三方担保的资产余值

C. 或有租金和履约成本

D. 期满购买价

4. 租赁开始日是指（　　）。

A. 承租人进行会计处理的日期

B. 租赁各方就主要租赁条款做出承诺日

C. 是指租赁协议日与租赁各方就主要租赁条款做出承诺日中的较早者

D. 是指租赁协议日与租赁各方就主要租赁条款做出承诺日中的较晚者

5. 承租人在融资租赁谈判和签订租赁合同过程中发生的、可直接归属于租借项目的初始直接费用，如印花税、佣金、律师费、差旅费等，应当确认为（　　）。

A. 当期费用

B. 计入租入资产价值

C. 部分计入当期费用，部分计入租赁成本

D. 计入其他应收款

6. 未担保余值，指租赁资产余值中扣除就（　　）而言的担保余值以后的资产余值。

A. 承租人

B. 承租人和出租人

C. 第三方

D. 出租人

7. 如果售后租回交易形成一项融资租赁，售价与资产账面价值之间的差额应予递延，并按（　　）进行分摊，作为折旧费用的调整。

A. 该项租赁资产的折旧进度

B. 直线法

C. 按照租金支付比例

D. 工作量法

二、多项选择题

1. 承租人在租赁业务中发生的下列各项费用中，属于履约成本的有（　　）。

A. 佣金

B. 人员培训费

C. 维修费

D. 印花税

E. 技术咨询和服务费

2. 租赁业务中，下列应于实际发生时计入当期损益的有（　　　）。

A. 融资租赁中的未确认融资费用

B. 融资租赁中承租人发生的初始直接费用

C. 经营租赁中承租人发生的初始直接费用

D. 融资租赁中的或有租金

E. 经营租赁中出租人发生的初始直接费用

3. 确定融资租入资产入账价值时应考虑的因素有（　　　）。

A. 租赁开始日租赁资产公允价值

B. 最低租赁付款额现值

C. 承租人在租赁谈判和签订租赁合同过程中发生的，可归属于租赁项目的手续费、律师费、差旅费、印花税等初始直接费用

D. 租赁资产预计使用年限

E. 租赁内含利率

4. 下列项目中不可以计入融资租入固定资产价值的有（　　　）。

A. 支付租赁合同的印花税　　　　　　B. 履约成本

C. 支付的有关人员的差旅费　　　　　D. 支付的固定资产安装费

E. 或有租金

5. 如果承租人有购买租赁资产的选择权，所订立的购价预计将远低于行使选择权时租赁资产的公允价值，则最低租赁付款额应包括（　　　）。

A. 购买价格　　　　　　　　　　　　B. 承租人应支付或可能被要求支付的各种款项

C. 未担保余值　　　　　　　　　　　D. 或有租金

E. 担保余值

6. 以下构成承租方融资租入固定资产的入账价值基础的有（　　　）。

A. 租金　　　　　　　　　　　　　　B. 或有租金

C. 初始直接费用　　　　　　　　　　D. 履约成本

E. 承租人或与其有关的第三方担保的资产余值

7. 以下关于融资租赁业务正确的表述有（　　　）。

A. 在融资租入固定资产达到预定可使用状态之前摊销的未确认融资费用应计入固定资产价值

B. 在融资租入固定资产达到预定可使用状态之前摊销的未确认融资费用应计入财务费用

C. 在编制资产负债表时，承租方的"未确认融资费用"应作为"长期应付款"的抵减项目

D. 在编制资产负债表时，出租方的"未实现融资收益"应作为"长期应收款"的抵减项目

E. 初始直接费用、履约成本、或有租金都不构成"最低租赁付款额"的内容

三、简答题

1. 简述租赁的分类。

2. 简述融资租赁和经营租赁的定义。

3. 简述什么是或有租金。

4. 简述什么是最低租赁付款额。

5. 简述判断融资租赁的条件。

四、操作题

2018年12月31日，A企业与从B租赁公司租入不需安装的设备一台且已经达到可使用状态，签订一份租赁合同，主要条款如下。

（1）租赁标的物：大型制造设备。

（2）租赁期开始日：2019年1月1日。

（3）租赁期：2019年1月1日到2022年12月31日共4年。

（4）租金支付方式：每年年末支付租金500 000元。

（5）租赁期满时该设备的估计余值为600 000元，其中由A企业的母公司担保的余值为300 000元，C担保公司担保的余值为200 000元。

（6）该设备的维修费用等费用由A企业负担，每年40 000元。

（7）租赁合同规定的利率为6%。

其他条件如下。

（1）该设备在2019年1月1日的公允价值为1 900 000元，估计使用年限为10年，已使用6年。

（2）承租人采用年数总和法计提折旧。

（3）2022年12月31日A企业将该资产交回B租赁公司。

要求：做出A和B公司的账务处理。（A公司未确认融资费用分摊率＝7.49%，B公司租赁内含利率12%。实务当中通常承租方并不了解出租方的租赁内含利率，所以本题因租赁资产以公允价值为入账价值需重新计算融资费用分摊率，为方便计算将分摊率和内含利率分别作为给定条件，不要再按照分摊率的确定顺序另行确定。）

 课外知识拓展

1.《企业会计准则第21号——租赁》（2006年2月15日财政部发布，自2007年1月1日起施行）

2.《企业会计准则——应用指南（2006）》（财政部2006年10月30日发布，自2007年1月1日起施行）

项 目 九

会计政策、会计估计变更和差错更正

项　　目	课程专业能力	完成情况
会计政策、会计估计变更和差错更正	熟悉会计政策、会计估计和前期差错的概念	
	掌握会计政策变更及其条件	
	掌握会计估计变更及其原因	
	掌握会计政策变更、会计估计变更、前期差错更正的账务处理	
师生总结		

按照会计法规的要求，企业可以在会计准则允许的范围内选择适用于本企业的会计政策和会计估计。为了提高财务报告的相关性、可靠性和可比性，准则规范了企业会计政策的应用以及会计政策、会计估计变更和前期差错更正的确认、计量和相关信息的披露要求。

A公司为一家上市公司，在2018年时，发现存在以下情况：①2018年在发出存货计价方法上，由之前的先进先出法改为月末一次加权平均法。②该公司2015年年底建造完成一条生产线，当时预计能使用10年，由于技术进步，估计该生产线只能再继续使用5年。③2017年对生产设备计提折旧时，本来是50万元，由于疏忽而没有计提。

A公司以上三项变更对财务状况和经营成果是否会产生重大影响？应如何进行会计处理和披露呢？

任务一 会计政策变更

一、会计政策的概念

会计政策，是指企业在会计确认、计量和报告中所采用的原则、基础和会计处理方法。原则，是指企业按照《企业会计准则》规定的、适合于企业会计核算所采用的特定会计原则；基础，是指为了将会计原则应用于交易或者事项而采取的会计基础；会计处理方法，是指企业在会计核算中从诸多可选择的会计处理方法中所选择的、适合于本企业的具体会计处理方法。

企业会计政策的选择特点如下。

（一）在《企业会计准则》制度规定的会计政策范围内选择适用的会计政策

由于我国的会计准则和会计制度属于行政法规，会计政策所包括的具体会计原则、计量基础和具体会计处理方法由会计准则或会计制度规定，具有一定的强制性。因此，企业必须在法规所允许的范围内选择适合本企业实际情况的会计政策。例如，我国《企业会计准则》规定了计提折旧的四种方法，企业财务人员就应该根据企业固定资产的特点选择其中一种折旧方法，而不能自行创建新的折旧方法。

（二）会计政策涉及会计原则、会计基础和具体会计处理方法

会计原则包括一般原则和特定原则，会计政策所指的会计原则是指某一类会计业务的核算所应遵循的特定原则。例如，借款费用是费用化还是资本化，即属于特定会计原则。可比性、谨慎性、可靠性、相关性等属于会计信息质量要求，属于一般原则，不属于特定原则。

会计基础包括会计确认基础和会计计量基础。可供选择的会计确认基础包括权责发生制和收付实现制。会计计量基础也叫会计计量属性，主要包括历史成本、重置成本、可变现净值、现值和公允价值。由于我国企业应当采用权责发生制作为会计确认基础，不具备选择性，所以会计政策所指的会计基础，主要是会计计量基础（即计量属性）。

　　具体会计处理方法，是指企业在会计准则制度允许选择的范围内，对某一类会计业务的具体处理方法做出的具体选择。例如，固定资产准则允许企业在平均年限法、工作量法和双倍余额递减法之间对固定资产折旧的确定方法做出选择，这些方法就是具体会计处理方法。

　　会计原则、会计基础和会计处理方法三者之间是为实现会计目标而逐层演绎的，从而构成具有逻辑性的、密不可分的整体，通过这个整体，会计目标才能得以应用和落实。

　　（三）会计政策应当保持前后各期的一致性

　　为了保证会计信息的可比性，企业应该在前后不同的会计期间内，对于相同或类似的经济业务采用相同的会计政策，一旦选用，不应当随意变更。

　　企业在会计核算中所采用的会计政策，通常应在报表附注中加以披露，需要披露的会计政策项目主要有以下几项。

　　（1）财务报表的编制基础、计量基础和会计政策的确定依据等。

　　（2）存货的计价，是指企业存货的计价方法。例如，企业发出存货成本的计量是采用先进先出法，还是采用其他计量方法。

　　（3）固定资产的初始计量，是指对取得的固定资产初始成本的计量。例如，企业取得的固定资产初始成本是以购买价款，还是以购买价款的现值为基础进行计量。

　　（4）无形资产的确认，是指对无形项目的支出是否确认为无形资产。例如，企业内部研究开发项目开发阶段的支出是确认为无形资产，还是在发生时计入当期损益。

　　（5）投资性房地产的后续计量，是指企业在资产负债表日对投资性房地产进行后续计量所采用的会计处理。例如，企业对投资性房地产的后续计量是采用成本模式，还是公允价值模式。

　　（6）长期股权投资的核算，是指长期股权投资的具体会计处理方法。例如，企业对被投资单位的长期股权投资是采用成本法，还是采用权益法核算。

　　（7）非货币性资产交换的计量，是指非货币性资产交换事项中对换入资产成本的计量。例如，非货币性资产交换是以换出资产的公允价值作为确定换入资产成本的基础，还是以换出资产的账面价值作为确定换入资产成本的基础。

　　（8）收入的确认，是指收入确认所采用的会计方法。

　　（9）借款费用的处理，是指借款费用的处理方法，即采用资本化还是采用费用化。

　　（10）外币折算，是指外币折算所采用的方法以及汇兑损益的处理。

　　（11）合并政策，是指编制合并财务报表所采用的原则。例如，母公司与子公司的会计年度不一致的处理原则；合并范围的确定原则等。

二、会计政策变更及其条件

　　（一）会计政策变更的概念

　　会计政策变更，是指企业对相同的交易或者事项由原来采用的会计政策改用另一会计政策的行为。一般情况下，为保证会计信息的可比性，使财务报告使用者在比较企业一个以上期间的财务报表时，能够正确判断企业的财务状况、经营成果和现金流量的趋势，企业在不同的会计期间应采用相同的会计政策，不应也不能随意变更会计政策。否则，势必削弱会计信息的可比性，使财务报告使用者在比较企业的经营成果时发生困难。

需要注意的是，企业不能随意变更会计政策并不意味着企业的会计政策在任何情况下均不能变更。

（二）会计政策变更的条件

会计政策变更，并不意味着以前期间的会计政策是错误的，只是由于情况发生了变化，或者掌握了新的信息、积累了更多的经验，使得变更会计政策能够更好地反映企业的财务状况、经营成果和现金流量。如果以前期间会计政策的选择和运用是错误的，则属于前期差错，应按前期差错更正的会计处理方法进行处理。符合下列条件之一的，企业可以变更会计政策。

1.法律、行政法规或国家统一的会计制度等要求变更

这种情况是指，依照法律、行政法规以及国家统一的会计准则制度的规定，要求企业采用新的会计政策。在这种情况下，企业应按规定改变原会计政策，采用新的会计政策。例如，政府补助准则发布实施以后，对政府补助的确认、计量和相关信息的披露应采用新的会计政策；再如，实施无形资产准则的企业，对使用寿命不确定的无形资产应按照新准则规定不予摊销。

2.会计政策的变更能够提供更可靠、更相关的会计信息

这种情况是指，由于经济环境、客观情况的改变，使企业原来采用的会计政策所提供的会计信息，已不能恰当地反映企业的财务状况、经营成果和现金流量等情况。在这种情况下，应改变原有会计政策，按新的会计政策进行核算，以对外提供更可靠、更相关的会计信息。

需要注意的是，除法律、行政法规或者国家统一的会计准则制度等要求变更会计政策应当按照规定执行和披露外，企业因满足上述第2条的条件变更会计政策时，必须有充分、合理的证据表明其变更的合理性，并说明变更会计政策后，能够提供关于企业财务状况、经营成果和现金流量等更可靠、更相关会计信息的理由。对会计政策的变更，应经股东大会或董事会等类似机构批准。如无充分、合理的证据表明会计政策变更的合理性或者未经股东大会等类似机构批准擅自变更会计政策的，或者连续、反复地自行变更会计政策的，视为滥用会计政策，按照前期差错更正的方法进行处理。

（三）不属于会计政策变更的情形

对会计政策变更的认定，直接影响到会计处理方法的选择。企业应当分清哪些属于会计政策变更，哪些不属于会计政策变更。下列情况则不属于会计政策变更。

1.本期发生的交易或者事项与前期相比，在实质上有较大差别，而采用新的会计政策

例如，企业前期对固定资产进行保养和大修理，通常将维修和保养费用计入期间损益，但本期对固定资产所进行的改良则能延长固定资产的使用寿命，则采用资本化的方式，将改良支出计入固定资产成本。由于两种支出存在本质上的不同，因而新的处理方法不属于会计政策变更。

2.对初次发生的或不重要的交易或者事项采用新的会计政策

例如，企业在2006年前对于存货的发出计价方法一直采用的是后进先出法，2006年我国制定存货新准则，取消了后进先出法，该企业在2007年对存货的发出计价方法变更为移动加权平均法，此变化属于对初次发生的事项采用新的会计政策，不属于会计政策变更。

三、会计政策变更的账务处理

（一）按照国家相关规定执行

企业依据法律、行政法规或者国家统一的会计制度等的要求变更会计政策的，应当按照国家相关规定执行。

（二）采用追溯调整法处理

会计政策变更能够提供更可靠、更相关的会计信息的，应当采用追溯调整法处理，将会计政策变更累积影响数调整列报前期最早期初留存收益，其他相关项目的期初余额和列报前期披露的其他比较数据也应当一并调整，但确定该项会计政策变更影响数不切实可行的除外。

追溯调整法，是指对某项交易或事项变更会计政策，视同该项交易或事项初次发生时即采用变更后的会计政策，并以此对财务报表相关项目进行调整的方法。

追溯调整法的运用通常由以下几个步骤构成。

1.计算会计政策变更的累积影响数

会计政策变更累积影响数，是指按照变更后的会计政策对以前各期追溯计算的列报前期最早期初留存收益应有金额与现有金额之间的差额。会计政策变更的累积影响数，是假设与会计政策变更相关的交易或事项在初次发生时即采用新的会计政策，而得出的列报前期最早期初留存收益应有金额与现有金额之间的差额。这里的留存收益，包括当年和以前年度的未分配利润和按照相关法律规定提取并累积的盈余公积。会计政策变更的累积影响数，是对变更会计政策所导致的对净利润的累积影响，以及由此导致的对利润分配及未分配利润的累积影响金额，不包括分配的利润或股利。

上述变更会计政策当期期初现有的留存收益金额，即上期资产负债表所反映的留存收益期末数，可以从上期资产负债表项目中获得。追溯调整后的留存收益金额，指扣除所得税后的净额，即按新的会计政策计算确定留存收益时，应当考虑由于损益变化所导致的所得税影响的情况。

会计政策变更的累积影响数，通常可以通过以下各步计算获得。

（1）根据新的会计政策重新计算受影响的前期交易或事项。

（2）计算两种会计政策下的差异。

（3）计算差异的所得税影响金额。

（4）确定前期中每一期的税后差异。

（5）计算会计政策变更的累积影响数。

2. 相关的账务处理

3. 调整财务报表相关项目

4. 财务报表附注说明

采用追溯调整法时，会计政策变更的累积影响数应包括在变更当期期初留存收益中。但是，如果提供可比财务报表，对于比较财务报表期间的会计政策变更，应调整各该期间净利润各项目和财务报表其他相关项目，视同该政策在比较财务报表期间一直采用。对于比较财务报表可比期间以前的会计政策变更的累积影响数，应调整比较财务报表最早期间的期初留存收益，财务报表其他相关项目的数字也应一并调整。

课堂案例展示 9-1

甲股份有限公司（以下简称甲公司）是一家海洋石油开采公司，于 20×2 年开始建造一座海上石油开采平台，根据法律、法规规定，该开采平台在使用期满后要将其拆除，需要对其造成的环境污染进行整治。20×3 年 12 月 15 日，该开采平台建造完成并交付使用，建造成本共120 000 000 元，预计使用寿命为 10 年，采用平均年限法计提折旧。20×9 年 1 月 1 日甲公司开始执行《企业会计准则》，《企业会计准则》对于具有弃置义务的固定资产，要求将相关弃置费用计入固定资产成本，对之前尚未计入资产成本的弃置费用，应当进行追溯调整。已知甲公司保存的会计资料比较齐备，可以通过会计资料追溯计算。甲公司预计该开采平台的弃置费用为 10 000 000元。假定折现率（即为实际利率）为 10%。不考虑企业所得税和其他税法因素影响。该公司按净利润的 10% 提取法定盈余公积。

解析：甲公司的会计处理如下。

（1）计算确认弃置义务后的累积影响数见表 9-1。

20×4 年 1 月 1 日，该开采平台计入资产成本弃置费用的现值
＝ 10 000 000×（P/S，10%，10）＝ 10 000 000×0.385 5 ＝ 3 855 000（元）

每年应计提折旧 ＝ 3 855 000÷10 ＝ 385 500（元）

表9-1　弃置义务后的累积影响数

单位：元

年 份	计息金额	实际利率	利息费用①	折旧②	税前差异 -（①＋②）	税后差异
20×4	3 855 000	10%	385 500	385 500	−771 000	−771 000
20×5	4 240 500	10%	424 050	385 500	−809 550	−809 550
20×6	4 664 550	10%	466 455	385 500	−851 955	−851 955
20×7	5 131 005	10%	513 100.50	385 500	−898 600.50	−898 600.50
小 计	—	—	1 789 105.50	1 542 000	−3 331 105.50	−3 331 105.50
20×8	5 644 105.50	10%	564 410.55	385 500	−949 910.55	−949 910.55
合 计	—	—	2 353 516.05	1 927 500	−4 281 016.05	−4 281 016.05

甲公司确认该开采平台弃置费用后的税后净影响额为 −4 281 016.05 元，即为该公司确认该开采平台弃置费用后的累积影响数。

（2）会计处理。

①调整确认的弃置费用

借：固定资产——开采平台——弃置义务　　　　3 855 000
　　贷：预计负债——开采平台——弃置义务　　　　　　　　3 855 000

②调整会计政策变更累积影响数

借：利润分配——未分配利润   4 281 016.05

  贷：累计折旧   1 927 500

    预计负债——开采平台——弃置义务   2 353 516.05

③调整利润分配

借：盈余公积——法定盈余公积（4 281 016.05×10%） 428 101.61

  贷：利润分配——未分配利润   428 101.61

（3）报表调整。

甲公司在编制20×9年度的财务报表时，应调整资产负债表的年初数（表9-2），利润表、股东权益变动表的上年数（表9-3、表9-4）也应做相应调整。20×9年12月31日资产负债表的期末数栏、股东权益变动表的未分配利润项目上年数栏应以调整后的数字为基础编制。

表9-2 资产负债表（简表）

会企01表

编制单位：甲股份有限公司   20×9年12月31日   单位：元

资　产	年初余额		负债和股东权益	年初余额	
	调整前	调整后		调整前	调整后
……			……		
固定资产			预计负债	0	6 208 516.05
开采平台	60 000 000	61 927 500	……		
			盈余公积	1 700 000	1 271 898.39
			未分配利润	4 000 000	147 085.56
……			……		

在利润表中，根据账簿的记录，甲公司重新确认了20×8年度营业成本和财务费用分别调增385 500元和564 410.55元，其结果为净利润调减949 910.55元。

表9-3 利润表（简表）

会企02表

编制单位：甲股份有限公司   20×9年度   单位：元

项　目	上期金额	
	调整前	调整后
一、营业收入	18 000 000	18 000 000
减：营业成本	13 000 000	13 385 500
……		
财务费用	260 000	824 410.55
……		
二、营业利润	3 900 000	2 950 089.45
……		
四、净利润	4 060 000	3 110 089.45
……		

表9-4　所有者权益变动表（简表）

会企04表

编制单位：甲股份有限公司　　　　　　20×9年度　　　　　　　　单位：元

项　目		盈余公积	未分配利润	……
……	……			
一、上年年末余额		1 700 000	4 000 000	
加：会计政策变更		−428 101.61	−3 852 914.44	
前期差错更正				
二、本年年初余额		1 271 898.39	147 085.56	
……				

（4）附注说明。

20×9年1月1日，甲股份有限公司按照《企业会计准则》规定，对20×3年12月15日建造完成并交付使用的开采平台的弃置义务进行确认。此项会计政策变更采用追溯调整法，20×8年的比较报表已重新表述。20×8年运用新的方法追溯计算的会计政策变更累积影响数为−4 281 016.05元。会计政策变更对20×8年度报告的损益的影响为减少净利润949 910.55元，调减20×8年的期末留存收益4 281 016.05元，其中，调减盈余公积428 101.61元，调减未分配利润3 852 914.44元。

（三）采用未来适用法处理

确定会计政策变更对列报前期影响数不切实可行的，应当从可追溯调整的最早期间期初开始应用变更后的会计政策。在当期期初确定会计政策变更对以前各期累积影响数不切实可行的，应当采用未来适用法处理。

1. 不切实可行的判断

不切实可行，是指企业在做出所有合理努力后仍然无法采用某项规定。即企业在采取所有合理的方法后，仍然不能获得采用某项规定所必需的相关信息，而导致无法采用该项规定，则该项规定在此时是不切实可行的。

对于以下特定前期，对某项会计政策变更应用追溯调整法或进行追溯重述以更正一项前期差错是不切实可行的。

（1）应用追溯调整法或追溯重述法的累积影响数不能确定。

（2）应用追溯调整法或追溯重述法要求对管理层在该期当时的意图做出假定。

（3）应用追溯调整法或追溯重述法要求对有关金额进行重新估计，并且不可能将提供有关交易发生时存在状况的证据（如有关金额确认、计量或披露日期存在事实的证据，以及在受变更影响的当期和未来期间确认会计估计变更的影响的证据）和该期间财务报告批准报出时能够取得的信息这两类信息与其他信息客观地加以区分。

在某些情况下，调整一个或者多个前期比较信息以获得与当期会计信息的可比性是不切实可行的。例如，企业因账簿、凭证超过法定保存期限而销毁，或因不可抗力而毁坏、遗失，如火灾、水灾等，或因人为因素，如盗窃、故意毁坏等，可能使当期期初确定会计政策变更对以前各期累积影响数无法计算，即不切实可行，此时，会计政策变更应当采用未来适用法进行处理。

2.未来适用法

未来适用法，是指将变更后的会计政策应用于变更日及以后发生的交易或者事项，或者在会计估计变更当期和未来期间确认会计估计变更影响数的方法。

在未来适用法下，不需要计算会计政策变更产生的累积影响数，也无须重编以前年度的财务报表。对于企业会计账簿记录及财务报表上反映的金额，在变更之日仍保留原有的金额，不因会计政策变更而改变以前年度的既定结果，在现有金额的基础上再按新的会计政策进行核算。

任务二 会计估计变更

一、会计估计的概念

（一）会计估计的概念

会计估计，是指企业对其结果不确定的交易或事项以最近可利用的信息为基础所做的判断。会计估计具有以下特点。

1.会计估计的存在是由于经济活动中内在的不确定因素的影响所造成的

经济活动是复杂多变的，因此会计核算建立在一定假设的前提下。例如，为了保证会计核算的客观性，根据权责发生基础对无形资产进行摊销，企业则需要对无形资产的使用年限、技术特点等进行估计。

会计估算变更与会计
政策变更的区别

2.会计估计应当以最近可利用的信息或资料为基础

会计估计是对未来的估计，应当充分搜集和利用最近可以确定的信息作为估计的依据。因为最新的信息是最接近目标的信息，以其为基础所做的估计最接近实际。企业如果没有充分搜集和利用最近能利用的信息，而导致会计估计与实际发生严重偏差，则会发生会计差错。

3.进行会计估计并不会削弱会计核算的可靠性

会计估计是建立在具有确凿证据的前提下的，而不是随意的。企业根据当时所掌握的可靠证据做出的最佳估计，不会削弱会计核算的可靠性。例如，企业估计无形资产预计使用寿命，应当充分考虑该项无形资产的技术性能、历史资料、同行业同类无形资产的预计使用年限、本企业经营性质和当期的技术更新等诸多因素，并掌握确凿证据后确定。

（二）常见的会计估计项目

下列各项属于常见的需要进行估计的项目。

（1）存货可变现净值的确定。

（2）采用公允价值模式下的投资性房地产公允价值的确定。

（3）固定资产的预计使用寿命与净残值，固定资产的折旧方法、弃置费用的确定。

（4）使用寿命有限的无形资产的预计使用寿命与净残值、摊销方法。

（5）可收回金额按照资产组的公允价值减去处置费用后的净额确定的，确定公允价值减去处置费用后的净额的方法；可收回金额按照资产组预计未来现金流量的现值确定的，预计未来现金流量的确定。

（6）建造合同或劳务合同完工进度的确定。

（7）公允价值的确定。

（8）预计负债初始计量的最佳估计数的确定。

（9）承租人对未确认融资费用的分摊，出租人对未实现融资收益的分配。

二、会计估计变更的概念及其原因

（一）会计估计变更的概念

会计估计变更，是指由于资产和负债的当前状况及预期经济利益和义务发生了变化，从而对资产或负债的账面价值或者资产的定期消耗金额进行重估和调整。

由于企业经营活动中内在不确定因素的影响，某些财务报表项目不能精确地计量，而只能加以估计。如果赖以进行估计的基础发生了变化，或者由于取得新的信息、积累更多的经验以及后来的发展变化，可能需要对会计估计进行修正。

（二）会计估计变更的原因

会计估计变更的原因通常有以下两点。

（1）赖以进行估计的基础发生了变化。

企业进行会计估计，总是要依赖于一定的基础，如果其所依赖的基础发生了变化，则会计估计也应相应做出改变。例如，企业特种汽车预计使用年限为10年，后来国家规定该类汽车使用5年后必须报废，以保证城市空气清新，该项固定资产的使用年限为5年，则应相应调减固定资产的预计使用年限。

（2）取得了新的信息，积累了更多的经验。

企业进行会计估计是就现有资料对未来所做的判断，随着时间的推移，企业有可能取得新的信息、积累更多的经验，在这种情况下，也需要对会计估计进行修订。例如，企业原来根据当时能够得到的信息，对应收款项按其余额的2%计提坏账准备。现在掌握了新的信息，判定不能收回的应收款项比例已达到12%，企业改按12%的比例计提坏账准备。

三、会计估计的账务处理

会计估计变更应采用未来适用法处理，即在会计估计变更当期及以后期间，采用新的会计估计，不改变以前期间的会计估计，也不调整以前期间的报告结果。

（1）如果会计估计的变更仅影响变更当期，有关估计变更的影响应于当期确认。

（2）如果会计估计的变更既影响变更当期又影响未来期间，有关估计变更的影响在当期及以后各期确认。例如，固定资产的使用寿命或预计净残值的估计发生的变更，常常影响变更当期及资产以后使用年限内各个期间的折旧费用。因此，这类会计估计的变更，应于变更当期及以后各期确认。

会计估计变更的影响数应记入变更当期与前期相同的项目中。

（3）企业难以对某项变更区分为会计政策变更或会计估计变更的，应当将其作为会计估计变更处理。

课堂案例展示 9-2

乙公司于 20×9 年 1 月 1 日起对某管理用的设备计提折旧，原价为 84 000 元，预计使用寿命为 8 年，预计净残值为 4 000 元，按年限平均法计提折旧。2×13 年年初，由于新技术发展等原因，需要对原估计的使用寿命和净残值做出修正，修改后该设备预计尚可使用年限为 2 年，预计净残值为 2 000 元。乙公司适用的企业所得税税率为 25%。

解析：乙公司对该项会计估计变更的会计处理如下。

（1）不调整以前各期折旧，也不计算累积影响数。

（2）变更日以后改按新的估计计提折旧。

按原估计，每年折旧额为 10 000 元，已提折旧 4 年，共计 40 000 元，该项固定资产账面价值为 44 000 元，则第 5 年相关科目的期初余额如下。

固定资产	84 000
减：累计折旧	40 000
固定资产账面价值	44 000

改变预计使用年限后，从 2×13 年起每年计提的折旧费用为 21 000 元 [（44 000−2 000）÷2]。2×13 年不必对以前年度已提折旧进行调整，只需按重新预计的尚可使用年限和净残值计算确定折旧费用，有关账务处理如下。

借：管理费用　　　　　　　21 000
　　贷：累计折旧　　　　　　　　　　21 000

（3）财务报表附注说明。

本公司一台管理用的设备成本为 84 000 元，原预计使用寿命为 8 年，预计净残值为 4 000 元，按年限平均法计提折旧。由于新技术发展，该设备已不能按原预计使用寿命计提折旧，本公司于 2×13 年年初将该设备的预计尚可使用寿命变更为 2 年，预计净残值变更为 2 000 元，以反映该设备在目前状况下的预计尚可使用寿命和净残值。此估计变更将减少本年度净利润 8 250 元 [（21 000−10 000）×（1−25%）]。

任务三　前期差错更正

一、前期差错的概念

前期差错，是指由于没有运用或者错误运用下列信息，而对前期财务报表造成的省略和错报。

（1）编报前期财务报表时预期能够取得并加以考虑的可靠信息。

（2）前期财务报告报出时能够取得的可靠信息。

前期差错通常包括计算错误、应用会计政策错误、疏忽或曲解事实、舞弊产生的影响，以及存货、固定资产盘盈等。

前期差错和会计估计变更很容易混淆，两者的主要区别是在前期进行会计处理时会计人员是否主动积极获取相关信息，并做出客观判断。

课堂案例展示 9-3

客户 C 是 A 公司的主要债务人（A 公司的应收账款主要是由 C 公司构成的），A 公司对 C 公司的应收账款计提坏账准备。C 公司由于经营不善资金链紧张，申请债务重组。判断 A 公司在债务重组发生于财务报告批准前和批准后的会计处理有什么不同？

解析：如果 C 公司在 A 公司财务报告批准前申请债务重组，A 公司会计没有注意这个信息，仍按以前的比例计提相关坏账，则属于前期差错；如果 C 公司申请债务重组在 A 公司的财务报告批准后，A 公司按以前比例计提 C 公司的坏账则属于会计估计变更。

二、前期差错更正的会计处理

企业发现前期差错时，应当根据差错的性质及时更正。

1. 企业应当采用追溯重述法更正重要的前期差错，但确定前期差错累积影响数不切实可行的除外

追溯重述法，是指在发现前期差错时，视同该项前期差错从未发生过，从而对财务报表相关项目进行更正的方法。追溯重述法的具体应用与追溯调整法相同。

对于不重要的前期差错，可以采用未来适用法更正。前期差错的重要程度，应根据差错的性质和金额加以具体判断。

2. 企业应当在重要的前期差错发现当期的财务报表中，调整前期比较数据

课堂案例展示 9-4

2018 年 12 月 31 日，甲公司发现 2017 年公司漏记一项管理用固定资产的折旧费用 300 000 元，所得税申报表中也未扣除该项费用。假定 2017 年甲公司适用所得税税率为 25%，无其他纳税调整事项。该公司按净利润的 10% 和 5% 提取法定盈余公积和任意盈余公积。

解析：（1）分析前期差错的影响数。

2017 年少计折旧费用 300 000 元；多计所得税费用 75 000 元（300 000×25%）；多计净利润 225 000 元；多计应交税费 75 000 元（300 000×25%）；多提法定盈余公积和任意盈余公积 22 500 元（225 000×10%）和 11 250 元（225 000×5%）。

（2）编制有关项目的调整分录。

①补提折旧

借：以前年度损益调整——管理费用	300 000	
贷：累计折旧		300 000

②调整应交所得税

借：应交税费——应交所得税	75 000	
贷：以前年度损益调整——所得税费用		75 000

③将"以前年度损益调整"科目余额转入未分配利润

借：利润分配——未分配利润	225 000	
贷：以前年度损益调整——本年利润		225 000

④因净利润减少，调减盈余公积

借：盈余公积——法定盈余公积	22 500	
——任意盈余公积	11 250	
贷：利润分配——未分配利润		33 750

（3）财务报表调整和重述（财务报表略）。

甲公司在列报 2018 年度财务报表时，应调整 2017 年度财务报表的相关项目。

①资产负债表项目的调整

调减固定资产 300 000 元；调减应交税费 75 000 元；调减盈余公积 33 750 元；调减未分配利润 191 250 元。

②利润表项目的调整

调增管理费用 300 000 元，调减所得税费用 75 000 元，调减净利润 225 000 元（需要对每股收益进行披露的企业应当同时调整基本每股收益和稀释每股收益）。

③所有者权益变动表项目的调整

调减前期差错更正项目中盈余公积上年金额 33 750 元，未分配利润上年金额 191 250 元，所有者权益合计上年金额 225 000 元。

④财务报表附注说明

本年度发现 2017 年漏记固定资产折旧 300 000 元，在编制 2018 年和 2017 年比较财务报表时，已对该项差错进行了更正。更正后，调减 2017 年净利润 225 000 元，调增累计折旧 300 000 元。

 课后专业测评

一、单项选择题

1. 关于企业会计政策的选用，下列情形中不符合相关规定的是（ ）。

A. 因原采用的会计政策不能可靠地反映企业的真实情况而改变会计政策

B. 会计准则要求变更会计政策

C. 为减少当期费用而改变会计政策

D. 因执行《企业会计准则》将对子公司投资由权益法核算改为成本法核算

2. 甲公司发生的下列交易或事项中，属于会计政策变更的是（ ）。

A. 年末根据当期发生的暂时性差异所产生的递延所得税负债调整本期所得税费用

B. 投资性房地产核算由成本模式计量改为公允价值模式计量

C. 因固定资产改良将其折旧年限由 8 年延长为 12 年

D. 固定资产折旧方法由直线法改为双倍余额递减法

3. 企业发生的下列交易或事项中，不属于会计政策变更的是（ ）。

A. 建造合同收入的确认方法由完成合同法改为完工百分比法

B. 坏账损失的处理由直接转销法改为备抵法

C. 投资性房地产后续计量由公允价值模式改为成本模式

D. 因执行新准则将全部短期投资改为交易性金融资产核算

4. 关于会计政策变更的累积影响数，下列说法不正确的有（ ）。

A. 计算会计政策变更累积影响数时，不需要考虑利润或股利的分配

B. 如果提供可比财务报表，则对于比较财务报表可比期间以前的会计政策变更累积影响数，应调整比较财务报表最早期间的期初留存收益

C. 如果提供可比财务报表，则对于比较财务报表期间的会计政策变更，应调整该期间净损益各项目和财务报表其他相关项目

D. 累积影响数的计算不需要考虑所得税影响

5. 企业发生的下列事项中，一般需采用追溯调整法进行会计处理的是（ ）。

A. 无形资产预计使用年限发生变化而改变摊销年限

B. 由于新准则的发布，长期债权投资划分为持有至到期投资，其折价摊销由直线法改为实际利率法

C. 固定资产经济利益实现方式发生变化而改变折旧方法

D. 两年前购置了一项具有弃置义务的固定资产，本年年初开始执行《企业会计准则》

6. 采用追溯调整法计算出会计政策变更的累积影响数，应当（　　　）。

A. 调整或反映变更当期及未来各期会计报表相关项目的数字

B. 只需要在报表附注中说明其累积影响

C. 重新编制以前年度会计报表

D. 调整变更当期期初留存收益，以及会计报表其他相关项目的期初余额和上期金额

7. 2018 年 2 月 1 日，某上市公司发现所使用的甲设备技术革新和淘汰速度加快，决定从该月起将设备预计折旧年限由原来的 10 年改为 6 年，当时公司 2017 年年报尚未报出，该经济事项应属于（　　　）。

A. 会计政策变更　　　　　　　　B. 会计估计变更

C. 会计差错更正　　　　　　　　D. 以前年度损益调整事项

二、多项选择题

1. 关于企业会计政策的选择和运用，下列说法中不正确的有（　　　）。

A. 实务中某项交易或者事项的会计处理，具体准则或应用指南未做规范的，企业可根据自身情况对该事项或交易做出任何处理

B. 企业应在国家统一的会计制度规定的会计政策范围内选择适用的会计政策

C. 会计政策应当保持前后各期的一致性

D. 会计政策所指的会计原则包括一般原则和特定原则

2. 下列各事项中，属于会计政策变更的有（　　　）。

A. 无形资产摊销方法由直线法改为生产总量法

B. 因执行会计准则将建造合同收入的确认方法由完成合同法改为完工百分比法

C. 因执行会计准则将分期收款销售商品（超过 3 年）由原分期确认收入改为按现值确认收入

D. 将自用房地产转为采用公允价值模式计量的投资性房地产

3. 下列交易或事项中，属于会计政策变更的有（　　　）。

A. 存货期末计价由按成本计价改为按成本与可变现净值孰低计价

B. 投资性房地产由成本模式计量改为公允价值模式计量

C. 固定资产由按直线法计提折旧改为按年数总和法计提折旧

D. 坏账准备的计提比例由应收账款余额的 5% 改为 10%

4. 下列各项中，属于会计政策变更的有（　　　）。

A. 根据会计准则要求，期末存货由成本法核算改按成本与可变现净值孰低法计价

B. 企业新设的零售部商品销售采用零售价法核算，其他库存商品继续采用实际成本法

C. 根据会计准则要求对商品流通企业的进货费用由计入当期损益改为计入存货成本

D. 由于物价变动，企业将存货发出方法由先进先出法改为加权平均法

5. 下列事项中，属于会计估计变更的有（　　　）。

A. 由于技术进步，将机器设备的折旧方法由直线法变更为年数总和法

B. 企业根据规定对资产计提准备，但考虑到本期利润指标超额完成太多，因此多提了存货跌价准备

C. 由于经营指标的变化，缩短长期待摊费用的摊销年限

D. 由于自然灾害使厂房的使用寿命受到影响，调减了预计使用年限

6. 下列各项中，属于会计估计变更的有（　　　　）。

A. 固定资产的净残值率由 9% 改为 7%

B. 存货的期末计价由成本法改为成本与可变现净值孰低法

C. 坏账准备的提取比例由 15% 降低为 10%

D. 法定盈余公积的提取比例由 15% 降低为 10%

7. 下列事项均发生于以前期间，应作为前期差错更正的有（　　　　）。

A. 由于技术进步，将电子设备的折旧方法由直线法变更为年数总和法

B. 考虑到利润指标超额完成太多，多提了存货跌价准备

C. 由于经营指标的变化，缩短了长期待摊费用的摊销年限

D. 会计人员将财务费用 200 万元误算为 2 000 万元

三、简答题

简述会计政策、会计估计的联系、区别及其会计处理方法的异同。

四、操作题

1. A 公司系上市公司，从 2009 年 1 月 1 日首次执行《企业会计准则》，该公司 2009 年 1 月 1 日将对 B 公司的一项短期股票投资重新分类为交易性金融资产。2009 年 1 月 1 日，该短期投资的账面余额为 200 万元，公允价值为 160 万元。该公司按净利润的 10% 提取盈余公积，A 公司适用的所得税税率为 25%。2009 年 12 月 31 日，该交易性金融资产的公允价值为 150 万元。

要求：（1）编制 A 公司 2009 年 1 月 1 日首次执行《企业会计准则》的会计分录。

（2）将 2009 年 1 月 1 日资产负债表部分项目的调整数填入表 9-5。

表9-5　2009年1月1日资产负债表部分项目的调整数

项　目	金额/万元	
	调增（＋）	调减（－）
交易性金融资产		
递延所得税资产		
盈余公积		
未分配利润		

（3）编制 2009 年 12 月 31 日交易性金融资产公允价值变动及确认递延所得税的会计分录。

2. 正保股份有限公司（以下简称正保公司）所得税采用资产负债表债务法，所得税税率为 25%；按净利润 10% 计提盈余公积。该公司在 2018 年 12 月份在内部审计中发现下列问题。

（1）2017 年年末库存钢材账面余额为 305 万元。经检查，该批钢材的预计售价为 270 万元，预计销售费用和相关税金为 15 万元。当时，由于疏忽，将预计售价误记为 360 万元，未计提存货跌价准备。

（2）2017 年 12 月 15 日，正保公司购入 800 万元股票，作为交易性金融资产。至年末尚未出售，12 月末的收盘价为 740 万元。正保公司按其成本列报在资产负债表中。

（3）正保公司于 2017 年 1 月 1 日支付 3 000 万元对价，取得了丁公司 80% 股权，实现了非同一控制下的企业合并，使丁公司成为正保公司的子公司。2017 年丁公司实现净利润 500 万元，正保公司按权益法核算确认了投资收益 400 万元。

（4）2017 年 1 月正保公司从其他企业收购了 100 辆巴士汽车，确认了巴士汽车牌照专

属使用权 800 万元，作为无形资产核算。正保公司从 2017 年起按照 10 年进行该无形资产摊销。经检查，巴士牌照专属使用权没有使用期限。假设按照税法规定，无法确定使用寿命的无形资产按 10 年摊销。

（5）2017 年 8 月正保公司收到市政府拨付的技术款 200 万元，正保公司将其计入了资本公积（其他资本公积）。此笔款项由于计入了资本公积，未做纳税调整，当年没有申报所得税。

要求：将上述发现的问题按照《企业会计准则》的要求进行差错更正。

 ## 课外知识拓展

1.《企业会计准则第 28 号——会计政策、会计估计变更和差错更正》（2006 年 2 月 15 日财政部发布，自 2007 年 1 月 1 日起施行）

2.《企业会计准则——应用指南（2006）》（2006 年 10 月 30 日财政部发布，自 2007 年 1 月 1 日起施行）

3.《企业会计准则解释第 1 号》（2007 年 11 月 16 日财政部发布，自 2007 年 1 月 1 日起施行）

4.《企业会计准则解释第 2 号》（2008 年 8 月 7 日财政部发布）

5.《企业会计准则解释第 3 号》（2009 年 6 月 11 日财政部发布，自 2009 年 1 月 1 日起施行）

6.《企业会计准则解释第 4 号》（2010 年 7 月 14 日财政部发布）

7.《企业会计准则解释第 5 号》（2012 年 11 月 5 日财政部发布）

项 目 十

资产负债表日后事项

项　　目	课程专业能力	完成情况
资产负债表日后事项	熟悉资产负债表日后非调整事项的披露方法	
	掌握资产负债表日后事项的概念和内容，能正确判断调整事项与非调整事项	
	掌握资产负债表日后调整事项的处理原则及会计处理方法	
师生总结		

课前项目直击

　　企业编制财务报告需要一个过程，由于资产负债表日和报出日之间存在着时间差，在这段时间里发生的一些事项有可能对财务报告产生重大影响，而根据事项在资产负债表日前后存在时间的不同产生了调整事项和非调整事项。那么，如何对调整事项和非调整事项进行确认、计量？如何披露相关信息？

任务一　资产负债表日后事项概述

一、资产负债表日后事项概念

　　资产负债表日后事项，是指资产负债表日至财务报告批准报出日之间发生的有利和不利事项。

　　（一）资产负债表日

　　资产负债表日是指会计年度末和会计中期期末。其中，年度资产负债表日是指公历 12 月 31 日；会计中期是指短于一个完整的会计年度的报告期间，包括半年度、季度和月度等，会计中期期末指的是公历半年末、季末和月末等。

　　（二）财务报告批准报出日

　　财务报告批准报出日是指董事会或类似机构批准财务报告报出的日期。通常是指对财务报告的内容负有法律责任的单位或个人批准财务报告对外公布的日期。

　　财务报告的批准者包括所有者、所有者中的多数、董事会或类似的管理单位、部门和个人。公司制企业的董事会有权批准对外公布财务报告，因此，公司制企业财务报告批准报出日是指董事会批准财务报告报出的日期。对于非公司制企业，财务报告批准报出日是指经理（厂长）会议或类似机构批准财务报告报出的日期。

　　（三）有利事项和不利事项

　　资产负债表日后事项肯定对企业财务状况和经营成果具有一定影响，既包括有利影响也包括不利影响。如果某些事项的发生对企业并无任何影响，那么这些事项既不是有利事项也不是不利事项，也就不属于资产负债表日后事项。不管有利事项还是不利事项，对它们的处理原则是相同的，即如果它们属于调整事项，均应进行会计处理并调整报告年度或报告中期的财务报表，如果它们属于非调整事项，则在报告年度或报告中期的附注中进行披露。

二、资产负债表日后事项涵盖的期间

　　资产负债表日后事项涵盖的期间是自资产负债表日后至财务报告批准报出日止的一段时间。具体包括以下内容。

　　（1）报告年度次年的 1 月 1 日或报告下一期间的第一天至董事会或类似机构批准财务报告对外公布的日期。

（2）财务报告批准报出以后、实际报出之前又发生了与资产负债表日后事项有关的事项，并由此影响财务报告对外公布日期的，应以董事会或类似机构再次批准财务报告对外公布的日期为截止日期。

课堂案例展示 10-1

某上市公司 2017 年的年度财务报告于 2018 年 3 月 22 日编制完成，注册会计师完成年度财务报表审计工作并签署审计报告的日期为 2018 年 4 月 15 日，董事会批准财务报告对外公布的日期为 4 月 20 日，财务报告实际对外公布的日期为 4 月 22 日，股东大会召开日期为 2018 年 5 月 15 日，界定该公司 2017 年度资产负债表日后事项涵盖的期间。

解析：根据规定，甲公司 2017 年度财务报告资产负债表日后事项涵盖的期间为 2018 年 1 月 1 日至 4 月 20 日（财务报告批准报出日）。如果在 4 月 20 日至 4 月 22 日之间发生了重大事项，需要调整财务报表相关项目的数据或需要在财务报告附注中披露，经调整或说明后的财务报告再经董事会批准报出的日期为 4 月 27 日，实际报出日期为 4 月 29 日，则资产负债表日后事项涵盖的期间为 2018 年 1 月 1 日至 4 月 27 日。

三、资产负债表日后事项的内容

资产负债表日后事项包括资产负债表日后调整事项（以下简称调整事项）和资产负债表日后非调整事项（以下简称非调整事项）。

（一）调整事项

资产负债表日后调整事项，是指对资产负债表日已经存在的情况提供了新的或进一步证据的事项。如果资产负债表日及所属会计期间已经存在的某种情况，但当时并不知道其存在或者不能知道确切结果，资产负债表日后发生的事项能够证实该情况存在或者知道确切结果的，则该事项属于资产负债表日后调整事项，即资产负债表日后事项对资产负债表日的情况提供了进一步的证据，证据表明的情况与原来的估计和判断不完全一致，则需要对原来的会计处理进行调整。

1.调整事项的特点

（1）在资产负债表日已经存在，资产负债表日后得以证实的事项。

（2）对资产负债表日存在状况编制的财务报表产生重大影响的事项。

2.调整事项通常包括以下情形

（1）资产负债表日后诉讼案件结案，法院判决证实了企业在资产负债表日已经存在的现实义务，需要调整原先确认的与该诉讼案件相关的预计负债，或确认一项新负债。

（2）资产负债表日后取得确凿证据，表明某项资产在资产负债表日发生了减值或者需要调整该项资产原先确认的减值金额。

（3）资产负债表日后进一步确定了资产负债表日前购入资产的成本或售出资产的收入。

（4）资产负债表日后发现了财务报告舞弊或差错。

（二）非调整事项

资产负债表日后非调整事项，是指表明资产负债表日后发生的情况的事项。资产负债表日后非调整事项虽然不影响资产负债表日的存在情况，但若不加以说明将会影响财务报告使用者做出正确估计和决策。

1.非调整事项的特点

（1）资产负债表日并未发生或存在，完全是资产负债表日后发生的事项。

（2）对理解和分析财务报告有重大影响的事项。

2.非调整事项的情形

（1）资产负债表日后发生以下的重大诉讼、仲裁、承诺。

（2）资产负债表日后资产价格、税收政策、外汇汇率发生重大变化。

（3）资产负债表日后因自然灾害导致发生重大损失。

（4）资产负债表日后发行股票和债券以及其他巨额举债。

（5）资产负债表日后资本公积转增资本。

（6）资产负债表日后发生巨额亏损。

（7）资产负债表日后发生企业合并或处置子公司。

（8）资产负债表日后，企业利润分配方案中拟分配的以及经审议批准宣告发放的股利或利润。

（三）调整事项与非调整事项的区别

资产负债表日后发生的某一事项究竟是调整事项还是非调整事项，取决于该事项表明的情况在资产负债表日或资产负债表日以前是否已经存在。若该情况在资产负债表日或以前已经存在，则属于调整事项；反之，则属于非调整事项。

课堂案例展示 10-2

乙公司因财务状况恶化无法支付甲公司的货款，导致甲公司发生坏账损失。假设甲公司在编制 2017 年度财务报告时有两种情况。

（1）2017 年 12 月 31 日甲公司根据掌握的资料判断，乙公司有可能破产清算，估计该应收账款将有 40% 无法收回，故按 40% 计提了坏账准备。十天后，甲公司收到通知，乙公司已宣告破产清算，甲公司估计有 70% 的应收账款无法收回。

（2）2017 年 12 月 31 日乙公司的财务状况良好，甲公司预计应收账款可按时收回。十天后，乙公司所在地区发生地震，几乎损毁了全部厂房和设备，导致甲公司 80% 的应收账款无法收回。

解析：（1）导致甲公司发生坏账的原因是乙公司财务状况恶化，该事实在资产负债表日已经存在，乙公司被宣告破产清算，只是证实了资产负债表日财务状况恶化的情况，因此，该事项属于调整事项。（2）导致甲公司发生坏账的原因是乙公司遭受地震灾害，不可预计，该事实完全是在资产负债表日以后才发生的，因此，该事项属于非调整事项。

任务二 资产负债表日后调整事项

一、资产负债表日后调整事项的处理原则

企业发生的资产负债表日后调整事项，应当调整资产负债表日的财务报表。对于年度财务报告而言，由于资产负债表日后事项发生在财务报告的次年，报告年度的有关账目已经结转，特别是损益类科目在结账后已无余额。因此，资产负债表日后发生的调整事项应

分别以下列情况进行处理。

1. 涉及损益的事项，通过"以前年度损益调整"科目核算

调整增加以前年度收益或调整减少以前年度亏损的事项，以及调整减少的所得税费用，记入"以前年度损益调整"科目的贷方；反之，记入"以前年度损益调整"科目的借方。调整完成后，将"以前年度损益调整"科目的贷方或借方余额转入"利润分配——未分配利润"科目。

需要注意的是，涉及损益的调整事项如果发生在资产负债表所属年度（即报告年度）所得税汇算清缴前的，应调整报告年度应纳税所得额、应纳所得税税额；发生在报告年度所得税汇算清缴后的，应调整本年度（即报告年度的次年）应纳税所得额、应纳所得税税额。

2. 涉及利润分配调整的事项，直接在"利润分配——未分配利润"科目中核算

3. 不涉及损益以及利润分配的事项，调整相关科目

通过上述账务处理后，还应同时调整财务报表相关项目的数字，包括以下三种数字。

（1）资产负债表日编制的财务报表相关项目的期末数或本年发生数。

（2）当期编制的财务报表相关项目的期初数或上年数。

（3）经过上述调整后，如果涉及报表附注内容的，还应调整报表附注相关项目的数字。

二、资产负债表日后调整事项的会计处理方法

为简化处理，本项目所有案例均假定如下：财务报告批准报出日为次年3月31日，所得税税率为25%，按净利润的10%提取法定盈余公积，不再做其他分配；调整事项按税法规定均可调整应缴纳的所得税；涉及递延所得税资产的，均假定未来期间很可能取得用来抵扣暂时性差异的应纳税所得额；不考虑报表附注中有关现金流量表项目的数字。

（一）资产负债表日后诉讼案件结案，法院判决证实了企业在资产负债表日已经存在的现实义务，需要调整原先确认的与该诉讼案件相关的预计负债，或确认一项新负债

这一事项导致诉讼的事项在资产负债表日已经发生，但尚不具备确认负债的条件而未确认，资产负债表日后获得了新的证据（法院判决结果）表明符合负债的确认条件，因此，在财务报告中应确认为一项新负债；或者在资产负债表日虽已确认，但在日后获得进一步证据，表明需要调整已确认负债的金额。

课堂案例展示 10-3

甲企业与乙企业签订一项购销合同，合同中订明甲企业在2017年11月份内供应给乙企业一批物资。由于甲企业未能按照合同发货，致使乙企业发生重大经济损失。乙企业通过法律程序要求甲企业赔偿经济损失550万元。该诉讼案件在12月31日尚未判决，甲企业记录了400万元的预计负债，并将该项赔偿款反映在12月31日的会计报表上，乙企业未记录应收赔偿款。2018年2月10日，经法院一审判决，甲企业需要赔偿乙企业经济损失500万元，甲企业不再上诉，赔偿款已经支付。甲、乙企业2017年度所得税汇算清缴均在2018年3月5日完成（假定预计负债产生的损失不允许在所得税前抵扣，只有实际发生才允许扣除）。

解析：甲企业的账务处理如下。

1. 记录支付赔偿款。

（1）借：以前年度损益调整   1 000 000

       预计负债   4 000 000

         贷：其他应付款   5 000 000

（2）借：其他应付款   5 000 000

         贷：银行存款   5 000 000

注：资产负债表日后发生的调整事项如涉及现金收支项目的，均不调整报告年度资产负债表的货币资金项目和现金流量表各项目数字。本例中，虽然已经支付了赔偿款，但在调整财务报表相关项目数字时，只需要调整上述第（1）笔分录，不需要调整上述第（2）笔分录，第（2）笔分录作为 2018 年的会计事项处理。

2. 调整递延所得税资产。

借：以前年度损益调整——所得税费用（4 000 000×25%）   1 000 000

   贷：递延所得税资产   1 000 000

3. 调整应交所得税。

借：应交税费——应交所得税（5 000 000×25%）   1 250 000

   贷：以前年度损益调整——所得税费用   1 250 000

4. 将"以前年度损益调整"科目余额转入"利润分配"。

借：利润分配——未分配利润   750 000

   贷：以前年度损益调整——本年利润   750 000

5. 调减盈余公积。

借：盈余公积——提取法定盈余公积（750 000×10%）   75 000

   贷：利润分配——未分配利润   75 000

6. 调整报告年度财务报表相关项目的数字（财务报表略）。

（1）资产负债表项目的调整。

调增其他应付款 500 万元；调减递延所得税资产 100 万元；调减预计负债 400 万元；调减应交税费 125 万元；调减盈余公积 7.5 万元；调减未分配利润 67.5 万元。

（2）利润表项目的调整。

调增营业外支出 100 万元；调减所得税费用 25 万元。

（3）所有者权益变动表项目的调整。

调减净利润 75 万元，调减提取盈余公积 7.5 万元。

7. 调整 2018 年 2 月份资产负债表相关项目的年初数（资产负债表略）。

甲企业在编制 2018 年 1 月份的财务报表时，按照调整前 2017 年 12 月 31 日的资产负债表的数字作为资产负债表的年初数，由于发生了资产负债表日后调整事项，甲企业除了调整 2017 年度财务报表相关项目的数字外，还应当调整 2018 年 2 月份的资产负债表相关项目的年初数，其年初数按照 2017 年 12 月 31 日调整后的数字填列。

（二）资产负债表日后取得确凿证据，表明某项资产在资产负债表日发生了减值或者需要调整该项资产原先确认的减值金额

这一事项是指在资产负债表日，根据当时的资料判断某项资产可能发生了损失或减值，但没有最后确定是否会发生，因而按照当时的最佳估计金额反映在财务报表中。但在资产负债表日后所取得的确凿证据能证明该事实成立，即某项资产已经发生了损失或减值，则应对资产负债表日所做的估计予以修正。

课堂案例展示 10-4

甲公司 2017 年 6 月销售给乙公司一批产品，价款为 580 万元（含增值税），乙公司于 7 月收到产品并验收入库，按照合同规定乙公司应于收到所购产品后一个月内付款。由于乙公司财务状况不佳，直到 2017 年 12 月 31 日仍未付款。甲公司在 12 月 31 日编制 2017 年度会计报表时，已为该项应收账款提取坏账准备 29 万元。甲公司于 2018 年 2 月 3 日（所得税汇算清缴前）收到乙公司通知，公司已进行破产清算，无力偿还所欠部分货款，预计甲公司收回应收账款的 40%。

解析：甲公司的账务处理如下。

1. 补提坏账准备。

应补提的坏账准备 = 580×60%–29 = 319（万元）

借：以前年度损益调整——资产减值损失　　　　　　　　　3 190 000

　　贷：坏账准备　　　　　　　　　　　　　　　　　　　　　　　　3 190 000

2. 调整递延所得税资产。

借：递延所得税资产　　　　　　　　　　　　　　　　　797 500

　　贷：以前年度损益调整——所得税费用（3 190 000×25%）　　　　797 500

3. 将"以前年度损益调整"科目余额转入"利润分配"。

借：利润分配——未分配利润　　　　　　　　　　　　　2 392 500

　　贷：以前年度损益调整——本年利润　　　　　　　　　　　　　2 392 500

4. 调减盈余公积。

借：盈余公积——提取法定盈余公积（2 392 500×10%）　　239 250

　　贷：利润分配——未分配利润　　　　　　　　　　　　　　　　239 250

5. 调整报告年度财务报表相关项目的数字（财务报表略）。

（1）资产负债表项目的调整。

调减应收账款净值 319 万元，调增递延所得税资产 79.75 万元，调减盈余公积 23.925 万元，调减未分配利润 215.325 万元。

（2）利润表项目的调整。

调增资产减值损失 319 万元；调减所得税费用 79.75 万元。

（3）所有者权益变动表项目的调整。

调减净利润 239.25 万元；调减提取盈余公积 23.925 万元。

6. 调整 2018 年 2 月份资产负债表相关项目的年初数（资产负债表略）。

甲企业在编制 2018 年 1 月份的财务报表时，按照调整前 2017 年 12 月 31 日的资产负债表的数字作为资产负债表的年初数，由于发生了资产负债表日后调整事项，甲企业除了调整 2017 年度财务报表相关项目的数字外，还应当调整 2018 年 2 月份的资产负债表相关项目的年初数，其年初数按照 2017 年 12 月 31 日调整后的数字填列。

（三）资产负债表日后进一步确定了资产负债表日前购入资产的成本或售出资产的收入

1. 内　容

（1）若资产负债表日前购入的资产已经按暂估金额等入账，资产负债表日后获得证据，可以进一步确定该资产的成本，则应该对已入账的资产成本进行调整。例如，购建的固定资产已经达到预定可使用状态，但尚未办理竣工决算，企业已办理暂估入账；资产负债表日后办理决算，此时应根据竣工决算的金额调整暂估入账的固定资产成本等。

（2）企业符合收入条件确认资产销售收入，但资产负债表日后获得关于资产收入的进一步证据，如发生销售退回、销售折让等，此时也应调整财务报表相关项目的金额。需要说明的是，资产负债表日后发生销售退回，既包括报告年度或报告中期销售的商品在资产负债表日后发生的销售退回，也包括以前期间销售的商品在资产负债表日后发生的销售退回。

2. 会计处理方法

资产负债表所属期间或以前期间所售商品在资产负债表日后退回的，应作为资产负债表日后调整事项处理。发生于资产负债表日后至财务报告批准报出日之间的销售退回事项，可能发生于年度所得税汇算清缴之前，也可能发生于年度所得税汇算清缴之后，应分别进行会计处理。

（1）涉及报告年度所属期间的销售退回发生于报告年度所得税汇算清缴之前，应调整报告年度利润表的收入、成本等，并相应调整报告年度的应纳税所得额以及报告年度应缴纳的所得税等。

课堂案例展示 10-5

甲公司 2017 年 12 月 10 日销售一批商品给丙企业，取得收入 1 000 万元（不含增值税），甲公司发出商品后，按照正常情况已确认收入，并结转成本 800 万元。此笔货款到年末尚未收到，甲公司按应收账款的 4% 计提了坏账准备 46.8 万元。2018 年 1 月 15 日，由于产品质量问题，本批货物被退回。按税法规定，计提坏账准备均不能在税前扣除。甲公司于 2018 年 3 月 1 日完成了 2017 年度所得税汇算清缴。

解析：甲公司的账务处理如下。

1. 调整销售收入。

借：以前年度损益调整　　　　　　　　　　　　　　　　　　10 000 000
　　应交税费——应交增值税（销项税额）　　　　　　　　　　1 600 000
　　贷：应收账款　　　　　　　　　　　　　　　　　　　　　　　　　11 600 000

2. 调整坏账准备。

借：坏账准备　　　　　　　　　　　　　　　　　　　　　　　464 000
　　贷：以前年度损益调整——资产减值损失　　　　　　　　　　　　　464 000

3. 调整销售成本。

借：库存商品　　　　　　　　　　　　　　　　　　　　　　　8 000 000
　　贷：以前年度损益调整　　　　　　　　　　　　　　　　　　　　　8 000 000

4. 调整原已确认的递延所得税资产。

借：以前年度损益调整——所得税费用（464 000×25%）　　　116 000
　　贷：递延所得税资产　　　　　　　　　　　　　　　　　　　　　　116 000

5. 调整应交所得税。

借：应交税费——应交所得税（1 000 0000−8 000 000）×25%　　500 000
　　贷：以前年度损益调整——所得税费用　　　　　　　　　　　　　　500 000

6. 将"以前年度损益调整"科目余额转入"利润分配"。

借：利润分配——未分配利润　　　　　　　　　　　　　　　　1 152 000
　　贷：以前年度损益调整——本年利润　　　　　　　　　　　　　　　1 152 000

注："以前年度损益调整"科目余额 = 1 000−46.4−800+11.6−50 = 115.2（万元）

7. 调减盈余公积。

借：盈余公积——提取法定盈余公积（1 152 000×10%）　　　115 200
　　贷：利润分配——未分配利润　　　　　　　　　　　　　　　　　　115 200

8. 调整报告年度财务报表相关项目的数字（略）。

（2）涉及报告年度所属期间的销售退回发生于报告年度所得税汇算清缴之后，应调整报告年度会计报表的收入、成本等，但按照税法规定在此期间的销售退回所涉及的应缴所得税，应作为本年度的纳税调整事项。

课堂案例展示 10-6

沿用例 10-5 的资料，假定销售退回的时间改为 2018 年 3 月 5 日（2017 年度所得税汇算清缴后）。

解析：甲公司的账务处理如下。

1. 调整销售收入。

借：以前年度损益调整　　　　　　　　　　　　　　　 10 000 000
　　应交税费——应交增值税（销项税额）　　　　　　 1 600 000
　　　贷：应试账款　　　　　　　　　　　　　　　　　　　　　　 11 600 000

2. 调整坏账准备。

借：坏账准备　　　　　　　　　　　　　　　　　　　　 464 000
　　　贷：以前年度损益调整——资产减值损失　　　　　　　　　　　 464 000

3. 调整销售成本。

借：库存商品　　　　　　　　　　　　　　　　　　　　 8 000 000
　　　贷：以前年度损益调整　　　　　　　　　　　　　　　　　　　 8 000 000

4. 调整原已确认的递延所得税资产。

借：以前年度损益调整——所得税费用（464 000×25%）　 116 000
　　　贷：递延所得税资产　　　　　　　　　　　　　　　　　　　　 116 000

5. 将"以前年度损益调整"科目余额转入"利润分配"。

借：利润分配——未分配利润　　　　　　　　　　　　　 1 652 000
　　　贷：以前年度损益调整——本年利润　　　　　　　　　　　　　 1 652 000

注："以前年度损益调整"科目余额＝ 1 000–46.4–800+11.6 ＝ 165.2（万元）

6. 调减盈余公积。

借：盈余公积——提取法定盈余公积（1 652 000×10%）　 1 652 000
　　　贷：利润分配——未分配利润　　　　　　　　　　　　　　　　 1 652 000

7. 调整报告年度财务报表相关项目的数字（略）。

（四）资产负债表日后发现了财务报告舞弊或差错

这一事项是指资产负债表日后发现报告期或以前期间存在的财务报表舞弊或差错。发生这一事项，企业应当将其作为资产负债表日后调整事项，调整报告年度的年度财务报告或中期财务报告相关项目的数字。

任务三　资产负债表日后非调整事项

一、资产负债表日后非调整事项的处理原则

资产负债表日后发生的非调整事项，是表明资产负债表日后发生的情况的事项，与资产负债表日存在状况无关，不应当调整资产负债表日的财务报表。但有的非调整事项对财务报告使用者具有重大影响，如不加以说明，将不利于财务报告使用者做出正确估计和决

策，因此，企业应当在附注中披露非调整事项的性质、内容，及其对财务状况和经营成果的影响。

二、资产负债表日后非调整事项的会计处理方法

资产负债表日后发生的非调整事项，应当在报表附注中披露每项重要的非调整事项的性质、内容，及其对财务状况和经营成果的影响。无法做出估计的，应当说明原因。

资产负债表日后非调整事项的主要类别如下。

（一）资产负债表日后发生重大诉讼、仲裁、承诺

资产负债表日后发生的重大诉讼等事项，对企业影响较大，为防止误导投资者及其他财务报告使用者，应当在报表附注中进行相关披露。

课堂案例展示 10-7

甲企业是房地产的销售代理商，2017 年 10 月同意替乙企业的房地产寻找买主。11 月甲企业找到一位有意向的买主丙企业，12 月丙企业以其获得银行融资的能力与乙企业签订购买房地产的合同。2018 年 1 月丙企业通知甲企业，其在银行贷款方面有困难，但仍然能够履行合同。之后不久，甲企业找到另一位以现金购买房地产的买主。2018 年 2 月，丙企业通过法律手段起诉甲企业违背受托责任，2018 年 3 月，甲企业同意付给丙企业 80 万元的现金以使其撤回法律诉讼，该赔偿金额对甲公司和丙公司均存在较大影响。

解析：在本案例中丙企业提出诉讼是在 2018 年发生的，在 2017 年资产负债表日并不存在，但由于影响较大，甲公司和丙公司均应将此事项作为非调整事项，在 2017 年度财务报告附注中进行披露。

（二）资产负债表日后资产价格、税收政策、外汇汇率发生重大变化

资产负债表日后发生的资产价格、税收政策和外汇汇率的重大变化，虽然不会影响资产负债表日财务报表相关项目的数字，但对企业资产负债表日后的财务状况和经营成果有重大影响，应当在报表附注中予以披露。

课堂案例展示 10-8

甲企业在 2017 年 12 月 31 日编制年度财务报告时，对一笔长期美元贷款按当日即期汇率进行了折算（1 美元＝6.3 元人民币）。假设国家规定从 2018 年 1 月 1 日起进行外汇管理体制改革，改革后人民币兑美元的汇率发生重大变化。

解析：甲企业在资产负债表日已经按照当天的资产计量方式进行处理，或按规定的汇率对有关账户进行调整，因此，无论资产负债表日后的资产价格和汇率如何变化，均不影响资产负债表日的财务状况和经营成果。但是此事项带来的影响较大，应在 2017 年度报告附注中披露。

（三）资产负债表日后因自然灾害导致发生重大损失

自然灾害导致资产发生重大损失对企业资产负债表日后财务状况的影响较大，如果不加以披露，有可能会使财务报告使用者做出错误的决策，因此，该项应作为非调整事项在报表附注中进行披露。

课堂案例展示 10-9

　　2018 年 1 月 20 日甲企业仓库发生火灾，烧毁大部分库存商品，导致企业遭受重大损失。该企业是否应将其作为非调整事项在 2017 年度财务报告的附注中进行披露？

　　解析：虽然火灾发生在 2017 年资产负债表日后，资产负债表日前不存在，但是火灾导致企业发生重大损失，如不加以披露，广大财务报告使用者很有可能做出错误的决策，因此，甲公司应将其作为非调整事项在 2017 年度财务报告的附注中进行披露。

（四）资产负债表日后发行股票和债券以及其他巨额举债

　　企业发行股票、债券以及向银行或非银行金融机构举借巨额债务都是比较重大的事项，虽然这一事项与资产负债表日存在状况无关，但这一事项的披露能使财务报告使用者了解与此有关的情况及可能带来的影响，故应披露。

（五）资产负债表日后资本公积转增资本

　　企业以资本公积转增资本将会改变企业资本（或股本）结构，影响较大，需要在报表附注中进行披露。

（六）资产负债表日后发生巨额亏损

　　企业资产负债表日后发生巨额亏损将会对企业报告期以后的财务状况和经营成果产生重大影响，应当在附注中及时披露该事项，以便为投资者或其他财务报告使用者做出正确决策提供信息。

（七）资产负债表日后发生企业合并或处置子公司

　　企业合并或处置子公司的行为可以影响股权结构、经营范围等方面，对企业未来生产经营活动能产生重大影响，因此企业应在附注中披露处置子公司的信息。

（八）资产负债表日后，企业利润分配方案中拟分配的以及经审议批准宣告发放的股利或利润

　　资产负债表日后，企业制订利润分配方案，拟分配或经审议批准宣告发放股利或利润的行为，虽然导致企业负有支付股利或利润的义务，但该义务在资产负债表日尚不存在，没有形成资产负债表日的现实义务，因此该事项为非调整事项，不应该调整资产负债表日的财务报告。但由于该事项对资产负债表日后的财务状况有较大影响，可能导致现金较大规模流出，企业股权结构变动等，为便于财务报告使用者更充分地了解相关信息，企业需要在财务报告附注中适当披露该信息。

 课后专业测评

一、单项选择题

1. 关于资产负债表日后事项，表述正确的是（　　　）。

A. 表明资产负债表日后发生的事项

B. 自资产负债表日至财务报告批准报出日之间发生的有利和不利事项

C. 自资产负债表日至财务报告编制完成日之间发生的有利和不利事项

D. 对资产负债表日已经存在的情况提供了新的或进一步证据的事项

2. 资产负债表日至财务报告批准报出日之间发生的调整事项在进行处理时，下列不能调整的是（　　）。

A. 涉及损益的事项　　　　　　　　　B. 涉及利润分配的事项

C. 涉及应交税费的事项　　　　　　　D. 涉及现金收支的事项

3. 调整事项与非调整事项的共同点是（　　）。

A. 存在于资产负债表日或以前

B. 发生于资产负债表日至财务报告批准报出日之间

C. 均对财务报告的编制产生重大影响

D. 与资产负债表日的存在状况无关

4. 资产负债表日后期间发生下列事项，应作为调整事项的是（　　）。

A. 对资产负债表日存在的债务签订债务重组协议

B. 为子公司的银行贷款提供担保

C. 资产负债表日的诉讼案件结案

D. 债务人遭受自然灾害导致资产负债表日存在的应收账款无法收回

5. 在资产负债表日至财务报告批准报出日之间发生的下列事项中，属于非调整事项的是（　　）。

A. 以资本公积转增股本　　　　　　　B. 发现财务报表舞弊

C. 原预计的资产减值损失严重不足　　D. 实际支付的诉讼赔偿与原预计有较大差异

6. 资产负债表日至财务报告批准报出日之间发生的调整事项在进行调整处理时，不能调整的是（　　）。

A. 资产负债表　　　　　　　　　　　B. 利润表

C. 所有者权益变动表　　　　　　　　D. 现金流量表

7. 甲公司 2018 年 6 月 2 日应收乙公司账款 300 万元，双方约定当年 12 月 2 日偿还，但 11 月 20 日乙公司宣告破产无法偿付欠款，则甲公司当年 12 月 31 日的资产负债表上，对这笔 300 万元款项（　　）。

A. 应作为调整事项处理　　　　　　　B. 应作为非调整事项处理

C. 不需要反映　　　　　　　　　　　D. 作为 2018 年发生的业务处理

二、多项选择题

1. 下列关于资产负债表日后事项的表述，正确的有（　　）。

A. 资产负债表日后事项包括的有利事项和不利事项

B. 是年度资产负债表日至董事会批准财务报告报出日之间发生的事项

C. 资产负债表日后事项包括调整事项和非调整事项

D. 资产负债表日后两类事项的会计处理相同

2. 在报告年度资产负债表日至财务报告批准报出日之间发生的下列事项中，属于调整事项的是（　　）。

A. 发现报告年度财务报表存在严重舞弊

B. 发现报告年度会计处理存在重大差错

C. 国家发布对企业经营业绩将产生重大影响的产业政策

D. 销售商品收到现金存入银行

3. 上市公司在年度资产负债表日至财务报告批准报出日之间发生的下列事项中，属于非调整事项的是（　　）。

A. 董事会提出现金股利分配方案

B. 以前年度售出商品发生退货

C. 董事会提出股票股利分配方案

D. 资产负债表日后发现了财务报表舞弊或差错

4. 公司在资产负债表日至财务报告批准报出日之间发生的下列事项中，属于非调整事项的有（　　）。

A. 发生重大企业合并　　　　　　　　　B. 对外提供重大担保

C. 对某项已确认的负债需要调整　　　　D. 自然灾害引起巨额损失

5. 下列资产负债表日后事项中，不影响报告年度现金流量的有（　　）。

A. 实际支付的赔偿款　　　　　　　　　B. 实际收到的退货款

C. 宣告分派并支付的现金股利　　　　　D. 支付购买子公司的款项

6. 下列资产负债表日后事项中属于非调整事项的有（　　）。

A. 对外巨额举债　　　　　　　　　　　B. 报告年度或以前年度销售退回

C. 发生并确定支付的巨额赔偿　　　　　D. 处置持有联营企业的全部股权

7. 下列资产负债表日后事项中属于调整事项的有（　　）。

A. 在资产负债表日或以前提起的诉讼以不同于资产负债表中登记的金额结案

B. 新证据表明在资产负债表日对建造合同按完工百分比法确认的收入存在重大差错

C. 发行债券

D. 资本公积转增资本

三、简答题

1. 什么是资产负债表日后事项？

2. 什么是调整事项？什么是非调整事项？

3. 调整事项和非调整事项分别做如何处理？

四、操作题

1. 甲公司发生经济业务资料如下。

（1）2017年12月1日，甲公司因合同违约被乙公司告上法庭，要求甲公司赔偿违约金1 000万元，至2017年12月31日该诉讼尚未判决，甲公司经咨询法律顾问后，认为很可能赔偿的金额为700万元。2017年12月31日甲公司对该项未决诉讼事项确认预计负债700万元，并确认了递延所得税资产175万元。

（2）2018年3月5日，经法院判决甲公司应赔偿乙公司违约金500万元。甲、乙均不上诉。甲公司所得税汇算清缴日为2018年2月28日，2017年度财务报告批准报出日为2018年3月31日。

要求：

（1）编制甲公司调整2017年度财务报表相关项目的会计分录。

（2）调整财务报表相关项目的数字。

2. 甲公司对乙公司的长期股权投资账面成本为2 000万元。2017年10月，甲公司得知乙公司经营状况恶化，在编制2017年财务报表时，甲公司为该项长期股权投资计提减值准备500万元。2018年2月26日，甲公司获悉乙公司财务状况进一步恶化，其对乙公司的投资估计最多可收回金额为800万元。甲公司财务报告批准报出日为2018年4月2日，所得税汇算清缴工作于2018年3月20日完成。

要求：根据上述资料做出甲公司的会计处理，并调整甲公司的财务报表。

3. 甲公司2017年11月向乙公司销售产品，销售价格为250万元（不含增值税），销售成本为200万元，甲公司按10%对应收账款计提坏账准备。2018年1月20日，甲公司收到乙公司退回的货物，原因是产品质量与合同严重不符。甲公司所得税汇算清缴完成日为2018 年 3 月 30 日，财务报告批准报出日为 2018 年 4 月 10 日，税法规定，坏账准备不允许在所得税前扣除。

要求：

（1）做出该调整事项的会计处理。

（2）对财务报表相关项目的调整予以说明。

 课外知识拓展

1.《企业会计准则第 29 号——资产负债表日后事项》（2006 年 2 月 15 日财政部发布，自 2007 年 1 月 1 日起施行）

2.《企业会计准则——应用指南（2006）》（2006 年 10 月 30 日财政部发布，自 2007 年 1 月 1 日起施行）

3.国家税务总局关于印发《企业所得税汇算清缴管理办法》的通知（2009 年 4 月 16 日国家税务总局发布，2009 年 1 月 1 日起执行）

合并财务报表

项　目	课程专业能力	完成情况
合并财务报表	了解合并所有者权益变动表的抵销项目	
	熟练掌握内部债权债务、内部商品销售和内部固定资产交易的抵销分录的编制	
	掌握合并财务报表合并范围的确定和编制程序	
	掌握合并财务报表调整分录和抵销分录的编制	
	掌握合并利润表和合并现金流量表的抵销分录的编制	
师生总结		

合并财务报表是指由母公司编制的，将母、子公司形成的企业集团作为一个会计主体，综合反映企业集团整体财务状况、经营成果和现金流量的报表。合并会计报表能够对外提供反映由母、子公司组成的企业集团整体经营情况的会计信息，同时还有利于避免一些企业集团利用内部控股关系人为粉饰财务报表情况的发生，从而有助于财务报告使用者做出正确决策。

任务一 合并财务报表概述

一、合并财务报表的概念及特点

（一）合并财务报表的概念

合并财务报表，是指反映母公司和其全部子公司形成的企业集团整体财务状况、经营成果和现金流量的财务报表。其中，母公司是指有一个或一个以上子公司的企业；子公司是指被母公司控制的企业。

（二）合并财务报表的特点

（1）合并财务报表反映的是企业集团的财务状况、经营成果及现金流量。

（2）合并财务报表的编制主体是母公司。

（3）合并财务报表的编制基础是构成企业集团的母、子公司的个别财务报表。

合并财务报表是在对个别报表数据（纳入合并范围的企业）进行加总的基础上，结合其他相关资料，在合并工作底稿上，通过编制抵销分录将企业集团内部交易的影响予以抵销之后形成的。

（4）合并财务报表的编制遵循特定的方法——合并工作底稿法。

（三）合并财务报表的组成部分

（1）合并资产负债表。

（2）合并利润表。

（3）合并现金流量表。

（4）合并所有者权益（或股东权益，下同）变动表。

（5）附注。

二、合并财务报表合并范围的确定

（一）合并财务报表的合并范围应当以控制为基础予以确定

1.母公司拥有其半数以上表决权的被投资单位应当纳入合并范围

母公司直接或通过子公司间接拥有被投资单位半数以上的表决权，表明母公司能够控制被投资单位，应当将该被投资单位认定为子公司，纳入合并财务报表的合并范围。但是，有证据表明母公司不能控制被投资单位的除外。

2.母公司拥有其半数以下表决权的被投资单位纳入合并范围的条件

母公司拥有被投资单位半数或以下的表决权，且满足下列条件之一的，视为母公司能够控制被投资单位，但是，有证据表明母公司不能控制被投资单位的除外。

（1）通过与被投资单位其他投资者之间的协议，拥有被投资单位半数以上表决权。

（2）根据公司章程或协议，有权决定被投资单位的财务和经营政策。

（3）有权任免被投资单位的董事会或类似机构的多数成员。

（4）在被投资单位的董事会或类似机构占多数表决权。

3.在确定能否控制被投资单位时对潜在表决权的考虑

在确定能否控制被投资单位时，应当考虑投资企业和其他企业持有的被投资单位的当期可转换的可转换公司债券、当期可执行的认股权证等潜在表决权因素。

4.所有子公司都应纳入母公司的合并范围

母公司应当将其全部子公司纳入合并财务报表的合并范围。即只要是由母公司控制的子公司，不论子公司的规模大小、子公司向母公司转移资金能力是否受到严格限制，也不论子公司的业务性质与母公司或企业集团内其他子公司是否有显著差别，都应当纳入合并财务报表的合并范围。

需要说明的是，受所在国外汇管制及其他管制，资金调度受到限制的境外子公司，在这种情况下，如果该被投资单位的财务和经营政策仍然由本公司决定，资金调度受到限制并不妨碍本公司对其实施控制，应将其纳入合并财务报表的合并范围。

（二）不应当纳入母公司的合并财务报表的合并范围

下列被投资单位不是母公司的子公司，不纳入母公司的合并财务报表的合并范围。

（1）已宣告被清理整顿的原子公司。

（2）已宣告破产的原子公司。

（3）母公司不能控制的其他被投资单位。

需要注意的是，按照合并财务报表准则的规定，投资企业对于与其他投资方一起实施共同控制的被投资单位，应当采用权益法核算，不应采用比例合并法。但是如果根据有关公司章程、协议等规定，能够表明投资企业对被投资单位实施控制的，应当将被投资单位纳入合并财务报表的合并范围。

课堂案例展示 11-1

甲公司（制造企业）投资的下列各公司中，应当纳入其合并财务报表合并范围的有（　　　）。

A.主要从事金融业务的子公司

B.设在实行外汇管制国家的子公司

C.发生重大亏损的子公司

D.与乙公司共同控制的合营公司

解析：A、B、C。根据新准则的规定，母公司应当将其全部子公司纳入合并财务报表的合并范围。选项 D 不属于控制，不能纳入合并范围。

三、合并财务报表的前期准备工作

（一）母公司为编制合并财务报表应做好的前期准备工作

1.统一母公司、子公司的会计政策

母公司应当统一子公司所采用的会计政策，使子公司采用的会计政策与母公司保持一致。子公司所采用的会计政策与母公司不一致的，应当按照母公司的会计政策对子公司财务报表进行必要的调整，或者要求子公司按照母公司会计政策另行编报财务报表。

2.统一母公司、子公司的会计期间

子公司的会计期间与母公司不一致的，应当按照母公司的会计期间对子公司财务报表进行调整；或者要求子公司按照母公司的会计期间另行编报财务报表。

3.按权益法调整对子公司的长期股权投资

合并财务报表应当以母公司和其子公司的个别财务报表为基础，根据其他有关资料，按照权益法调整对子公司的长期股权投资后，由母公司编制。在调整为权益法时需注意考虑以下因素。

（1）如果是非同一控制的背景，需将子公司的账表数据按购买日可辨认资产、负债及或有负债的公允价值标准为基础，进行公允口径调整后，再进行合并数据的处理。

（2）如果母、子公司之间存在未实现的内部交易损益，需以抵销未实现交易损益后的子公司净利润来认定投资收益。

4.对子公司外币财务报表进行折算

合并财务报表准则规定，外币财务报表折算适用《企业会计准则第 19 号——外币折算》和《企业会计准则第 31 号——现金流量表》的规定。

（二）子公司为编制合并财务报表应做好的前期准备工作

子公司必须向母公司提供与编制合并财务报表有关的以下资料。

（1）子公司的财务报表。

（2）采用的与母公司不一致的会计政策及其影响金额。

（3）与母公司不一致的会计期间的说明。

（4）与母公司、其他子公司之间发生的所有内部交易的相关资料。

（5）所有者权益变动的有关资料。

（6）编制合并财务报表所需要的其他资料。

四、合并财务报表的编制程序

（一）编制合并工作底稿

合并工作底稿的作用是为合并财务报表的编制提供基础。在合并工作底稿中，对母公司和子公司的个别财务报表各项目的金额进行汇总和抵销处理，最终计算得出合并财务报表各项目的合并金额。

（二）编制调整分录和抵销分录

在合并工作底稿中编制调整分录和抵销分录，将内部交易对合并财务报表有关项目的影响进行抵销处理。编制抵销分录，进行抵销处理是合并财务报表编制的关键和主要内容，其目的在于将个别财务报表各项目的加总金额中重复的因素予以抵销。

1. 编制调整分录

（1）对子公司的个别财务报表进行调整。

①对于非同一控制下企业合并取得的子公司，应当根据母公司在购买日设置的备查簿中登记的该子公司有关可辨认资产、负债的公允价值，对子公司的个别财务报表进行调整，使子公司的个别财务报表反映为在购买日公允价值基础上确定的可辨认资产、负债等在本期资产负债表日应有的金额。

②子公司采用的会计政策、会计期间与母公司不一致的情况下，则需要考虑重要性原则，按照母公司的会计政策和会计期间，对子公司的个别财务报表进行调整。

（2）将对子公司的长期股权投资按购买权益法进行调整。

2. 编制抵销分录

在合并工作底稿中编制的调整分录和抵销分录，借记或贷记的均为财务报表项目（即资产负债表项目、利润表项目、现金流量表项目和所有者权益变动表项目），而不是具体的会计科目。比如，涉及调整或抵销固定资产折旧、固定资产减值准备等均通过资产负债表中的"固定资产"项目，而不是通过"累计折旧""固定资产减值准备"等科目来进行调整和抵销。

（三）计算合并财务报表各项目的合并金额

在母公司和子公司个别财务报表各项目加总金额的基础上，分别计算出合并财务报表中各资产项目、负债项目、所有者权益项目、收入项目和费用项目等的合并金额。其计算方法如下。

（1）资产类各项目，其合并金额根据该项目加总金额，加上该项目抵销分录有关的借方发生额，减去该项目抵销分录有关的贷方发生额计算确定。

（2）负债类各项目和所有者权益类项目，其合并金额根据该项目加总金额，减去该项目抵销分录有关的借方发生额，加上该项目抵销分录有关的贷方发生额计算确定。

（3）有关收入类各项目和有关所有者权益变动各项目，其合并金额根据该项目加总金额，减去该项目抵销分录的借方发生额，加上该项目抵销分录的贷方发生额计算确定。

（4）有关费用类项目，其合并金额根据该项目加总金额，加上该项目抵销分录的借方发生额，减去该项目抵销分录的贷方发生额计算确定。

（四）填列合并财务报表

根据合并工作底稿中计算出的资产、负债、所有者权益、收入、费用类以及现金流量表中各项目的合并金额，填列生成正式的合并财务报表。

任务二 合并资产负债表

一、按权益法调整子公司的长期股权投资

（一）对子公司的个别财务报表进行调整

编制合并财务报表时，首先应对各子公司进行分类，分为同一控制下企业合并中取得的子公司和非同一控制下企业合并中取得的子公司两类。

1. 同一控制下企业合并中取得的子公司

对于同一控制下企业合并中取得的子公司，在其采用的会计政策、会计期间与母公司一致的情况下，编制合并财务报表时，应以有关子公司的个别财务报表为基础，不需要进行调整；在子公司采用的会计政策、会计期间与母公司不一致的情况下，则需要考虑重要性原则，按照母公司的会计政策和会计期间，对子公司的个别财务报表进行调整。

2. 非同一控制下企业合并中取得的子公司

对于非同一控制下企业合并中取得的子公司，除应考虑会计政策及会计期间的差别，需要对子公司的个别财务报表进行调整外，还应当根据母公司在购买日设置的备查簿中登记的该子公司有关可辨认资产、负债的公允价值，对子公司的个别财务报表进行调整，使子公司的个别财务报表反映为在购买日公允价值基础上确定的可辨认资产、负债等在本期资产负债表日应有的金额。

课堂案例展示 11-2

2018 年 1 月 1 日甲企业出资获得乙企业 90% 股权，并能对乙企业实施控制，该项企业合并属于非同一控制下的企业合并。购买日乙企业个别资产负债表上有一项固定资产的账面价值和公允价值存在差异，其账面价值为 100 万元，公允价值为 200 万元，企业对该资产采用年限平均法折旧，无残值，预计使用年限为 10 年。

解析：本例中，由于对非同一控制下企业合并中取得的子公司，应当根据子公司在购买日有关可辨认资产、负债的公允价值，对子公司的个别财务报表进行调整，使子公司的个别财务报表反映为在购买日公允价值基础上确定的可辨认资产、负债等在本期资产负债表日应有的金额，故甲企业在投资当年（2018 年年底）应对该项固定资产差异在合并工作底稿中做如下调整分录。

借：固定资产——原价　　　　　100
　　贷：资本公积　　　　　　　　　　　100
借：管理费用　　　　　　　　　10
　　贷：固定资产——累计折旧　　　　　10

（二）按购买权益法调整对子公司的长期股权投资

母公司在编制合并财务报表时，应按权益法调整对子公司的长期股权投资，原因是抵销分录是要把子公司的所有者权益和母公司的长期股权投资抵销，此时母公司如果仍然按照成本法进行"长期股权投资"的核算，那么此时的长期股权投资数额还是初始金额，显然是无法抵销的，所以要按权益法调整长期股权投资，使二者能够平衡地抵销。

在合并工作底稿中应编制的调整分录为：①调整被投资单位盈利，借记"长期股权投资"项目，贷记"投资收益"项目；②调整被投资单位亏损，借记"投资收益"项目，贷记"长期股权投资"项目；③调整被投资单位分派现金股利，借记"投资收益"项目，贷记"长期股权投资"项目；④调整子公司"其他综合收益"（假定增加），借记"长期股权投资"项目，贷记"其他综合收益"；⑤调整子公司除净损益以外所有者权益的其他变动（假定所有者权益增加），借记"长期股权投资"项目，贷记"资本公积——本年"项目。

需要注意的是，如果存在未实现内部交易损益，在采用购买权益法进行调整时还应对该未实现的内部交易损益进行调整。

课堂案例展示 11-3

假设 P 公司能够控制 S 公司，S 公司为股份有限公司。2018 年 12 月 31 日，P 公司个别资产负债表中对 S 公司的长期股权投资的金额为 3 000 万元，拥有 S 公司 80% 的股份。P 公司在个别资产负债表中采用成本法核算该项长期股权投资。

2018 年 1 月 1 日，P 公司用银行存款 3 000 万元购得 S 公司 80% 的股份（假定 P 公司与 S 公司的企业合并属于非同一控制下的企业合并）。购买日，S 公司有一办公楼，其公允价值为 700 万元，账面价值为 600 万元，按年限平均法计提折旧额，预计使用年限为 20 年，无残值。假定 A 办公楼用于 S 公司的总部管理。其他资产和负债的公允价值与其账面价值相等。

2018 年 1 月 1 日，S 公司股东权益总额为 3 500 万元，其中股本为 2 000 万元，资本公积为 1 500 万元，盈余公积为 0 万元，未分配利润为 0 万元。

2018 年，S 公司实现净利润 1 000 万元，提取法定公积金 100 万元，分派现金股利 600 万元，未分配利润为 300 万元。S 公司因持有的可供出售的金融资产的公允价值变动计入当期其他综合收益的金额为 100 万元。

假定 S 公司的会计政策和会计期间与 P 公司一致，不考虑 P 公司和 S 公司的内部交易及合并资产、负债的所得税影响。

解析：例中，2018 年 12 月 31 日 P 公司需要编制的调整分录如下。

（1）在合并财务报表中编制对 S 公司个别报表的调整分录。

借：固定资产   100
    贷：资本公积   100
借：管理费用（100÷20）   5
    贷：固定资产——累计折旧   5

（2）在合并财务报表中编制对长期股权投资的调整分录。

以 S 公司 2018 年 1 月 1 日各项可辨认资产等的公允价值为基础，重新确定的 S 公司 2018 年的净利润为 995 万元（1 000-5）。

借：长期股权投资（995×80%）   796
    贷：投资收益   796
借：投资收益（600×80%）   480
    贷：长期股权投资   480
借：长期股权投资（100×80%）   80
    贷：其他综合收益   80

二、合并资产负债表的抵销项目及其抵销分录

合并资产负债表是以母公司和子公司的个别资产负债表为基础编制的。个别资产负债表则是以单个企业为会计主体进行会计核算的结果，它从母公司本身或从子公司本身的角

度对自身的财务状况进行反映。这样，对于内部交易，从发生内部交易的企业来看，发生交易的各方都在其个别资产负债表中进行了反映。

例如，企业集团母公司与子公司之间发生的赊购赊销业务，对于赊销企业来说，一方面确认营业收入、结转营业成本、计算营业利润，并在其个别资产负债表中反映为应收账款；而对于赊购企业来说，在内部购入的存货未实现对外销售的情况下，则在其个别资产负债表中反映为存货和应付账款。在这种情况下，资产、负债和所有者权益类各项目的加总金额中，必然包含有重复计算的因素。作为反映企业集团整体财务状况的合并资产负债表，必须将这些重复计算的因素予以扣除，对这些重复的因素进行抵销处理。这些需要扣除的重复因素，就是合并财务报表编制时需要进行抵销处理的项目。

编制合并资产负债表时需要进行抵销处理的主要项目有：①母公司对子公司股权投资项目与子公司所有者权益项目；②母公司与子公司、子公司相互之间发生的内部债权债务项目；③存货项目，即内部购进存货价值中包含的未实现内部销售利润；④固定资产项目（包括固定资产原价和累计折旧项目），即内部购进固定资产价值中包含的未实现内部销售利润；⑤无形资产项目，即内部购进无形资产价值包含的未实现内部销售利润；⑥与抵销的长期股权投资、应收账款、存货、固定资产、无形资产等资产相关的减值准备的抵销。

（一）长期股权投资与子公司所有者权益的抵销处理

编制合并财务报表时应在母公司和子公司财务报表数据（或经调整的数据）简单相加的基础上，将母公司对子公司长期股权投资项目与子公司所有者权益项目予以抵销。

（1）在子公司为全资子公司的情况下，母公司对子公司长期股权投资的金额和子公司所有者权益各项目的金额应全额抵销。在合并工作底稿中编制抵销分录为：借记"实收资本""资本公积""盈余公积"和"未分配利润"等项目，贷记"长期股权投资"项目。

当母公司对子公司长期股权投资的金额大于子公司所有者权益总额时，其差额作为商誉处理，应按其差额，借记"商誉"项目；母公司对子公司长期股权投资的金额小于子公司所有者权益总额时，其差额在企业合并当期应作为利润表中的损益项目，合并以后期间应调整期初未分配利润。

（2）在子公司为非全资子公司的情况下，应将母公司对子公司长期股权投资的金额与子公司所有者权益中母公司所享有的份额相抵销。子公司所有者权益中不属于母公司的份额，即子公司所有者权益中抵销母公司所享有的份额后的余额，在合并财务报表中作为"少数股东权益"处理。在合并工作底稿中编制的抵销分录为：借记"实收资本""资本公积""盈余公积"和"未分配利润"等项目，贷记"长期股权投资"和"少数股东权益"项目。

"少数股东权益"项目，反映了子公司所有者权益中不属于母公司（包括通过子公司间接享有的）的份额，即除母公司外的其他投资者在子公司所有者权益中所享有的份额。

当母公司对子公司长期股权投资的金额与在子公司所有者权益中享有的份额不一致时，其差额应比照全资子公司的情况处理。

课堂案例展示 11-4

沿用例 11-3。

解析：P 公司在编制有关长期股权投资与子公司所有者权益抵销的分录如下。

编制 2018 年与投资有关的抵销分录。

借：股本——年初   2 000
   ——本年   0
  资本公积——年初   1 500
  其他综合收益   100
  盈余公积——年初   0
     ——本年   100
  未分配利润——年末（1000－100－600－5）   295
  商誉［3 000－（3 500＋100）×80%］   120
 贷：长期股权投资（3 000＋796－480＋80）   3 396
  少数股东权益［（2 000＋0＋1 600＋100＋0＋100＋295）×20%］   819

借：投资收益   796
  少数股东损益（995×20%）   199
  未分配利润——年初   0
 贷：提取盈余公积   100
  对所有者（或股东）的分配   600
  未分配利润——年末   295

（二）内部债权与债务的抵销处理

在编制合并资产负债表时，需要进行抵销处理的内部债权债务项目主要包括：①应收账款与应付账款；②应收票据与应付票据；③预付账款与预收账款；④持有至到期投资（假定该项债券投资，持有方划归为持有至到期投资，也可能作为交易性金融资产等，原理相同）与应付债券；⑤应收股利与应付股利；⑥其他应收款与其他应付款。

1. 应收账款与应付账款的抵销

（1）初次编制合并财务报表时的抵销处理。

内部应收账款抵销时，其抵销分录为：借记"应付账款"项目，贷记"应收账款"项目；内部应收账款计提的坏账准备抵销时，其抵销分录为：借记"应收账款——坏账准备"项目，贷记"资产减值损失"项目。

（2）连续编制合并财务报表时内部应收账款坏账准备的抵销处理。

①将内部应收账款与应付账款予以抵销，即按内部应收账款的金额，借记"应付账款"项目，贷记"应收账款"项目。

②应将上期资产减值损失中抵销的内部应收账款计提的坏账准备对本期期初未分配利润的影响予以抵销，即按上期资产减值损失项目中抵销的内部应收账款计提的坏账准备的金额，借记"应收账款——坏账准备"项目，贷记"未分配利润——年初"项目。

③对于本期个别财务报表中内部应收账款相对应的坏账准备增减变动的金额也应予以抵销，即按照本期个别资产负债表中期末内部应收账款相对应的坏账准备的增加额，借记"应收账款——坏账准备"项目，贷记"资产减值损失"项目，或按照本期个别资产负债表中期末内部应收账款相对应的坏账准备的减少额，借记"资产减值损失"项目，贷记"应收账款——坏账准备"项目。

课堂案例展示 11-5

假设 P 公司能够对 S 公司实施控制，并属于非同一控制下的企业合并。P 公司 2018 年 12 月 31 日个别资产负债表中的内部应收账款为 475 万元，坏账准备余额为 25 万元，期初无内部应收账款。

解析：本例中，P 公司编制合并财务报表时对该内部债权与债务抵销的处理如下。

借：应付账款   500
  贷：应收账款   500
借：应收账款——坏账准备   25
  贷：资产减值损失   25

2. 应收票据与应付票据、预付账款与预收账款等的抵销处理

对于其他内部债权债务项目的抵销，应当比照应收账款与应付账款的相关规定处理。在进行抵销时，借记"应付票据""预收账款"等科目，贷记"应收票据""预付账款"等科目。

某些情况下，企业内部一个企业对另一企业进行的债券投资不是从发行债券的企业直接购进的，而是在证券市场上购进的。这种情况下，一方持有至到期投资（或划分为其他类别的金融资产，原理相同）中的债券投资与发行债券企业的应付债券抵销时，可能会出现差额，该差额应当记入合并利润表的"投资收益"科目。

（三）存货价值中包含的未实现内部销售损益的抵销处理

1. 当期内部购进商品并形成存货情况下的抵销处理

在企业集团内部购进并且在会计期末形成存货的情况下，编制合并财务报表时，一方面将销售企业实现的内部销售收入及相对应的销售成本予以抵销；另一方面将内部购进形成的存货价值中包含的未实现内部销售损益予以抵销。进行抵销处理时按照内部销售收入的金额，借记"营业收入"科目，贷记"营业成本"科目；同时按照期末内部购进形成的存货价值中包含的未实现内部销售损益的金额，借记"营业成本"科目，贷记"存货"项目（或按照内部营业收入形成期末存货的金额，借记"营业收入"科目，按照其对应的销售成本的金额，贷记"营业成本"科目，按照内部营业收入与其对应的内部营业成本的差额，贷记"存货"科目）。

2. 连续编制合并财务报表时内部购进商品的抵销处理

在连续编制合并财务报表的情况下，首先必须将上期抵销的存货价值中包含的未实现内部销售损益对本期期初未分配利润的影响予以抵销，调整本期期初未分配利润的金额；然后再对本期内部购进存货进行抵销处理，其具体抵销处理程序和方法如下。

（1）将上期抵销的存货价值中包含的未实现内部销售损益对本期期初未分配利润的影响进行抵销。即按照上期内部购进存货价值中包含的未实现内部销售损益的金额，借记"未分配利润——年初"科目，贷记"营业成本"科目。

（2）对于本期发生内部购销活动的，将内部销售收入、内部销售成本及内部购进存货中未实现内部销售损益予以抵销。即按照销售企业内部销售收入的金额，借记"营业收入"科目，贷记"营业成本"项目。

（3）将期末内部购进存货价值中包含的未实现内部销售损益予以抵销。对于期末内部购买形成的存货（包括上期结转形成的本期存货），应按照购买企业期末内部购入存货价值中包含的未实现内部销售损益的金额，借记"营业成本"科目，贷记"存货"科目。

课堂案例展示 11-6

2018 年 1 月 1 日，P 公司以银行存款购入 S 公司 80% 的股份，能够对 S 公司实施控制。2018 年 S 公司从 P 公司购进 A 商品 400 件，购买价格为每件 2 万元。P 公司 A 商品每件成本为 1.5 万元。2018 年 S 公司对外销售 A 商品 300 件，每件销售价格为 2.2 万元；年末结存 A 商品 100 件。2018 年 12 月 31 日，A 商品每件可变现净值为 1.8 万元；S 公司对 A 商品计提存货跌价准备 20 万元。2019 年 S 公司对外销售 A 商品 20 件，每件销售价格为 1.8 万元。2019 年 12 月 31 日，S 公司年末存货中包括从 P 公司购进的 A 商品 80 件，A 商品每件可变现净值为 1.4 万元。A 商品存货跌价准备的期末余额为 48 万元。假定 P 公司和 S 公司适用的所得税税率均为 25%。

解析：P 公司 2018 年编制的与内部商品销售有关的抵销分录如下。

（1）抵销未实现的收入、成本和利润。

借：营业收入（400×2）　　　　　　　　　　800
　　贷：营业成本　　　　　　　　　　　　　　　　750
　　　　存货［100×（2-1.5）］　　　　　　　　　　50

（2）因抵销存货中未实现内部销售利润而确认的递延所得税资产。

借：递延所得税资产（50×25%）　　　　　　12.5
　　贷：所得税费用　　　　　　　　　　　　　　　12.5

（3）2019 年有关抵销计提的存货跌价准备。

借：存货——存货跌价准备　　　　　　　　　20
　　贷：资产减值损失　　　　　　　　　　　　　　20

（4）抵销与计提存货跌价准备有关的递延所得税资产。

借：所得税费用（20×25%）　　　　　　　　　5
　　贷：递延所得税资产　　　　　　　　　　　　　　5

（四）内部固定资产交易的抵销处理

1. 购入当期内部交易的固定资产的抵销处理

在这种情况下，购买企业购进的固定资产，其抵销处理程序如下。

（1）将内部交易固定资产相关的销售收入、销售成本及其原价中包含的未实现内部销售损益予以抵销。即按销售企业由于该固定资产交易所实现的销售收入，借记"营业收入"科目，按照其销售成本，贷记"营业成本"科目，按照该固定资产的销售收入与销售成本之间的差额（即原价中包含的未实现内部销售损益的金额），贷记"固定资产——原价"科目。

（2）将内部交易固定资产当期多计提的折旧费用和累计折旧予以抵销。对内部交易固定资产当期多计提的折旧费用抵销时，应按当期多计提的金额，借记"固定资产——累计折旧"科目，贷记"管理费用"等科目。

2. 以后会计期间内部交易固定资产的抵销处理

以后会计期间，该内部交易固定资产仍然以其原价在购买企业的个别资产负债表中列示，编制合并财务报表时，其具体抵销程序如下。

（1）将内部交易固定资产原价中包含的未实现内部销售损益抵销，并调整期初未分配利润。即按照固定资产原价中包含的未实现内部销售损益的金额，借记"未分配利润——年初"科目，贷记"固定资产——原价"科目。

（2）将以前会计期间内部交易固定资产多计提的累计折旧抵销，并调整期初未分配利润。即按照以前会计期间抵销该内部交易固定资产多计提的累计折旧额，借记"固定资产——累计折旧"科目，贷记"未分配利润——年初"科目。

（3）将本期由于该内部交易固定资产的使用而多计提的折旧费用予以抵销，并调整本期计提的累计折旧额。即按照本期该内部交易的固定资产多计提的折旧额，借记"固定资产——累计折旧"科目，贷记"管理费用"等科目。

从集团内部购入的无形资产，其抵销处理方法与固定资产原价中包含的未实现内部销售利润的抵销基本相似，可比照进行抵销处理。

课堂案例展示 11-7至11-8

[11-7] 荣华股份有限公司（以下简称荣华公司）2017年1月1日与另一投资者共同组建昌盛有限责任公司（以下简称昌盛公司）。荣华公司拥有昌盛公司75%的股份，从2017年开始将昌盛公司纳入合并范围编制合并财务报表。

（1）荣华公司2017年6月15日从昌盛公司购进不需安装的设备一台，用于公司行政管理，设备价款190.356万元（含增值税）以银行存款支付，增值税税率为16%。于7月20日投入使用。该设备系昌盛公司生产，其生产成本为144万元。荣华公司对该设备采用年限平均法计提折旧，预计使用年限为4年，预计净残值为0。

（2）荣华公司2018年8月15日变卖该设备，收到变卖价款160万元，款项已收存银行。变卖该设备时支付清理费用3万元，支付相关税费8万元。

解析：本例中，荣华股份有限公司2017—2018年度该设备相关的合并抵销分录如下（假定编制合并财务报表抵销分录时不考虑递延所得税的影响）。

（1）2017年度该设备相关的合并抵销分录。

借：营业收入（190.356÷1.16）　　　　　164.10
　　贷：营业成本　　　　　　　　　　　　　　　144
　　　　固定资产——原价（164.10-144）　　　　20.10
借：固定资产——累计折旧　　　　　　　2.51
　　贷：管理费用（20.10÷4×6/12）　　　　　　　2.51
借：少数股东权益（20.1-2.51）×（1-75%）　4.4
　　贷：少数股东损益　　　　　　　　　　　　　4.4

（2）2018年度该设备相关的合并抵销分录。

借：未分配利润——年初　　　　　　　20.10
　　贷：固定资产——原价　　　　　　　　　　　20.10
借：固定资产——累计折旧　　　　　　2.51
　　贷：未分配利润——年初　　　　　　　　　　2.51
借：固定资产——累计折旧　　　　　　5.03
　　贷：管理费用（20.10÷4×12/12）　　　　　　5.03

[11-8] 京雁公司和甲公司均为增值税一般纳税人，适用的增值税税率为16%。年末均按实现净利润的10%提取法定盈余公积。假定产品销售价格均为不含增值税的公允价格。2018年度发生的有关交易或事项如下。

（1）1月1日，京雁公司以3 200万元取得甲公司有表决权股份的60%作为长期股权投资。当日，甲公司可辨认净资产的账面价值和公允价值均为5 000万元；所有者权益为5 000万元，其中股本为2 000万元，资本公积为1 900万元，盈余公积为600万元，未分配利润为500万元。在此之前，京雁公司和甲公司之间不存在关联方关系。

（2）6月30日，京雁公司向甲公司销售一件A产品，销售价格为500万元，销售成本为300万元，款项已于当日收存银行。甲公司购买的A产品作为管理用固定资产，于当日投入使用，预计可使用年限为5年，预计净残值为0，采用年限平均法计提折旧。

（3）7月1日，京雁公司向甲公司销售B产品200件，单位销售价格为10万元，单位销售成本为9万元，款项尚未收取。甲公司将购入的B产品作为存货入库。至2018年12月31日，甲公司已对外销售B产品40件，单位销售价格为10.3万元；2018年12月31日，对尚未销售的B产品每件计提存货跌价准备1.2万元。

（4）12月31日，京雁公司尚未收到向甲公司销售200件B产品的款项；当日，对该笔应收账款计提了20万元的坏账准备。

（5）4月12日，甲公司对外宣告发放上年度现金股利300万元。4月20日，京雁公司收到甲公司发放的现金股利180万元。

（6）甲公司2018年度利润表列报的净利润为400万元。

要求：

（1）编制京雁公司2018年12月31日合并甲公司财务报表的各项相关抵销分录（不要求编制与合并现金流量表相关的抵销分录；不要求编制与抵销内部交易相关的递延所得税抵销分录；答案中的金额单位用万元表示）。

（2）编制京雁公司2018年12月31日合并甲公司财务报表时按照权益法调整相关长期股权投资的会计分录。

解析：

（1）京雁公司2018年12月31日合并甲公司财务报表的各项相关抵销分录如下。

①固定资产业务的抵销分录

借：营业收入	500	
贷：营业成本		300
固定资产——原价（500-300）		200
借：固定资产——累计折旧（200/5×6/12）	20	
贷：管理费用		20

②存货业务的抵销分录

借：营业收入（200×10）	2 000	
贷：营业成本		2 000
借：营业成本［160×（10-9）］	160	
贷：存货		160
借：存货——存货跌价准备	160	
贷：资产减值损失		160

注：存货跌价准备的抵销以存货中未实现内部销售利润为限。

③债权债务的抵销分录

借：应付账款	2 320	
贷：应收账款		2 320
借：应收账款——坏账准备	20	
贷：资产减值损失		20

（2）京雁公司2018年12月31日合并甲公司财务报表时按照购买权益法调整相关长期股权投资的会计分录如下。

①因为合并时，京雁公司净资产不存在公差，甲公司调整后净利润＝400（万元）

借：长期股权投资（400×60%）	240	
贷：投资收益		240
借：投资收益（300×60%）	180	
贷：长期股权投资		180

②投资业务的抵销分录

借：股本	2 000	
资本公积——年初	1 900	
盈余公积——年初	600	
——本年	40	
未分配利润——年末（500+400-40-300）	560	
商誉（3 200-5 000×60%）	200	
贷：长期股权投资（3 200+240-180）		3 260
少数股东权益[（2 000+1 900+640+560）×40%]		2 040

③分配业务的抵销分录

借：投资收益（400×60%）	240	
少数股东损益（400×40%）	160	
未分配利润——年初	500	
贷：提取盈余公积（400×10%）		40
对所有者（或股东）的分配		300
未分配利润——年末		560

三、合并资产负债表的编制

（一）合并资产负债表的格式

合并资产负债表格式在个别资产负债表基础上，主要增加了四个项目。

（1）在"开发支出"项目之下增加了"商誉"项目，用于反映企业合并中取得的商誉，即在控股合并下母公司对子公司的长期股权投资与其在子公司所有者权益中享有份额之间抵销后的借方差额。

（2）在所有者权益项目下增加了"归属于母公司所有者权益合计"项目，用于反映企业集团的所有者权益中归属母公司所有者权益的部分，包括实收资本（或股本）、资本公积、库存股、专项储备、盈余公积、未分配利润和外币报表折算差额等项目的金额。

（3）在所有者权益项目下增加了"少数股东权益"项目，用于反映非全资子公司的所有者权益中不属于母公司的份额。

（4）在"未分配利润"项目之后，"少数股东权益"项目之前，增加了"外币报表折算差额"项目，用于反映境外经营的资产负债表折算为人民币表示的资产负债表时所发生的折算差额中归属于母公司所有者权益的部分。

（二）合并资产负债表的编制

本部分内容详见本项目任务六相关内容。

任务三 合并利润表

合并利润表是反映以母公司为核心的企业集团在某一特定时期内的经营成果的报表。它是在母公司和需纳入合并范围的子公司的个别利润表的基础上，再抵销个别利润表所包含的企业集团内部母、子公司之间影响企业集团利润总额计量的内部交易事项编制的。

一、合并利润表的抵销项目及其抵销分录

合并利润表应当以母公司和子公司的利润表为基础，在抵销母公司与子公司、子公司相互之间发生的内部交易对合并利润表的影响后，由母公司合并编制。编制合并利润表时需要进行抵销处理的项目及其抵销分录主要有以下几方面。

（一）内部营业收入和营业成本项目的抵销处理

对内部销售收入和内部销售成本进行抵销时，应分别不同的情况进行处理。

1. 母公司与子公司、子公司相互之间销售商品，期末全部实现对外销售

在这种情况下，对于同一购销业务，在销售企业和购买企业的个别利润表中都做了反映。但从企业集团整体来看，这一购销业务只是实现了一次对外销售，其销售收入只是购买企业向企业集团外部销售该产品的销售收入，其销售成本只是销售企业向购买企业销售该商品的成本。在编制合并财务报表时，必须将重复反映的内部营业收入与内部营业成本予以抵销。应编制的抵销分录为：借记"营业收入"科目，贷记"营业成本"科目。

2. 母公司与子公司、子公司相互之间销售商品，期末未实现对外销售而形成存货的抵销处理

在内部购进的商品未实现对外销售的情况下，销售企业是按照一般的销售业务确认销售收入，结转销售成本，计算销售损益，并在其个别利润表中列示的。在编制合并财务报表时，应当将销售企业由此确认的内部销售收入和内部销售成本予以抵销。对于这一内部交易，购买企业是以支付的购货价款作为存货成本入账，并在其个别资产负债表中作为资产列示。编制合并利润表时，应将存货价值中包含的未实现内部销售损益予以抵销。应编制的抵销分录为：按内部销售收入的金额，借记"营业收入"科目，贷记"营业成本"科目；同时，对于存货价值中包含的未实现内部销售损益的金额，借记"营业成本"科目，贷记"存货"科目。

3. 对于内部购进的商品部分实现对外销售、部分形成期末存货的抵销处理

在这种情况下，可以将内部购买的商品分为两部分来理解：一部分为当期购进并全部实现对外销售；另一部分为当期购进但未实现对外销售而形成期末存货。

对于内部营业收入的抵销，也可以按照以下方法进行抵销处理：按内部销售收入的金额，借记"营业收入"等科目；按期末存货价值中包含的未实现内部销售损益的金额，贷记"存货"科目；按其差额，贷记"营业成本"科目。

（二）内部购进资产的抵销处理

购买企业内部购进商品作为固定资产、无形资产等资产使用时的抵销处理在企业集团内母公司与子公司、子公司相互之间将自身的产品销售给其他企业作为固定资产（与作为无形资产等的处理原则类似）使用的情况下，编制合并利润表时，应将销售企业由于该内部交易产生的销售收入和销售成本予以抵销；并将内部交易形成的固定资产原价中包含的未实现内部销售损益予以抵销。在对销售商品形成的固定资产或无形资产所包含的未实现内部销售损益进行抵销的同时，也应当对固定资产的折旧额或无形资产的摊销额与未实现内部销售损益相关的部分进行抵销。

以固定资产为例，应编制的抵销分录为：按内部销售收入的金额，借记"营业收入"科目；按固定资产原价中包含的未实现内部销售损益的金额，贷记"固定资产——原价"科目；按其差额，贷记"营业成本"科目。同时，对于本期计提的折旧额或摊销额中包含的未实现内部销售损益的金额，借记"固定资产——累计折旧"科目，贷记"管理费用"等科目。

（三）内部应收款项计提坏账等减值准备的抵销处理

内部应收款项计提的坏账准备等减值准备的抵销处理，编制合并资产负债表时，需要将内部应收账款与应付账款相互抵销，与此相适应，需要将内部应收账款计提的坏账准备予以抵销。编制合并财务报表将资产减值损失中包含的本期内部应收账款计提的坏账准备抵销时，应减少当期资产减值损失，同时减少坏账准备等余额，即按照当期内部应收账款计提的坏账准备的金额，借记"应收账款——坏账准备"等科目，贷记"资产减值损失"科目。

（四）内部收益和利息费用的抵销处理

企业集团内部母公司与子公司、子公司相互之间可能发生持有对方债券等内部交易。编制合并财务报表时，应当在抵销内部发行的应付债券和持有至到期投资等内部债权债务的同时，将内部应付债券和持有至到期投资相关的利息费用与投资收益（利息收入）相互抵销。应编制的抵销分录为：借记"投资收益"科目，贷记"财务费用"科目。

（五）母公司与子公司、子公司相互之间持有对方长期股权投资的投资收益的抵销处理

内部投资收益是指母公司对子公司或子公司对母公司、子公司相互之间的长期股权投资的收益，实际上就是子公司当期营业收入减去营业成本和期间费用、所得税后的余额与其持股比例相乘的结果。持有全资子公司的情况下，母公司对某一子公司投资收益实际上就是该子公司当期实现的净利润（假定不存在有关的调整因素）。编制合并利润表时，必须将集团内投资产生的投资收益予以抵销。

由于合并所有者权益变动表中的本年利润分配项目是站在整个企业集团角度，反映对母公司股东和子公司的少数股东的利润分配情况，因此，子公司的个别所有者权益变动表中本年利润分配各项目的金额，包括提取盈余公积、分配利润和期末未分配利润的金额都必须予以抵销。

将上述项目进行抵销时，在持有全资子公司的情况下，应当编制的抵销分录为：借记"股资收益""未分配利润——年初"科目，贷记"提取盈余公积""对所有者（或股东）的分配""未分配利润——年末"科目；在子公司为非全资子公司的情况下，应编制的抵销分录为：借记"投资收益""少数股东损益""未分配利润——年初"科目，贷记"提取盈余公积""对所有者（或股东）的分配""未分配利润——年末"科目。

二、合并利润表基本格式

合并利润表的格式在个别利润表的基础上，主要增加了两个项目，即在"净利润"项目下增加"归属于母公司所有者的净利润"和"少数股东损益"两个项目，分别反映净利润中由母公司所有者享有的份额和非全资子公司当期实现的净利润中属于少数股东权益的

份额。在属于同一控制下企业合并增加子公司当期的合并利润表中,还应在"净利润"项目之下增加。"其中:被合并方在合并日以前实现的净利润"项目,用于反映同一控制下企业合并中取得的被合并方在合并当期期初至合并日实现的净利润。

三、合并利润表的编制

本部分相关内容介绍参见本项目任务六。

一、合并现金流量表概述

合并现金流量表是综合反映母公司及其子公司组成的企业集团,在一定会计期间现金流入、现金流出数量及其增减变动情况的会计报表。与个别现金流量表一样,合并现金流量表中的现金流量也分为营业活动现金流量、投资活动现金流量等筹资活动现金流量三类。现金流量表要求按照收付实现制反映企业经济业务引起的现金流入和流出,其编制方法有直接法和间接法两种。我国明确规定企业对外报送的现金流量表采用直接法编制。

二、合并现金流量表的抵销项目及其抵销分录

(一)合并现金流量表中的抵销分录的特点

从合并现金流量表的编制过程和结果看,合并现金流量表中的抵销分录具有以下特点。

(1)抵销分录借、贷方项目均为现金流量表项目,不涉及其他报表项目,因为抵销分录解决成员企业之间现金流入与现金流出的抵销问题,合并现金流量表的工作底稿也可单独编制。

(2)贷方抵销有关收现项目,借方抵销有关付现项目。

(3)在经营活动现金流量的抵销分录中,一方经营活动现金流入往往与另一方经营活动现金流出相抵销。个别情况下可能要求一方经营活动现金流入(或流出)与另一方投资活动(或筹资活动)现金流出(或流入)相抵销。如抵销固定资产内部交易的现金流量时,可能需要将销货方的"销货收现"与购货方的"购建固定资产付现"相抵销,或将销货方的"处置固定资产收现"与购货方的"购货付现"相抵销。

(4)在投资活动和筹资活动现金流量的抵销分录中,集团内一方的投资业务往往涉及另一方的筹资业务,所以抵销分录的借、贷分别是投资活动现金的流出或流入、筹资活动现金的流入或流出。个别情况下可能要求一方的投资活动现金流入与另一方的投资活动现金流出相抵销,如固定资产内部交易双方均涉及固定资产交易的业务,需要将一方的"购建固定资产付现"与另一方的"处置固定资产收现"相抵销;对集团内部转让有价证券投资业务,需要将一方的"收回投资收现"与另一方的"权益性(或债权性)投资付现"相抵销。

(二)合并现金流量表的抵销项目及其抵销分录

编制合并现金流量表时需要进行抵销处理的项目,主要有:①母公司与子公司、子公

司相互之间当期以现金投资或收购股权增加的投资所产生的现金流量；②母公司与子公司、子公司相互之间当期取得投资收益收到的现金，应当与分配股利、利润或偿付利息支付的现金；③母公司与子公司、子公司相互之间以现金结算债权与债务所产生的现金流量；④母公司与子公司、子公司相互之间当期销售商品所产生的现金流量；⑤母公司与子公司、子公司相互之间处置固定资产、无形资产和其他长期资产收回的现金净额，应当与购建固定资产、无形资产和其他长期资产支付的现金；⑥母公司与子公司、子公司相互之间当期发生的其他内部交易所产生的现金流量。

1. 内部销售现金收付的抵销处理

（1）一方经营活动现金流入与另一方经营活动现金流出相抵销，包括以现金买卖、现金预收预付、现金结算应收应付账款等收付的现金。抵销时，应按内部交易收入或付出的现金数额，借记"购买商品、接受劳务支付的现金"科目，贷记"销售商品、提供劳务收到的现金"科目。

（2）一方经营活动现金流入与另一方投资活动现金流出相抵销。如抵销固定资产内部交易的现金流量时，需要将购货方的"购建固定资产支付的现金"与销货方的"销售商品收到的现金"相抵销，即借记"购建固定资产、无形资产和其他长期资产支付的现金"科目，贷记"销售商品、提供劳务收到的现金"科目。

（3）一方经营活动现金流出与另一方投资活动现金流入相抵销。如抵销固定资产内部交易的现金流量时，可能需将购货方的"购买商品支付的现金"与销货方的"处置固定资产收到的现金"相抵销，即借记"购买商品、接受劳务支付的现金"科目，贷记"处置固定资产、无形资产和其他长期资产收回的现金净额"科目。

2. 内部权益性投资与筹资处理

（1）内部权益性投资与权益性筹资现金收付抵销。一方为权益性投资支付现金，另一方为吸收权益性投资收到现金。工作底稿中，应借记"投资支付的现金"科目，贷记"吸收投资收到的现金"科目。

（2）内部权益性投资收益与权益性筹资费用现金收付抵销。一方为分得股利、利润收到的现金，另一方是分配股利、利润支付的现金。在工作底稿中，应借记"分配股利、利润或偿付利息支付的现金"科目，贷记"取得投资收益收到的现金"科目。

（3）内部权益性投资出售或转让的现金收付抵销。如果出售或转让权益性投资给集团内其他成员企业，则后者为之付出的现金属于投资活动支付的现金，前者因此收到的现金属于投资活动收回的现金。在工作底稿中，应借记"投资支付的现金"科目，贷记"收回投资收到的现金"科目。

3. 内部债券投资与筹资处理

（1）内部债券投资与债券筹资现金收付抵销。这种情况在个别现金流量表上表现为一方为债权性投资支付的现金，另一方为发行债券收到的现金。在工作底稿中，应借记"投资支付的现金"科目，贷记"发行债券收到的现金"科目。

（2）内部债券投资收益与债券筹资费用现金收付抵销。一方为取得债券利息收到的现金，另一方为偿付利息支付的现金。此时，应借记"分配股利、利润或偿付利息支付的现金"科目，贷记"取得投资收益收到的现金"科目。

（3）内部债券投资收回现金收付抵销。如果企业到期收回投资，对方是筹资方，此时，应借记"偿还债务支付的现金"，贷记"收回投资收到的现金"。如果是出售或转让投资给集团内其他成员企业，则后者为之付出的现金属于投资活动支付的现金，前者因此收到的现金属于投资活动收回的现金，此时，应借记"投资支付的现金"，贷记"收回投资收到的现金"。

4. 内部其他与经营活动有关的现金收付抵销处理

这类业务主要是内部经营租赁租金或押金的收付等，一方为收到的其他与经营活动有关的现金，另一方为支付的其他与经营活动有关的现金。编制抵销分录时，借记"支付其他与经营活动有关的现金"科目，贷记"收到其他与经营活动有关的现金"科目。

5. 固定资产、无形资产、其他长期资产现金收付抵销处理

这类业务交易双方均为集团内部成员企业时，一方为处置固定资产、无形资产、其他长期资产收到的现金，另一方为购建固定资产、无形资产、其他长期资产支付的现金。此时，应借记"购建固定资产、无形资产和其他长期资产支付的现金"科目；贷记"处置固定资产、无形资产和其他长期资产收到的现金净额"科目。

（三）合并现金流量表中有关少数股东权益项目的反映

合并现金流量表编制与个别现金流量表相比，一个特殊的问题是在子公司为非全资子公司的情况下，涉及子公司与其少数股东之间的现金流入和现金流出的处理问题。

对于子公司的少数股东增加在子公司中的权益性资本投资，在合并现金流量表中应当在"筹资活动产生的现金流量"之下的"吸收投资收到的现金"科目下设置"其中：子公司吸收少数股东投资收到的现金"科目反映。

对于子公司向少数股东支付现金股利或利润，在合并现金流量表中应当在"筹资活动产生的现金流量"之下的"分配股利、利润或偿付利息支付的现金"科目下单设"其中：子公司支付给少数股东的股利、利润"科目反映。

课堂案例展示 11-9

母公司及其子公司 2018 年度涉及的有关经济业务为：母公司以银行存款 50 万元增加对子公司的投资；子公司本年度分配 2017 年度现金股利 100 万元，其中母公司取得 60 万元，该股利已全部支付；子公司以 20 万元偿还所欠母公司 2017 年商品款；本年度子公司向母公司销售产品共计 46.8 万元，母公司以银行存款结清；母公司将一辆不用的汽车销售给子公司，售价为 5 万元。

解析：本例中，母公司应编制的抵销分录如下。

借：投资支付的现金	500 000	
贷：吸收投资收到的现金		500 000
借：分配股利、利润或偿付利息支付的现金	600 000	
贷：取得投资收益收到的现金		600 000
借：购买商品、接受劳务支付的现金	200 000	
贷：销售商品、提供劳务收到的现金		200 000
借：购买商品、接受劳务支付的现金	468 000	
贷：销售商品、提供劳务收到的现金		468 000
借：购建固定资产、无形资产和其他长期资产支付的现金	50 000	
贷：处置固定资产、无形资产和其他长期资产收到的现金净额		50 000

三、合并现金流量表补充资料的编制

（一）"将净利润调节为经营活动的现金流量"项目

该项目具有以下特点。

（1）"净利润"合并数，根据合并利润表中"净利润"数字填列。

（2）"资产减值准备"合并数，根据成员企业个别现金流量表中本项目数之和，扣除内部应收款项及内部交易的资产按未实现内部销售损益计提的减值准备数的差额填列。

（3）"固定资产折旧、油气资产折耗、生产性生物资产折旧"合并数，根据成员企业个别现金流量表中本项目数之和，扣除内部交易固定资产、油气资产、生产性生物资产中当年按未实现内部销售损益计提的折旧数的差额填列。

（4）"无形资产摊销"合并数，根据成员企业个别现金流量表中本项目数之和，扣除内部交易无形资产中当年按未实现内部销售损益计提的摊销数的差额填列。

（5）"长期待摊费用摊销""处置固定资产、无形资产和其他长期资产的损失""固定资产报废损失""公允价值变动损失"的合并数，分别根据成员企业个别现金流量表中本项目数之和填列。

（6）"财务费用""投资损失"的合并数，根据合并利润表中相应项目数字填列。

（7）"递延所得税资产减少""递延所得税负债增加"的合并数，分别根据合并资产负债表相应项目的期初余额与期末余额的差额分析填列。

（8）"存货的减少"合并数，根据合并资产负债表"存货"的期初数、期末数之间的差额分析填列。

（9）"经营性应收项目的减少"合并数，根据合并资产负债表中经营性应收项目期初余额与期末余额的差额，扣除其中与经营活动无关的变动数后填列。

（10）"经营性应付项目的增加"合并数，根据合并资产负债表中经营性应付项目期初余额与期末余额的差额，扣除其中与经营活动无关的变动数后填列。

（二）"不涉及现金收支的重大投资和筹资活动"项目

该项目可以根据成员企业个别现金流量表的相应部分加总后抵销发生在成员企业之间的投资筹资活动来填列。

（三）"现金及现金等价物净变动情况"项目

本项目是对合并现金流量表主表中"现金及现金等价物净增加额"项目的补充说明，该项目的金额应与合并现金流量表中"现金及现金等价物净增加额"项目的金额核对相符。

任务五 合并所有者权益变动表

一、合并所有者权益变动表概述

合并所有者权益变动表是反映构成企业集团所有者权益的各组成部分当期的增减变动情况的财务报表。合并所有者权益变动表以母公司和子公司的所有者权益变动表为基础，在抵销母公司与子公司、子公司相互之间发生的内部交易对合并所有者权益变动表的影响后，由母公司合并编制。也可以根据合并资产负债表和合并利润表编制。

二、合并所有者权益变动表的抵销项目

编制合并所有者权益变动表时需要进行抵销处理的项目，主要有以下几个方面。

（1）母公司对子公司的长期股权投资应当与母公司在子公司所有者权益中所享有的份额相互抵销。

各子公司之间的长期股权投资以及子公司对母公司的长期股权投资，应当比照会计准则规定，将长期股权投资与其对应的子公司或母公司所有者权益中所享有的份额相互抵销。

（2）母公司对子公司、子公司相互之间持有对方长期股权投资的投资收益应抵销。

（3）母公司与子公司、子公司相互之间发生的其他内部交易对所有者权益变动的影响应当抵销。

合并所有者权益变动表也可以根据合并资产负债表和合并利润表进行编制。

有少数股东的，应当在合并所有者权益变动表中增加"少数股东权益"栏目，反映少数股东权益变动的情况。

需要说明的是，从合并财务报表前后一致的理念、原则出发，将母公司及其全资子公司构成的企业集团作为一个会计主体，反映企业集团外部交易的情况，企业集团内部母子公司之间的投资收益和利润分配与其他内部交易一样应当相互抵销。同时，应当关注合并所有者权益变动表"未分配利润"的年末余额，将其中子公司当年提取的盈余公积归属于母公司的金额进行单项附注披露。

三、合并所有者权益变动表的编制

本部分相关内容介绍参见本项目任务六。

四、合并报表附注

附注是合并财务报表不可或缺的组成部分，是关于合并资产负债表、合并利润表、合并现金流量表和合并所有者权益变动表等报表中列示项目的文字描述或明细资料，以及对未能在这些报表中列示项目的说明等。

财务报表中的数字是经过分类与汇总后的结果，是对企业发生的经济业务的高度简化和浓缩的数字，如果没有形成这些数字所使用的会计政策、理解这些数字所必需的披露，财务报表就不可能充分发挥效用。因此，附注与资产负债表、利润表、现金流量表、所有者权益变动表等报表具有同等的重要性，是财务报表的重要组成部分。报表使用者要想了解企业的财务状况、经营成果和现金流量，应当全面阅读附注。

（一）企业应当在附注中披露的信息

（1）子公司的清单，包括企业名称、注册地、业务性质、母公司的持股比例和表决权比例。

（2）母公司直接或通过子公司间接拥有被投资单位表决权不足半数但能对其形成控制的原因。

（3）母公司直接或通过其他子公司间接拥有被投资单位半数以上的表决权但未能对其形成控制的原因。

（4）子公司所采用的与母公司不一致的会计政策，编制合并财务报表的处理方法及其影响。

（5）子公司与母公司不一致的会计期间，编制合并财务报表的处理方法及其影响。

（6）本期增加子公司，按照《企业会计准则第 20 号——企业合并》的规定进行披露。

（7）本期不再纳入合并范围的原子公司，说明原子公司的名称、注册地、业务性质、母公司的持股比例和表决权比例，本期不再成为子公司的原因，其在处置日和上一会计期间资产负债表日资产、负债和所有者权益的金额以及本期期初至处置日的收入、费用和利润的金额。

（8）子公司向母公司转移资金的能力受到严格限制的情况。

（9）需要在附注中说明的其他事项。

（二）附注披露的基本要求

（1）附注披露的信息应是定量、定性信息的结合，从而能从量和质两个角度对企业经济事项完整地进行反映，满足信息使用者的决策需求。

（2）附注应当按照一定的结构进行系统合理的排列和分类，有顺序地披露信息。

（3）附注相关信息应当与合并资产负债表、合并利润表、合并现金流量表和合并所有者权益变动表等报表中列示的项目相互参照，以使财务报表使用者能从整体上更好地理解财务报表。

任务六 合并财务报表综合举例

为了便于理解和掌握合并财务报表编制方法，了解合并财务报表编制的全过程，本任务综合举例说明合并资产负债表、合并利润表、合并所有者权益变动表及合并工作底稿的编制方法与过程。

一、资料

（一）假定 A 公司于 2018 年 1 月 1 日以 30 000 万元银行存款取得了 B 公司 80% 的股权，双方合并为非同一控制下的企业，合并日 B 公司的账面资产价值与公允价值相同。其他资料如下。

（1）合并日 B 公司的所有者权益总额为 31 000 万元，其中股本为 20 000 万元，资本公积为 8 000 万元，未分配利润为 3 000 万元。

（2）2018 年，B 公司实现净利润为 10 000 万元，本年对外分配利润为 4 000 万元。

（3）2018 年年末 B 公司所有者权益总额为 37 000 万元，其中股本为 20 000 万元，资本公积为 8 000 万元，盈余公积为 1 000 万元，未分配利润为 8 000 万元。

（4）A 公司 2018 年年初未分配利润为 1 800 万元，本年提取盈余公积为 1 600 万元，本年利润分配为 4 200 万元，年末未分配利润为 12 000 万元。

2018 年年底 A 公司和 B 公司个别资产负债表、利润表及所有者权益变动表数据见表 11-1 至表 11-4。

表11-1　A公司与B公司个别资产负债表（简表）

单位：万元

资　产	A公司	B公司	负债及所有者权益	A公司	B公司
流动资产：			流动负债：		
货币资金	10 725	7 820	短期借款	10 000	3 000
交易性金融资产	5 000	2 000	应付票据	10 000	3 000
应收票据	8 000	3 000	应付账款	20 000	5 000
应收账款	4 975	3 980	预收账款	7 000	2 000
预付账款	2 000	1 800	其他应付款		
存　货	31 000	20 000	应付职工薪酬	13 000	2 600
			应付利润		
流动资产合计	61 700	38 600	流动负债合计	60 000	15 600
非流动资产：			非流动负债：		
长期股权投资	30 000	0	长期借款	4 000	3 000
持有至到期投资	17 000	0	应付债券	20 000	4 000
固定资产	21 000	16 000	长期应付款	2 000	0
在建工程	20 000	5 000	非流动负债合计	26 000	7 000
无形资产	6 300	0	负债合计	86 000	22 600
其他资产			所有者权益：		
非流动资产合计	47 300	21 000	股本	40 000	20 000
			资本公积	8 000	8 000
			盈余公积	10 000	1 000
			未分配利润	12 000	8 000
			所有者权益合计	70 000	37 000
资产总计	156 000	59 600	负债和所有者权益合计	156 000	59 600

表11-2　A公司与B公司个别利润表（简表）

单位：万元

项　目	A公司	B公司
一、营业收入	111 600	80 900
减：营业成本	83 000	61 200
税金及附加	1 600	1 100
销售费用	5 000	3 000
管理费用	5 985	4 200
财务费用	1 000	600
资产减值损失	15	0
加：公允价值变动损益（损失以"-"号填列）		
投资收益	8 000	200
二、营业利润	23 000	11 000

项 目	A公司	B公司
加：营业外收入	1 000	4 500
减：营业外支出	2 000	1 500
三、利润总额	22 000	14 000
减：所得税费用	6 000	4 000
四、净利润	16 000	10 000

表11-3　A公司所有者权益变动表

单位：万元

项 目	本年金额				
	股 本	资本公积	盈余公积	未分配利润	合 计
一、上年年末余额	40 000	8 000	8 400	1 800	58 200
加：会计政策变更					
前期差错更正					
二、本年年初余额	40 000	8 000	8 400	1 800	58 200
三、本年增减变动金额					
（一）净利润				12 800+3 200	16 000
（二）其他综合收益					
（三）利润分配					
1.提取盈余公积			1 600	（1 600）	0
2.对所有者（或股东）的分配				（4 200）	（4 200）
四、本年年末余额	40 000	8 000	10 000	12 000	70 000

表11-4　B公司所有者权益变动表

单位：万元

项 目	本年金额				
	股 本	资本公积	盈余公积	未分配利润	合 计
一、上年年末余额	20 000	8 000	0	3 000	31 000
加：会计政策变更					
前期差错更正					
二、本年年初余额	20 000	8 000	0	3 000	31 000
三、本年增减变动金额					
（一）净利润				10 000	10 000
（二）其他综合收益					
（三）利润分配					
1.提取盈余公积			1 000	（1 000）	0
2.对所有者（或股东）的分配				（4 000）	（4 000）
四、本年年末余额	20 000	8 000	1 000	8 000	37 000

（二）假定 A 公司个别资产负债表中应收账款为 5 000 万元（减值准备为 25 万元），其中 3 000 万元为 B 公司应付账款，假定本期 A 公司对 B 公司应收账款计提减值 15 万元；预收账款 2 000 万元中有 B 公司 1 000 万元预付账款；应收票据 8 000 万元中有 B 公司 4 000 万元应付票据；B 公司 4 000 万元应付债券中属于 A 公司持有至到期的投资 2 000 万元。

（三）假定 B 公司个别报表中存货项目有 20 000 元为 2018 年从 A 公司购进的存货。A 公司销售该商品的收入为 20 000 万元（不考虑相关税费），销售成本为 14 000 万元。假定 2018 年 12 月份 B 公司从 A 公司购进一项产品作为固定资产，买价为 5 000 万元，本年年末未提折旧。A 公司销售该产品结转成本为 4 000 万元。

二、根据上述资料，按以下程序进行处理（单位：万元）

编制相关调整分录和抵销分录

1. 将母公司与子公司之间的债权与债务项目相互抵销

（1）A 公司个别资产负债表预收账款中有 B 公司 1 000 万元预付账款。

借：预收账款　　　　　　　　　1 000

　　贷：预付账款　　　　　　　　　　　　　1 000

（2）A 公司个别资产负债表中应收票据有 B 公司 4 000 万元应付票据。

借：应付票据　　　　　　　　　4 000

　　贷：应收票据　　　　　　　　　　　　　4 000

（3）A 公司个别资产负债表中持有至到期投资有 B 公司 2 000 万元应付债券。

借：应付债券　　　　　　　　　2 000

　　贷：持有至到期投资　　　　　　　　　　2 000

（4）A 公司个别资产负债表应收账款中 3 000 万元为 B 公司应付账款，A 公司对 B 公司应收账款计提减值 15 万元。

借：应付账款　　　　　　　　　3 000

　　贷：应收账款　　　　　　　　　　　　　3 000

抵销内部往来增加的减值

（5）A 公司对 B 公司应收账款计提减值 15 万元。

借：应收账款——坏账准备　　　15

　　贷：资产减值损失　　　　　　　　　　　15

2. 将母公司与子公司之间销售商品形成的存货、固定资产等包含的未实现内部销售损益抵销

（6）A 公司销售商品给 B 公司的收入为 20 000 万元（不考虑相关税费），其销售成本为 14 000 万元。

借：营业收入　　　　　　　　　20 000

　　贷：营业成本　　　　　　　　　　　　　14 000

　　　　存货　　　　　　　　　　　　　　　6 000

（7）A公司销售一项产品给B公司（作为固定资产）的收入为5 000万元，其成本为4 000万元。

借：营业收入 5 000

  贷：营业成本 4 000

    固定资产 1 000

3. 将母公司对子公司的长期股权投资与母公司在子公司所有者权益中所享有的份额抵销

（8）调整后净利润 = 10 000

借：长期股权投资（10 000×80%） 8 000

  贷：投资收益 8 000

（9）

借：投资收益（4 000×80%） 3200

  贷：长期股权投资 3 200

（10）

借：股本 20 000

  资本公积——年初 8 000

  盈余公积——年初 0

    ——本年 1 000

  未分配利润——年末（10 000+3 000-1 000-4 000） 8 000

  商誉（30 000-31 000×80% = 5200） 5 200

  贷：长期股权投资——B公司（30 000+8 000-3 200） 34 800

    少数股东权益〔（20 000+8 000+8 000+1 000）×20%〕 7 400

4. 将母公司投资收益与子公司利润分配项目抵销

（11）

借：投资收益（10 000×80%） 8 000

  少数股东损益（10 000×20%） 2 000

  未分配利润——年初 3 000

  贷：提取盈余公积 1 000

    对所有者（或股东）的分配 4 000

    未分配利润——年末 8 000

5. 将抵销分录归入合并工作底稿（表11-5），计算各项目的合并数

表11-5 合并财务报表工作底稿

单位：万元

项　目	母公司	子公司	合计数	抵销分录		合并数
				借　方	贷　方	
利润表项目						
营业收入	111 600	80 900	192 500	（6）20 000 （7）5 000		167 500

项 目	母公司	子公司	合计数	抵销分录 借 方	抵销分录 贷 方	合并数
减：营业成本	83 000	61 200	144 200		(6) 14 000 (7) 4 000	126 200
营业税金及附加	1 600	1 100	2 700			2 700
销售费用	5 000	3 000	8 000			8 000
管理费用	5 985	4 200	10 185			10 185
财务费用	1 000	600	1 600			1 600
资产减值损失	15	0	15		(5) 15	0
加：公允价值变动损益						
投资收益	8 000	200	8 200	(9) 3 200 (11) 8 000	(8) 8 000	5 000
营业利润	23 000	11 000	34 000	36 200	26 015	23 815
加：营业外收入	1 000	4 500	5 500			5 500
减：营业外支出	2 000	1 500	3 500			3 500
利润总额	22 000	14 000	34 000	36 200	26 015	25 815
减：所得税费用	6 000	4 000	10 000			10 000
净利润	16 000	10 000	26 000	36 200	26 015	15 815
少数股东损益					(11)2 000	
归属于母公司股东的净利润						13 815
所有者权益变动表（部分）						
未分配利润——年初	1 800	3 000	4 800	(11) 3 000		1 800
提取盈余公积	1 600	1 000	2 600		(11) 1 000	1 600
对所有者（或股东）的分配	4 200	4 000	8 200		(11) 4 000	4 200
未分配利润——年末	12 000	8 000	20 000	49 200	39 015	9 815
资产负债表项目						
流动资产：						
货币资金	10 725	7 820	18 545			18 545
交易性金融资产	5 000	2 000	7 000			7 000
应收票据	8 000	3 000	11 000		(2) 4 000	7 000
应收账款	4 975	3 980	8 955	(5) 15	(4) 3 000	5 970
预付账款	2 000	1 800	3 800		(1) 1 000	2 800
存货	31 000	20 000	51 000		(6) 6 000	45 000
流动资产合计	61 700	39 600	100 300	15	14 000	86 315
非流动资产：						
长期股权投资——B公司	30 000	0	30 000	(8) 8 000	(9) 3 200 (10) 34 800	0
持有至到期投资	17 000	0	17 000		(3) 2 000	15 000

项 目	母公司	子公司	合计数	抵销分录		合并数
				借 方	贷 方	
固定资产	21 000	16 000	37 000		（7）1 000	36 000
在建工程	20 000	5 000	25 000			25 000
无形资产	6 300	0	63 000			6 300
商誉				（10）5 200		5 200
其他资产						
非流动资产合计	94 300	21 000	115 300	13 200	41 000	87 500
资产总计	156 000	59 600	215 600	13 215	55 000	173 815
流动负债						
短期借款	10 000	3 000	13 000			13 000
应付票据	10 000	3 000	13 000	（2）4 000		9 000
应付账款	20 000	5 000	25 000	（4）3 000		22 000
预收账款	7 000	2 000	9 000	（1）1 000		8 000
其他应付款						
应付职工薪酬	13 000	26 000	156 000			15 600
应付利润						
流动负债合计	60 000	15 600	75 600	8 000		67 600
非流动负债：						
长期借款	4 000	3 000	7 000			7 000
应付债券	20 000	4 000	24 000	（3）2 000		22 000
长期应付款	2 000	0	2 000			2 000
非流动负债合计	26 000	7 000	33 000	2 000		31 000
负债合计	86 000	22 600	108 600	10 000		98 600
所有者权益						
股本	40 000	20 000	60 000	（10）20 000		40 000
资本公积	8 000	8 000	16 000	（10）8 000		8 000
盈余公积	10 000	1 000	11 000	（10）1 000		10 000
未分配利润	12 000	8 000	20 000	（6）20 000 （7）5 000 （9）3 200 （10）8 000 （11）8 000 （11）2 000 （11）3 000 49 200	（5）15 （6）14 000 （7）4 000 （8）8 000 （11）1 000 （11）4 000 （11）8 000 39 015	9 815
所有者权益合计	70 000	37 000	107 000	78 200	39 015	67 815
少数股东权益					（10）7 400	7 400
负债和所有者权益合计	156 000	59 600	215 600	88 200	46 415	173 815

6.根据以上合并工作底稿的资料，编制合并资产负债表和合并利润表（表11-6至表11-8）

表11-6　合并资产负债表

编制单位：A公司　　　　　　　　　2018年12月31日　　　　　　　　　单位：万元

资　产	期初余额（略）	期末余额	负债及所有者权益	期初余额（略）	期末余额
流动资产：			流动负债：		
货币资金		18 545	短期借款		13 000
交易性金融资产		7 000	应付票据		9 000
应收票据		7 000	应付账款		22 000
应收账款		5 970	预收账款		8 000
预付账款		2 800	其他应付款		
存　货		45 000	应付职工薪酬		15 600
			应付利润		
流动资产合计		86 315	流动负债合计		67 600
非流动资产：			非流动负债：		
长期股权投资		0	长期借款		7 000
持有至到期投资		15 000	应付债券		22 000
固定资产		36 000	长期应付款		2 000
在建工程		25 000	非流动负债合计		31 000
无形资产		6 300	负债合计		98 600
商　誉		5 200	所有者权益：		
其他资产			股本		40 000
非流动资产合计		87 500	资本公积		8 000
			盈余公积		10 000
			未分配利润		9 815
			归属与母公司所有者权益合计		67 815
			少数股东权益		7 400
			所有者权益合计		75 215
资产总计		173 815	负债和所有者权益合计		173 815

表11-7　合并利润表

编制单位：A公司　　　　　　　　　2018年12月31日　　　　　　　　　单位：万元

项　目	上年金额	本年金额
一、营业收入	（略）	167 500
减：营业成本		126 200
营业税金及附加		2 700

项　目	上年金额	本年金额
销售费用		8 000
管理费用		10 185
财务费用		1 600
资产减值损失		0
加：公允价值变动损益（损失以"－"号填列）		
投资收益		5 000
二、营业利润		23 815
加：营业外收入		5 500
减：营业外支出		3 500
三、利润总额		25 815
减：所得税费用		10 000
四、净利润		15 815
少数股东损益		2 000
归属于母公司股东的净利润		13 815

表11-8　合并所有者权益变动表

编制单位：A公司　　　　　　　　　　　2018年度报　　　　　　　　　　　单位：万元

项　目	本年金额						
	归属于母公司所有者权益					少数股东权益	所有者权益合计
	股本	资本公积	盈余公积	未分配利润	其他		
一、上年年末余额	40 000	8 000	8 400	1 800			58 200
加：会计政策变更						6 200①	6 200
前期差错更正							
二、本年年初余额	40 000	8 000	8 400	1 800			64 400
三、本年增减变动金额							
（一）净利润				13 815		2 000	15 815
（二）其他综合收益							
（三）利润分配			1 600	（5 800）		（800）	（5 000）
1.提取盈余公积			1 600	（1 600）			0
2.对所有者（或股东）的分配				（4 200）		（800）	（5 000）
四、本年年末余额	40 000	8 000	10 000	9 815		7 400	75 215

注：① 6200为购买日，A公司在购买B公司80%股份时，按其可辨认净资产公允价值计算确定的少数股东权益的金额＝31 000×20%＝6 200。

课后专业测评

一、单项选择题

1.如不考虑其他特殊因素，C公司应纳入A公司合并范围的是（　　）。

A.A公司拥有B公司50%的权益性资本，B公司拥有C公司60%的权益性资本

B.A公司拥有C公司48%的权益性资本

C.A公司拥有B公司60%的权益性资本，B公司拥有C公司40%的权益性资本

D.A公司拥有B公司60%的权益性资本，B公司拥有C公司40%的权益性资本，同时A公司直接拥有C公司20%的权益性资本

2.甲公司2018年8月28日从其拥有80%股份的被投资企业购进设备一台，该设备成本为405万元，售价为522万元（含增值税，增值税税率为16%），另付运输安装费为11.25万元，甲公司已付款且该设备当月投入使用。预计使用年限为5年，净残值为零，采用直线法计提折旧。甲公司2018年年末编制合并报表时应抵销内部交易固定资产多提的折旧为（　　）万元。

A.9 　　　　　　　　　　　　　　B.3

C.12.15 　　　　　　　　　　　　D.13.28

3.A公司拥有B公司60%的股份，A公司拥有C公司30%的股份，B公司拥有C公司25%的股份，则A公司直接和间接拥有C公司的股份份额为（　　）。

A.43% 　　　　　　　　　　　　B.60%

C.30% 　　　　　　　　　　　　D.55%

4.下列关于合并利润表编制的会计处理中，正确的是（　　）。

A.同一控制下企业合并增加的子公司，在合并当期期初至合并日的收入、费用及利润，不应反映在合并当期的合并利润表中

B.对于上一年度纳入合并范围、本年处置了的子公司，合并利润表应当包括该子公司年初至处置日的相关收入和费用

C.对于上一年度纳入合并范围、本年处置了的子公司，合并利润表应当将该子公司年初至处置日实现的净利润作为投资收益计列

D.非同一控制下企业合并增加的子公司，在合并当期期初至合并日的收入、费用及利润，应反映在合并当期的合并利润表中

5.甲、乙公司没有关联关系，均按照净利润的10%提取盈余公积。2018年1月1日甲公司投资500万元购入乙公司100%的股权，乙公司可辨认净资产公允价值为500万元，账面价值为400万元，其差额是一项无形资产引起的，在合并日尚可使用寿命为5年，采用直线法摊销。2018年乙公司实现净利润100万元，所有者权益其他项目未发生变化，期初未分配利润为0。不考虑其他因素，则2018年期末甲公司编制投资收益和利润分配的抵销分录时应抵销的期末未分配利润是（　　）万元。

A.100 　　　　B.0 　　　　C.80 　　　　D.70

6.某企业集团母、子公司坏账准备计提比例均为应收账款余额的3%，所得税税率均为25%。上年年末母公司对其子公司内部应收账款余额为2 000万元，本年年末该余额增至3 000万元。不考虑其他因素，母公司本年编制合并财务报表时就上述事项应抵销的递延所得税资产金额为（　　）万元。

A.15 　　　　B.7.5 　　　　C.22.5 　　　　D.60

7. 不考虑所得税影响，本期期末对上期内部交易形成的管理用固定资产多提折旧额的期初余额进行抵销时，应编制的抵销分录是（　　）。

A. 借记"未分配利润——年初"科目，贷记"管理费用"科目

B. 借记"固定资产——累计折旧"科目，贷记"管理费用"科目

C. 借记"固定资产——累计折旧"科目，贷记"未分配利润——年初"科目

D. 借记"未分配利润——年初"科目，贷记"固定资产——累计折旧"科目

二、多项选择题

1. 下列各项中，属于合并财务报表的特点的有（　　）。

A. 合并财务报表反映的是企业集团财务状况、经营成果和现金流量

B. 合并财务报表的编制主体是母公司

C. 合并财务报表以企业集团个别财务报表为基础编制

D. 合并财务报表以企业集团中母、子公司的账簿记录为基础编制

2. W公司仅拥有A公司40%的股权，A公司的董事会能控制A公司，则下列情况中可以将A公司纳入W公司合并报表范围的有（　　）。

A. 通过与A公司其他投资者之间的协议，持A公司半数以上表决权

B. 根据有关章程或协议，有权控制A公司财务和经营政策

C. 有权任免A公司董事会的多数成员

D. 在A公司董事会占多数表决权

3. W公司拥有甲、乙、丙、丁四家公司，权益性资本比例分别是73%、35%、26%、30%，此外，甲公司拥有乙公司26%的权益性资本，丙公司拥有丁公司30%的权益性资本，不考虑其他特殊因素，应纳入W公司合并财务报表合并范围的有（　　）。

A. 甲公司　　　　　B. 乙公司　　　　　C. 丙公司　　　　　D. 丁公司

4. 下列公司的股东均按所持股份比例行使表决权，W公司编制合并会计报表时应纳入合并范围的公司有（　　）。

A. 甲公司（W公司拥有其60%的股权）

B. 乙公司（甲公司拥有其40%的股权，W公司拥有其20%的股权）

C. 丙公司（W公司拥有其30%的股权，乙公司拥有其40%的股权）

D. 丁公司（甲公司拥有其10%的股权，乙公司拥有其20%的股权，丙公司拥有其30%的股权）

5. 下列各项中属于企业无论是否发生关联方交易，均应在附注中披露的与母公司和子公司有关的信息的有（　　）。

A. 母公司和子公司的名称

B. 母公司和子公司的业务性质、注册地、注册资本（或实收资本、股本）及其变化

C. 母公司不是该企业最终控制方的，还应当披露控制方名称

D. 母公司对该企业或者该企业对子公司的持股比例和表决权比例

6. 下列关于母公司在报告期内增减子公司的表述，正确的有（　　）。

A. 因同一控制下企业合并增加的子公司，在编制合并现金流量表时，应当将该子公司合并当期期初至报告期末的现金流量纳入合并现金流量表

B. 因同一控制下企业合并增加的子公司，在编制合并现金流量表时，应当将该子公司合并日至报告期末的现金流量纳入合并现金流量表

C. 因非同一控制下企业合并增加的子公司，在编制合并现金流量表时，应当将该子公司购买日至报告期末的现金流量纳入合并现金流量表

D. 母公司在报告期内处置子公司，应将该子公司期初至处置日的现金流量纳入合并现金流量表

7. 以下关于母公司合并财务报表的处理，正确的有（　　　）。

A. 在报告期内因同一控制下企业合并增加子公司的，编制合并报表时应当调整合并资产负债表的期初数

B. 母公司在报告期内因同一控制下企业合并增加子公司，不应当调整合并资产负债表的期初数

C. 因非同一控制下企业合并增加子公司的，编制合并报表时不应当调整合并资产负债表的期初数

D. 因非同一控制下企业合并增加子公司的，编制合并报表时应当调整合并资产负债表的期初数

三、简答题

1. 简述合并财务报表的合并范围。

2. 简述合并财务报表的编制程序。

3. 为什么要编制合并财务报表调整分录和抵销分录？

4. 编制合并资产负债表和合并利润表调整分录和抵销分录涉及哪些项目和业务？

四、操作题

甲股份有限公司（以下简称甲公司）为上市公司，2017 年度和 2018 年度有关业务资料如下。

（1）2017 年度有关业务资料如下。

① 2017 年 1 月 1 日，甲公司以银行存款 1 000 万元，自非关联方 H 公司购入乙公司 80% 有表决权的股份。当日，乙公司可辨认资产、负债的公允价值与其账面价值相同，所有者权益总额为 1 000 万元，其中，股本为 800 万元，资本公积为 100 万元，盈余公积为 20 万元，未分配利润为 80 万元。在此之前，甲公司与乙公司之间不存在关联方关系。

② 2017 年 3 月，甲公司向乙公司销售 A 商品一批，不含增值税货款共计 100 万元。至 2017 年 12 月 31 日，乙公司已将该批 A 商品全部对外售出，但甲公司仍未收到该货款，为此，甲公司计提坏账准备 10 万元。

③ 2017 年 6 月，甲公司自乙公司购入 B 商品作为管理用固定资产，采用年限平均法计提折旧，折旧年限为 5 年，预计净残值为 0。乙公司出售该商品不含增值税货款 150 万元，成本为 100 万元；甲公司已于当日支付货款。

④ 2017 年 10 月，甲公司自乙公司购入 D 商品一批，已于当日支付货款。乙公司出售该批商品的不含增值税货款为 50 万元，成本为 30 万元。至 2017 年 12 月 31 日，甲公司购入的该批 D 商品仍有 80% 未对外销售，形成期末存货。

⑤ 2017 年度，乙公司实现净利润 150 万元，年末计提盈余公积 15 万元，股本和资本公积未发生变化。

（2）2018 年度有关业务资料如下。

① 2018 年 1 月 1 日，甲公司取得非关联方丙公司 30% 有表决权的股份，能够对丙公司施加重大影响。取得投资时，丙公司可辨认资产、负债的公允价值与其账面价值相同。

② 2018 年 3 月，甲公司收回上年度向乙公司销售 A 商品的全部货款。

③ 2018 年 4 月，甲公司将结存的上年度自乙公司购入的 D 商品全部对外售出。

④ 2018 年 11 月，甲公司自丙公司购入 E 商品，作为存货待售。丙公司售出该批 E 商品的不含增值税货款为 300 万元，成本为 200 万元。至 2018 年 12 月 31 日，甲公司尚未

对外售出该批 E 商品。

⑤2018 年度，乙公司实现净利润 300 万元，年末计提盈余公积为 30 万元，股本和资本公积未发生变化。

（3）其他相关资料如下。

①甲公司、乙公司与丙公司的会计年度和采用的会计政策相同。

②不考虑增值税、所得税等相关税费；除应收账款以外，其他资产均未发生减值。

③假定乙公司在 2017 年度和 2018 年度均未分配股利。

要求：

（1）编制甲公司 2017 年 12 月 31 日合并乙公司财务报表时按照权益法调整长期股权投资的调整分录。

（2）编制甲公司 2017 年 12 月 31 日合并乙公司财务报表的各项相关抵销分录。

（3）编制甲公司 2018 年 12 月 31 日合并乙公司财务报表时按照权益法调整长期股权投资的调整分录。

（4）编制甲公司 2018 年 12 月 31 日合并乙公司财务报表的各项相关抵销分录。

（5）编制甲公司 2018 年 12 月 31 日合并乙公司财务报表时对甲、丙公司之间未实现内部交易损益的抵销分录。

 课外知识拓展

1.《企业会计准则第 33 号——合并财务报表》（2006 年 2 月 15 日财政部发布，自 2007 年 1 月 1 日起施行）

2.《企业会计准则——应用指南（2006）》（2006 年 10 月 30 日财政部发布，自 2007 年 1 月 1 日起施行）

3.《企业会计准则第 30 号——财务报表列报》（2006 年 2 月 5 日财政部发布，自 2007 年 1 月 1 日起施行）

参考文献

［1］中华人民共和国财政部 . 企业会计准则（2014）［M］. 北京：经济科学出版社，2014.

［2］中华人民共和国财政部 . 企业会计准则——应用指南［M］. 北京：中国时代经济出版社，2017.

［3］财政部会计司编写组 . 企业会计准则讲解（2010）［M］. 北京：人民出版社，2010.

［4］财政部会计资格评价中心 . 全国会计专业技术资格考试辅导用书 . 初级会计实务［M］. 北京：中国财政经济出版社，2017.

［5］财政部会计资格评价中心 . 全国会计专业技术资格考试辅导用书 . 中级会计实务［M］. 北京：经济科学出版社，2018.

［6］财政部注册会计师考试委员会办公室编 . 注册会计师全国统一考试辅导用书 . 会计［M］. 北京：中国财政经济出版社，2017.

［7］于小镭，陆依 . 新企业会计实务讲解［M］. 北京：机械工业出版社，2013.

［8］富凤春，黄菊英 . 新编财务会计Ⅱ（6 版）［M］. 大连：大连理工大学出版社，2010.

［9］葛家澍 . 中级财务会计学［M］. 北京：中国人民大学出版社，2005.

［10］全国会计专业技术资格考试参考用书编写组 . 中级会计实务学习指南［M］. 北京：中国财政经济出版社，2017.

［11］东奥会计 . 中级会计实务习题集［M］. 北京：北京大学出版社，2012.

［12］财政部国家税务总局 . 营业税改增值税试点实施办法，2016.

［13］财政部税务总局 . 财税〔2018〕32 号关于调整增值税税率的通知，2018 年 4 月 4 日.